W0171500

GOLDMANN
Lesen erleben

Buch

Dieser Schnellkurs bereitet werdende Väter auf alle Möglich- und Unmöglichkeiten während der Schwangerschaft der Partnerin und in den ersten Monaten mit Baby vor. So können Sie gelassen und souverän reagieren. Kurz und knackig, mit vielen hilfreichen Tipps und Checklisten schreibt Christian Busemann von Vater zu Vater über alles, was für den zukünftigen Papa wichtig ist. Dabei geht er mit viel Humor und aufmunternden Worten auf die speziellen Fragen moderner Väter ein, die in konventionellen Ratgebern oft übergangen werden. Eine umfassende Gebrauchsanleitung von Scheinschwangerschaft über volle Windeln bis hin zur fortschreitenden Stilldemenz.

Autor

Christian Busemann hat Jura studiert und beim Westfalen-Blatt in Bielefeld volontiert. Seit vielen Jahren arbeitet er als Autor und Journalist sowie als TV-Format-Entwickler und Fernsehproduzent unterschiedlicher Dokumentations- und Unterhaltungssendungen. 2006 wurde er für die Idee, Konzeption und Produktion der MTV-Sendung »Pimp My Fahrrad« für den Adolf-Grimme-Preis nominiert. Er lebt mit seiner Frau und seinen zwei Töchtern in Hamburg.

Christian Busemann

Papa To Go

Schnellkurs für werdende Väter

GOLDMANN

Die Ratschläge in diesem Buch wurden vom Autor und vom Verlag sorgfältig erwogen und geprüft, dennoch kann eine Garantie nicht übernommen werden. Eine Haftung des Autors bzw. des Verlags und seiner Beauftragten für Personen-, Sach- und Vermögensschäden ist ausgeschlossen.

Verlagsgruppe Random House FSC-DEU-0100
Das für dieses Buch verwendete FSC®-zertifizierte Papier
Classic 95 liefert Stora Enso, Finnland.

6. Auflage
Originalausgabe April 2010
© Wilhelm Goldmann Verlag, München,
in der Verlagsgruppe Random House GmbH
Umschlaggestaltung: Uno Werbeagentur, München
Umschlagmotiv: Corbis/Snapstock/CSA Images
Redaktion: Dunja Reulein
Satz: Uhl + Massopust, Aalen
Druck und Bindung: GGP Media GmbH, Pößneck
FK · Herstellung: IH
Printed in Germany
ISBN 978-3-442-17113-2

www.goldmann-verlag.de

Inhalt

Vorwort

Papa To Go spricht dich direkt an. Ohne Umschweife.

Du wirst Vater, und dies ist dein Leitfaden!

Es kostet dich überhaupt keine Zeit, dieses Buch durchzulesen, außerdem eignet es sich prima als leichte Abend-, Rote-Ampel-, U-/S-/D-Bahn-, Warteschleifen-, Imbiss- oder Klolektüre.

Diese wunderbare Übersicht funktioniert auf sehr kurzweilige Art und Weise, da in nett portionierten Häppchen alle notwendigen Infos geliefert werden, die du wissen musst, kannst oder solltest. Mal drastisch formuliert, mal mit einem Augenzwinkern, aber in der Sache immer kompetent, korrekt und gründlich.

Mir ist es wichtig, dir einen einfachen, kurzen und doch kompletten Rundumeinblick zu ermöglichen, der sich sowohl mit den 40 Wochen der Schwangerschaft als auch mit den ersten Monaten der Vaterschaft beschäftigt. Halt bis sich alles gefunden hat.

Das ist meinem unstillbaren Verlangen nach Vollständigkeit zu verdanken, dem der Wunsch innewohnt, dass du *Papa To Go* fertig gelesen zur Seite legst und dich für die bevorstehende Zeit als frischgebackener Vater gut gerüstet fühlst.

Motiviert zu dieser Idee einer inhaltlich liebevoll vorsortierten Lektüre wurde ich durch meine eigene »Ich-werde-Papa«-Zeit, in der ich nämlich eine solche Herangehensweise in Buchform vermisst habe. Ich hielt unzählige Ratgeber in der Hand, die mir das Vatersein als Erfahrungsbericht, Gebrauchsanweisung, empirische Studie oder medizinisches Fachbuch nahebringen wollten, doch all diese wirklich größtenteils sehr gelungenen Werke setzten eines voraus: viel Zeit. Diese wollte ich jedoch in den ersten Wochen der Schwangerschaft irgendwie noch nicht mit einem mehrere hundert Seiten zählenden Wälzer verbringen. Kurz, knapp, präzise, Buch gelesen und einen groben Plan haben, was auf mich zukommt, das suchte ich in der Buchhandlung, fand es aber nicht. Ich weiß, dass es vielen werdenden Vätern genauso geht, daher: *Papa To Go*!

Ich arbeite im Buch mit der Chronologie »prä-, peri- und postnatal«, was so viel bedeutet wie »vor, bei und nach der Geburt«. Die einzelnen Fakten sind zeitlich nicht konkret, sondern nur grob eingeordnet, was der Individualität der Entwicklung eines Babys geschuldet ist, die nur selten die Benennung exakter Zeitpunkte erlaubt.

Ich habe diesem autobiografischen Erfahrungsbericht zwar den praktischen Nachlagewerk-Charakter verliehen, aber unterm Strich ist das völliger Quatsch, denn du bist ohnehin gezwungen, alles zu wissen. Also: Nicht lange überlegen, nimm es in die Hand, lies es von Anfang bis zum Ende durch und fertig! Dauert nicht lange, und du wirst ein Vorzeigepapa sein!

Natürlich hat dieses Buch auch seine eklige und klebrige Seite: Teilweise erhebe ich mich mit meinem Handeln zum Maßstab, und das hinterlässt ja erfahrungsgemäß immer einen unangenehmen Nachgeschmack. Unsympathisch überheblich eben. Doch ich bevorzuge den klaren Weg, und der folgt natürlich einer grundsätzlichen Haltung, die nicht zwingend dem Gusto des Lesers entsprechen mag. Das schließt nicht aus, dass ich immer dort, wo ich es als sinnvoll erachte, unterschiedliche Optionen aufzeige und mögliche Alternativen skizziere. Also, alles halb so wild.

Zu guter Letzt möchte ich meiner Frau Kristy und meiner

Tochter Romy danken, die Motiv, Forschungsgegenstand und 12. Mann in einem waren und ohne die ich dieses Buch niemals hätte schreiben können.

Ebenso gilt mein Dank Friederike Schmidt, die nicht nur unsere persönliche, wunderbare Hebamme war, sondern die mich bei der Entstehung von *Papa To Go* auch fachlich kompetent beraten hat.

Christian Busemann

Pränatal – Vor der Geburt

Erstes Trimester

Schwanger? Was heißt das eigentlich?

Nüchtern betrachtet bedeutet »schwanger«, dass in dem Körper deiner Partnerin (davon gehe ich jetzt einfach gutgläubig aus) eine befruchtete Eizelle innerhalb von durchschnittlich 267 Tagen zu einem Kind heranreift. Wie aber befruchtet man(n) so eine Eizelle? Und wie konnte ausgerechnet dir das passieren … äh, gelingen?

Rekapitulieren wir doch mal den gesamten Tathergang in einem Satz: Du hast mit deiner Frau geschlafen und hattest einen Samenerguss! (Sollte das Kind dir nicht sehr ähnlich sehen, kann auch jemand anderes den Samenerguss gehabt haben!) Danach prügelten sich etwa 150 Millionen Spermien um den Einzug in den Gebärmutterhals. Klingt lächerlich einfach und erinnert ein wenig an die Zustände während des Sommerschlussverkaufs bei C & A, in der Realität ist dieser Ansturm obdachsuchender Spermien jedoch kein leichtes Unterfangen. Das musst du dir in etwa so wie die Vorrundenspiele der deutschen Fußball-Nationalmannschaft bei Weltmeisterschaften vorstellen. Spielte Deutschland zum Beispiel in derselben Gruppe wie Brasilien, Italien, Spanien, Portugal und Kroatien, wäre der Titelgewinn sicherlich nicht programmiert!

So ähnlich funktioniert das hier auch. Der starke Gegner ist in diesem Fall der äußerst defensiv ausgerichtete Gebärmutterhals, der von einem sehr zähen und resistenten Schleimpfropf verschlossen gehalten wird.

Ergo: kein Durchkommen für die offensiv orientierten Spermien. Aber nicht jede Abwehr ist konstant sicher! Hat die Frau ihre fruchtbaren Tage, klaffen Schwächen gerade im Bereich des Schleimpfropfes auf, dessen Dichte nachlässt, eher dünnflüssig agiert und somit von etwa 1000 Spermien geentert werden kann.

Diese VIPs unter den normalsterblichen Stehplatz-Samenzellen lassen sich dann nicht lange bitten und machen sich auf zur nächsten Etappe in Richtung Eileiter, wo seit dem Eisprung ganz gemütlich eine fruchtbare Eizelle in Richtung Gebärmutter trödelt. Diese ist völlig überrascht, als sie die geifernd gierige Spermientruppe am Horizont auf sich zustürzen sieht. Es kommt zum direkten Schlagabtausch zwischen der vornehm distinguierten Eizelle und dem vandalenähnlichen Samenzellen-Prügeltrupp. Spermium für Spermium versucht sich nun im Duell mit der Dame ganz alleinig Zutritt zur Eizelle zu verschaffen, aber dank einer extrem »harten Tür« kann dies zu 99 Prozent verhindert werden. Nur eines, das »Top-Checker-Oberklassen-Eliten«-Spermium, das der Eizelle am meisten zusagt, bekommt die Erlaubnis, sich den Club mal von innen anschauen zu dürfen. Dieser Pfiffikus nutzt prompt die Gelegenheit, den Laden komplett zu verriegeln, indem er für eine Veränderung der Zellmembran sorgt, damit kein weiterer Kollege mehr reinkommt. Innerhalb von 24 Stunden vermischen sich dann das mütterliche und väterliche Erbgut, die Zellkerne verschmelzen, und es entsteht ein neuer Zellkern, dem dein Kind schließlich entspringen wird. Die Befruchtung ist damit abgeschlossen, Ruhe kehrt wieder ein, und der Embryo kann getrost und entspannt heranwachsen. Die befruchtete Eizelle entwickelt sich durch Zellteilung weiter und beendet schließlich ihre Reise im Eileiter, indem sie das Ziel Gebärmutter erreicht, wo sie sich einnistet und reift und reift und reift…

Das Geschlecht deines Kindes, das sei hier nebenbei erwähnt, steht schon ab der Befruchtung fest. Es wird durch die Geschlechtschromosomen der Eltern bestimmt, wobei du, entgegengesetzt zu deiner Frau, über ein erweitertes Sortiment verfügst. Kann die Mutter gerade mal mit einem lumpigen X-Chromosom als Standardausrüstung ihrer Eizelle aufwarten, glänzt du gleich mit zwei Samenzellen-Geschmacksrichtungen: dem X- und dem Y-Chromosom. Das macht die Welt doch glatt viel zweigeschlechtlicher!

Verbinden sich nämlich ein X von dir und die Eizelle deiner Frau, haben wir die Paarung XX, und das heißt: Es wird ein Mädchen. XY bedeutet indes: Ein Kerl wächst heran.

Die Formel non grata: Jede Schwangerschaft ist anders

Okay, es ist raus. Nun wirst du Papa. Aber was bedeutet das für dich?

Zunächst einmal, um den Druck durch deine sich androhende neue Funktion ein wenig zu reduzieren: Du hast noch eine anständige Schonfrist von etwas weniger als 40 Wochen. Da geht so einiges. Aber bedenke immer in allem, was du tust: Das sind die letzten Wochen in eurem Leben, die deine Partnerin und du noch zu zweit verbringen könnt. Danach wirst du ein Leben lang einen kleinen Scheißer dabeihaben. Und bis der sich alleine auf den Weg macht, ach, da bist du schon grau und hast es in der Hüfte. Also: Genieße diese Zeit!

Ein Schuss – zwei Treffer!
Wie bekomme ich Zwillinge?

Nach Synergien und Herausforderungen strebende Typen wie du wollen vielleicht lieber Zwillinge statt nur ein Kind. Zwei Kinder, ein Abwasch. Das spart Zeit, komplettiert die Mannschaft, und du hast deinen Job erledigt, ohne ein zweites Mal ranzumüssen. Solange du da nicht künstlich irgendwie dran rumpfuschst, macht die Natur das, was sie für geeignet hält. Das Universum übrigens ebenso. Du wirst also den Nachwuchs erhalten, den du dir selbst besorgst: ein, zwei oder vielleicht fünf Kinder. Willst du Zwillinge, musst du dir erstens die Frau suchen, die sie dir zur Welt bringt, und zweitens es wirklich selbst wollen. Das reicht auch unbewusst. Eineiige Zwillinge, die, die sich zum Verwechseln ähneln, entstehen, indem sich die bereits befruchtete Eizelle in einem frühen Stadium noch einmal teilt. So wachsen zwei Menschen mit ein und demselben Genmaterial heran. Zweieiige Zwillinge brockst du dir selbst und deiner Frau ein, wenn zwei Eizellen gleichzeitig befruchtet werden. Und wenn es sich noch ein paar weitere Eizellen gemütlich machen, ist auch eine Mehrlingsschwangerschaft möglich, Fünflinge zum Beispiel.

Ob deine Partnerin auch von Genuss sprechen kann, ist eher zweifelhaft, zumindest zum Ende der Schwangerschaft stellen sich bei jeder Frau Beschwerden ein. Kein Wunder, bei dieser Kugel. In der ersten Phase passierte bei uns glücklicherweise zunächst nicht sehr viel. Hier stolperte ich allerdings zum ersten Mal über eine Floskel, die in den kommenden Wochen zum unvermeidbaren Leitsatz aller Leitsätze avancieren sollte und eigentlich überall gerne bemüht wird, um ein Gefühl der sicheren Unsicherheit zu schaffen und der geliebten Verallgemeinerung und plumpen Pauschalität ein Schnippchen zu schlagen. Die Ausrede aller Ausreden und Begründung der Begründungen, die Formel non grata:

Jede Schwangerschaft ist anders!

Heißt: Ein Ei ähnelt *nicht* dem anderen.

Ja, diesem Satz lässt sich wahrlich nicht viel hinzufügen. Leider. Denn damit schippern sich gerne alle Geburt begleitenden Koryphäen auf dem Meer der Argumentation frei. Kausal lässt sich eben alles auf diese Regel zurückführen. Das ist nicht immer gut, aber schlussendlich hat es tatsächlich etwas Beruhigendes. Für die strukturierten Zeitgenossen unter euch, mit konservativem Background und festem Ablauf, natürlich ein Graus, aber es hilft nichts – hier fängt die Individualität bereits an, und die Anarchie hält Einzug!

Die ersten Veränderungen: Ernährungsumstellung

Meine Frau blieb im Vergleich zu ihren schwangeren Freundinnen anfangs vornehmlich beschwerdefrei, trieb weiterhin eifrig Sport und war eher überaktiv als schwerfällig, müde und abgespannt.

Einzige Veränderung war die bewusste Ernährungsumstellung. Hier die orthodoxe Fassung: Keine Rohmilchprodukte (heißt im

Klartext: kein Käse! Wenn, dann immer nachfragen! Es besteht die Gefahr der Listeriose-Ansteckung! Und das ist nicht schön, da es eine Infektionskrankheit ist, die Missbildungen des Kindes nach sich ziehen kann). Kein Kaffee (entkoffeiniert geht), kein Alkohol (es gibt mittlerweile Bier- und Sektmarken, die tatsächlich 0,0 Prozent Alkohol aufweisen – interessiert einen zwar nicht wirklich, aber in diesem Fall kannst du der Zwangsabstinenzlerin ja mal einen Gefallen tun), kein Nikotin und ausnahmsweise mal Finger weg von anderen Drogen.

Bitte auch keine lebenden Tiere wie Eichhörnchen, Kamele oder Schweine anfallen und aufessen. Rohes Fleisch und rohen Fisch, wie in Sushi, meiden, da die Toxoplasmose-Gefahr sehr groß ist. Toxoplasmose ist ebenfalls eine Infektionskrankheit, die durch Parasiten im Fleisch übertragen wird. Eigentlich verläuft so eine Krankheit ohne Symptome ab, aber nicht zwingend bei Schwangeren. Hier steigt die Gefahr einer Missbildung des Kindes erheblich! Als Toxoplasmose-Mutterschiffe gelten auch Katzen. Diese bitte nicht mehr küssen oder sonst wie anfummeln, streicheln nur, wenn danach die Hände gewaschen werden, und die Katzentoilette sollte irgendjemand anderes sauber machen (läuft wohl auf dich hinaus…) – nur nicht die Schwangere! Hunde sind ebenfalls Träger der fatalen Krankheit. Auch hier Hände nach dem Streicheln gründlich reinigen.

Essen können schwangere Frauen ansonsten alles – eben auf die oben genannten Basics achten, und auch du, als Partner, solltest sie da ein bisschen unterstützen und mit aufpassen. Gerade wenn ihr noch mal in den Urlaub fahrt. Nicht immer ist klar, was einem da vorgesetzt wird… Meine Frau hat viel Obst und Gemüse gegessen, das sie stets sehr gründlich mit warmem Wasser abgewaschen oder zuvor geschält hat. Dazu steigerte sich ihr Verlangen nach Süßem, insbesondere Eis, in einem schier nicht nachvollziehbaren beziehungsweise bezahlbaren Maß. Ich weiß nicht mehr, wie oft ich nachts zu irgendeiner Tanke gefahren bin, um Schokoladeneis zu kaufen. 85 000 Mal?!

Insgesamt auffällig war ihr erschreckend großer Appetit. In der Disziplin »Nachschlag« näherte sie sich mir bis auf wenige Gramm. Der Konkurrent sitzt von jetzt an mit am Tisch. Kein Wort mehr von: »Magst du noch meinen Nachtisch?«, oder: »Ich kann nicht mehr. Willst du das noch oder soll ich es wegschmeißen?« Vorbei die Zeit des Schnorrens. Du merkst, auch für dich mehren sich schleichend die Zeichen der Veränderung. Sie ist schwanger und du eben auch!

Schwangerschaftsbeschwerden: Die Liste des Lästigen, Teil eins

Was meine Frau und ich erlebt haben, war ein Traum im Vergleich zu anderen Starts in die Schwangerschaft.

Denn, wie gelernt: Jede Schwangerschaft ist anders, so wie jeder Mensch anders ist. Schön, oder?

Der Horror im ersten Drittel der Schwangerschaft fängt nämlich bei einigen schon damit an, dass ihnen regelmäßig schlecht ist und sie sich erbrechen müssen. Das muss nicht nur morgens sein, das geht auch zu anderen Uhrzeiten. Eine Freundin von mir hat sich mal mittags in der S-Bahn aus Verlegenheit in ihre Handtasche übergeben, weil sie keine Tüte dabeihatte. Traumhafte Geschichten! Die Übelkeit lässt jedoch bei den meisten nach etwa drei Monaten nach. Meiner Frau aber wurde zum Beispiel zum Ende der Schwangerschaft öfter schlecht. Auch normal. Aber was ist in dieser Zeit schon normal?

Dann können im weiteren Verlauf noch solche Späße wie Hämorrhoiden, Verstopfung, Schambeinschmerzen, Rückenschmerzen, Sodbrennen und all solche Leckereien auftauchen. Das hat was von einem Überraschungspaket, was da auf deine Partnerin und dich zukommt. Für alle Beschwerden gibt es jedoch Ideen und Rezepte, um diese in den Griff zu bekommen oder sie erträglicher zu machen.

Allem voran steht aber für dich ein ganz klarer Grundsatz, den du in jeder Situation beachten solltest:

Eine Schwangerschaft ist keine One-(Wo)Man-Show, das ist Teamwork. Deine Partnerin bekommt in den kommenden Wochen eine Menge ab. Sowohl psychisch als auch physisch. Hier ist es wichtig für dich als Typ, immer mit auf der Höhe zu sein. Viel sprechen, viel austauschen, viel fragen. Hol dir immer alle Informationen, auch wenn du sie nicht zum Frauenarzt begleitet hast – du musst einfach jederzeit alles wissen. Wichtig, erst recht bei einem Notfall.

Diese Zeit des Wachstums durchwandert ihr gemeinsam, und du glaubst gar nicht, wie sehr du sie in dieser Phase schon unterstützen kannst. Frauen sind wunderschöne und eitle Wesen – unter körperlichen Veränderungen leiden sie oftmals sehr. (Sind Männer da besser?) Die nachfolgend aufgeführten Beschwerden sind unter anderem auch starke Eingriffe in das bis dahin unversehrte persönliche Schönheitsverständnis deiner Frau.

Krampfadern, Schwangerschaftsstreifen, die überproportionale Gewichtszunahme – all das geschieht zwar langsam, jedoch unaufhaltbar. Hier kannst du sie starkreden und ihr gerade in dieser Zeit das Gefühl geben, dass du sie bis auf die Knochen liebst! Das ist unendlich wichtig. Diese Endorphinausschüttung dank des Glücksgefühls, das ihr beide teilt, ist ein Lawinensystem. Die Liebe und das Einfühlungsvermögen des Mannes sorgen bei der Frau für große positive Kräfte, und die wiederum lassen euer Kind gesund wachsen und gedeihen. Insgesamt ist das eine geniale Zeit!

Hier kommt eine Auflistung der möglichen Beschwerden deiner Partnerin während des ersten Trimesters der Schwangerschaft, immer versehen mit einem kurzen Tipp, was du tun kannst. Diese kleine Übersicht gibt's später auch für die übrigen zwei Trimester. Einige Beschwerden treten sowohl im ersten als auch im dritten Trimester auf, andere sogar in allen dreien. Daher empfehle ich, in allen drei Abschnitten die »Liste des Lästigen« konzentriert durchzulesen. Geht in Richtung Nachschlagewerk, ist aber ganz interessant, um einen Überblick zu gewinnen. Am Ende bist du der Oberchecker, der gut dosiert eine Menge Ahnung verteilen kann. Das lohnt sich immer und sichert dir einen Platz in der Daddy-Hall-of-Fame.

Übelkeit und Erbrechen (gerne bis zur zwölften Woche und länger)

Der Klassiker der Schwangerschaftsbeschwerden. Entsteht bei »seltsamen« Gerüchen oder plötzlich auftretender Unverträglichkeit von jahrelang geliebten Nahrungsmitteln.

Das tust du:

Du gibst ihr morgens trockenes Brot oder Zwieback, kochst einen Tee, den sie bitte schluckweise trinken soll. Über den Tag muss sie kleine, warme Mahlzeiten essen und fettige oder zu stark gewürzte Speisen meiden.

Krämpfe

Gerne in Waden und Füßen. Passiert einfach so.

Das tust du:

Als allwissender Freund oder Ehemann rätst du deiner Partnerin, wenn es nicht ohnehin schon der Arzt getan hat, zu magnesium- und kaliumreicher Ernährung. Blockbuster sind hier ganz klar Nüsse, Bananen und Spinat. Und weil du nicht nur allwissend, sondern auch fürsorglich bist, glänzt du mit dem Angebot, ihr die Beine und Füße zu massieren, oder lagerst auf dem Sofa vorm Fernseher ihre Beine hoch. Klugscheißer-Tipps on top wären noch die Wechseldusche (heiß-kalt) oder schlichtweg spazieren gehen, damit da ordentlich Schwung in die Latschen kommt.

Brustspannen/Empfindlichkeit der Brustwarzen

Die Milchbläschen in der Brust reifen, die Milchbildung beginnt. Und so führt die erhöhte Hormonproduktion manchmal schon zu Beginn der Schwangerschaft zu einer Berührungsempfindlichkeit der Brust. Das ist ein herber Rückschlag, den auch der Mann erst einmal zu verdauen hat.

Das tust du:

Nicht beherzt zulangen! Also, Pfoten weg! Und: Lass ihr ein Bad ein, oder zaubere ihr einen warmen Umschlag mit Lavendel oder besser Quark!

Harnfluss

Die Gebärmutter wächst und wächst und wächst. Irgendwann drückt sie dann auf die Blase, und auf einmal entsteht ein nie zuvor gespürter Drang, ständig auf die Toilette zu müssen. Urin kann dabei auch ganz unfreiwillig auslaufen.

Das tust du:

Bring deiner Partnerin Slipeinlagen mit. Es hilft ja nichts! Ermutige sie zu Beckenbodenmuskulaturübungen, um das Auslaufen eindämmen zu können. Ehrlich gesagt ist das aber auch albern. Lass mal, das sagt ihr schon ihre Hebamme oder ihr behandelnder Frauenarzt, den du mittlerweile hoffentlich auch kennst!?

Krampfadern

Grenzwertiges Thema. Das Zunehmen in der Schwangerschaft ist schon ein heftiger Seelenknüppel, dann kommen noch die Schwangerschaftsstreifen (Gute Nacht! Siehe Seite 59) und jetzt also die Krampfadern. Auch nicht so lecker! Da das Bindegewebe hormonell bedingt etwas dehnbarer wird, neigen erblich vorbelastete Frauen zu diesen lästigen Ärgernissen.

Das tust du:

Wenn deine Partnerin Krampfadern bekommen hat – gut zureden und als unwichtige Banalität schnell vergessen machen. Ist doch Unfug, sich damit lange emotional auseinanderzusetzen.

Um diesen irgendwie vorzubeugen, wenn denn möglich, solltest du deine Frau nicht lange stehen lassen – Bewegung ist besser. Klasse sind sexy Stützstrümpfe, die es in jedem Sanitätshaus gibt, gerne in modisch schickem Beige oder in bescheidenem, oft unterschätztem Schwarz. Die sollte sie regelmäßig tragen. Und wie bei Krämpfen gilt auch hier: Die Beine der Dame so oft es geht hochlagern. Hilft das alles nichts, bleibt bei akuten Beschwerden nur ein Gespräch mit dem Arzt!

Gestose

Die Gestose ist der Ausdruck für eine Stoffwechselerkrankung in der Schwangerschaft. Man unterscheidet zwischen der Frühgestose im ersten Drittel der Schwangerschaft und der Spätgestose im dritten Trimester. Früher hieß diese Erkrankung auch »Schwangerschaftsvergiftung«. Ist aber Quatsch. Kein Gift wurde je nachgewiesen, aber auch keine Bakterien. Bis heute ist das alles ein wenig diffus, die Forschung fischt nach wie vor im Trüben. Fakt ist: Die Gestose betrifft fünf bis zehn Prozent aller Schwangerschaften.

Symptome:
- Ödeme in den Beinen und Händen
- Eiweiß im Urin
- Bluthochdruck (über 140/90)

Bei den Routineuntersuchungen durch den Frauenarzt werden eigentlich regelmäßig Tests gemacht – immer dabei ist das Messen des Blutdrucks. Wenn irgendetwas nicht stimmt, wird die Patientin engmaschiger kontrolliert. Bei der Gestose kommt es zu einer Verengung der Blutgefäße, wodurch der Blutdruck steigt und eine schlechtere Versorgung der Gebärmutter und der Plazenta und somit des Babys entsteht. Wachstumsretardierung könnte die Folge sein, heißt, das Kind wächst nicht der Norm entsprechend. Bei einer Gestose steigt die Möglichkeit einer vorzeitigen Entbindung enorm. Es wird dennoch versucht, den Winzling so lange wie möglich im Bauch zu belassen.

Risikofaktoren können sein:
- sehr junge Erstgebärende
- sehr alte Erstgebärende
- Frauen mit Venenproblemen
- Frauen mit Bluthochdruck in der Familie
- Mehrlingsschwangerschaften
- übergewichtige Schwangere
- untergewichtige Schwangere

Das tust du:
Du kaufst im Bioladen ausgewogene, kalorien- und eiweißreiche Kost. Du sparst nicht mit Salz, sondern würzt ganz normal damit. Ein Ammenmärchen, sich salzarm ernähren zu müssen. Dann sagst du ihr, sie soll viel ruhen und den Blutdruck nicht so in die Höhe treiben. Vielleicht hilft auch ein Buch von Günter Grass, 648 Ägypten-Urlaubsfotos mit Schwerpunkt »Hotelanlage« von langweiligen Bekannten anschauen, Kevin Costners Kassenschlager »Waterworld« auf DVD ausleihen oder einfach einen Abend lang »QVC« gucken – da passiert überhaupt nichts mehr mit den Blutkörperchen.

Zwei sehr typische Schwangerschaftsphänomene habe ich ganz bewusst bis zu dieser Stelle unterschlagen: die blitzartig auftretenden Müdigkeitsanfälle und die jähen Stimmungsschwankungen. Beide haben ihren Kern in den hormonellen Veränderungen während einer Schwangerschaft.

Das tust du bei Müdigkeit:
Gib ihr einen Gutenachtkuss. Sie verpasst ja nichts. Und der Schongang ist für eine schwangere Frau der ideale Leerlauf. Zeit für dich, dich mit Freunden zu treffen, Partys zu feiern oder die Wohnung zu putzen.

Das tust du bei Stimmungsschwankungen:
Gar nichts! Für die hormonell bedingte Spontanlaune des weiblichen Mitbewohners, die von Anfang an eine ganz große Unbekannte beziehungsweise Unberechenbare ist und es auch bis zur Geburt bleibt, will ich dich mit einer ganz simplen, gleichwohl probaten Formel ausstatten:

Merke:
Diskutiere niemals mit einer schwangeren Frau!

Schwangere Frauen sind unkontrollierbare Wesen, die Dinge von sich geben, die rein rational überhaupt nicht zu verstehen sind. Ergo: Folge ihr! Erfülle Wünsche, lass dich der Faulheit bezichtigen, des Zuspätkommens, des Nichtputzens, des Egoistisch-Seins, des Nicht-Klodeckel-Schließens, des Laut-Seins, des Sachen-rumliegen-Lassens, des Ungesund-Essens, des Ungesund-Furzens, des Lang-weilig-Seins, des Eben-du-Seins, lass dich vollends erniedrigen, ge-horche und lehne dich nicht auf – es führt letztlich zu nichts!

Lockere die Pfähle der Planbarkeit, die in dem betonierten Fundament deines strukturierten Lebens eingelassen sind: alles Käse von jetzt an. Gerade noch Lust auf einen Spaziergang und Jacke an, schon ist die Jacke wieder aus, die DVD eingelegt, und du fährst mit dem Auto los, um Eis zu besorgen. »Notting Hill« lädt schließlich für 90 Minuten ein, mindestens 45 Minu-ten davon deine Freundin sabbernd schnarchend neben dir lie-gen zu haben. Ach, du wirst Geschichten erzählen können, die ein 90-Minuten-Stand-up-Abendprogramm füllen. Und immer schön alles aufschreiben, was dir und euch in der Schwanger-schaft widerfährt – das ist später Erinnerungsgold.

Körperliche Veränderungen

Nachdem die Schwangerschaftsbeschwerden verstanden, akzep-tiert und angenommen wurden, ist es im weiteren Verlauf für dich als verständnisvoller Typ extrem wichtig, die körperlichen

Veränderungen deiner Frau nachvollziehen zu können. Nur so gelingt es dir, feinfühlig auf ihre Bedürfnisse einzugehen, Zutritt zu ihrem Kosmos zu erlangen, dort einzutauchen, Wohlgefühl zu verbreiten und dort nicht alles vollends einzureißen und zu ramponieren. Drei Trimester lang modifiziert sich ihre »Baustelle Körper«. Nimm daran teil, schau dem Ereignis zu und sei da, wenn sie darüber sprechen will, um das Absurde, was da gerade in ihr vor sich geht, zu verarbeiten.

Hier ein Wissensvorsprung für dich: Die Brustwarzen werden dunkler. Stört aber nicht. Schon eher lästig sind da die auf einmal auftauchenden Schwangerschaftsbeschwerden, die einfach nur nerven. Nicht nur deine Frau, sondern auch dich. Denn Symptome wie Übelkeit oder Schlafkrankheit bringen brutale Veränderungen ins Leben. Wer mag schon einen riesigen Berg Spaghetti essen, wenn direkt neben ihm am Tisch »jemand« mit einem Würgereiz zu kämpfen hat? Und wer fummelt schon gerne herzhaft im Ausschnitt rum, wenn die scharfe Schleuder dabei plötzlich einnickt? Zieht echt runter.

Schlechte Nachrichten aus dem Dekolleté, gute Nachrichten aus dem Dekolleté. Die Push-ups haben Feierabend! Das Glockenspiel wird satter, nicht nur im Sound: Die Brüste wachsen! Dafür sei die verstärkte Hormonproduktion täglich aufs Neue gepriesen und in deine Gebete eingeschlossen. Doch nicht nur die Östrogenboys ackern ohne Unterlass, die Pumpe deiner Frau im Konzert mit dem Stoffwechsel fährt fern jeglicher Tarifvereinbarungen ebenfalls Doppelschichten. Grund dafür ist natürlich der Mini-Kollege, der sich da allmählich die Bude gemütlich einrichtet und zum Ende des ersten Teils der Trilogie bereits seine Gedanken zum Thema Expansion umsetzt. Er baut an. Nicht für jeden ad hoc ersichtlich, aber der Grundstückseigner (hier: deine

Frau) merkt es täglich. Weite Kleidungsstücke werden jetzt angeschafft.

Der Mutterpass

Der 1968 eingeführte Mutterpass ist eine Art lebenswichtiges Panini-Sammelheft in DIN A6, nur ohne Fotos, das hochoffiziell nach der Feststellung der Schwangerschaft durch den Frauenarzt überreicht wird. Das Logbuch auf der Reise zum Kind. In diesem schönen, schlichten, gerne mit einem Schutzumschlag versehenen Büchlein werden die gesamte Schwangerschaft über bis einschließlich nach der Geburt alle relevanten Daten und Resultate der Kontrolluntersuchungen an Mutter und Kind detailverliebt eingetragen. Das reicht von einer herrlich anzuschauenden Ergebnis-Rutsche an serologischen Untersuchungen (Bluttests wie Röteln-Check, Antikörpersuchtest etc.) – für die absolvierten Analysen gibt es dann übrigens auch immer einen Sticker zum Reinkleben, was völlig dreist und extrem spaßbefreit zumeist der Frauenarzt selbst übernimmt – bis zu generellen Angaben zu aktuellem Gesundheitszustand der Mutter (Erbkrankheiten, frühere schwere Erkrankungen, Allergien etc.), Gewicht, Rhesusfaktor und vieles mehr.

Ebenso werden das stetige Wachstum und die Lage deines Kindes dokumentiert, Ultraschalluntersuchungsergebnisse eingetragen, und der in etwa genaue Geburtstermin, auf den hier alle hinarbeiten, ist ebenfalls notiert. Insgesamt ermöglicht der Mutterpass, der von deiner Frau immer und überall mitgeführt werden muss, im Notfall auch eine gezielte gesundheitliche Versorgung deines Doppelpacks, weil sich jeder Arzt mit Blick auf die Daten ein umfassendes Bild von ihrem Gesundheitszustand machen kann.

Den Mutterpass im Schlepptau sucht deine Frau im Rahmen einer komplikationsfreien Schwangerschaft den Frauenarzt etwa zwölf Mal auf. Bis zur 32. Schwangerschaftswoche alle vier Wochen, dann alle zwei Wochen. Bleibt der Braten länger im Ofen, hat sie sich alle zwei Tage bei ihrem Frauenarzt, ihrer Hebamme oder der zukünftigen Entbindungstruppe ihres Vertrauens einzufinden.

So wird dann im Verlauf der Wochen aus dem gähnend leeren Heftchen ohne Aufkleber, Unterschriften, Kreuzchen, Pünktchen und Kreise ein herrliches, gebrauchtes, eben mit diesen gefülltes und zum Schmökern einladendes »Wochenbüchlein«. Es ist ein Heidenspaß, die kryptischen Schriftzeichen des Arztes zu entschlüsseln und die bestandenen Aufgaben deines Nachwuchses wie »Herzaktion«, »Lebenszeichen« oder »zeitgerechte Entwicklung« mit Ja angekreuzt zu sehen. Bei jeder Visite prüft der Geburtshelfer kurz das Allgemeinbefinden der Mutter, wirft zwar nicht zwingend jedes Mal den Ultraschallapparat an, um einen Blick auf das Kind zu werfen, meistens aber doch, und zapft gerne eine Runde Blut ab. Außerdem zaubert der Arzt bis zur Niederkunft etwa fünf Mal das CTG aus der Ecke, um die Herztöne deines kleinen Pupsers abzuhören.

Alle Blutuntersuchungen auf einen Blick
Wie bereits angedroht, so ein Mutterpass füllt sich nicht von allein. Dafür muss die werdende Mama auch schon mal bluten. Einige Blutkontrollen sind Pflicht, andere Kür, alle werden jedoch in dem Ausweis festgehalten.

Pflicht:
Ermittlung der Blutgruppe und des Rhesusfaktors
Zur Erinnerung: Es gibt die Blutgruppen A, B, AB und null. Und dann taucht in dem Zusammenhang auch noch dieser Rhesusfak-

tor auf, der entweder positiv (bei 85 Prozent der Europäer ist das so) oder negativ (im Baskenland, Anatolien, in der Schweiz und in Nordafrika gibt es wiederum solche) ist. Der Rhesusfaktor ist ein Protein auf der Zellmembran der roten Blutkörperchen. Na und, magst du denken, was interessiert mich das? Stimmt eigentlich, aber in der Schwangerschaft ist das ein durchaus ernst zu nehmendes Thema.

Im unwahrscheinlichen Fall, dass die Mutter Rhesusfaktor negativ aufweist und dein zukünftiger Stammhalter Rhesusfaktor positiv, kann es sein, dass deine Gemahlin Antikörper gegen den Rhesusfaktor ihres eigenen Kindes besitzt, die zu Behinderungen oder sogar zum Tod des Kindes führen können. Ein Horror! Mittlerweile hat man dieses Problem, das bei jeder zehnten Schwangerschaft auftaucht, jedoch gut im Griff. Das Bilden körpereigener Antikörper bei den Rhesusfaktor-negativ-Müttern wird verhindert, indem ihnen bei jeder Schwangerschaft mit einem Rhesusfaktor-positiven Kind eine Anti-D-Globulin-Spritze zwischen der 28. und 30. Woche gesetzt wird. Die sorgt für Love, Peace und Harmony in der Blutbahn.

Antikörpersuchtest

Gerade wurden sie noch weggespritzt – jetzt werden sie schon wieder gesucht: die Antikörper. Also, zwischen der 24. und 28. Schwangerschaftswoche wird das Blut deiner Frau daraufhin kontrolliert. Die Blutgruppenantikörper entstehen mit Vorliebe bei vorherigen Schwangerschaften, wenn das Baby Rhesus positiv und Muddern Rhesus negativ war (siehe oben). Gültigkeit hat dieses Gesetz auch bei Tot- oder Fehlgeburten sowie bei Schwangerschaftsabbrüchen oder Bauchhöhlenschwangerschaften. Ist Mama Rhesus negativ, wird sie im Verlauf der 40 Wochen mehrfach auf Antikörper getestet. In der 28. Schwangerschaftswoche wartet sodann zur Sicherheit eine Spritze mit Anti-D-Serum auf sie, damit sie ja nicht auf blöde Antikörpergedanken zum Ende der Trächtigkeit kommt.

Röteln-HAH-Test

Der kurze Rötelncheck wird gleich zu Beginn der Schwangerschaft gestartet, da Röteln gerade in den ersten drei Monaten zu großen Problemen für dein lustig vor sich hin wachsendes Kind führen können. Sollte kein Schutz vor Röteln bestehen, spiel den Tyrannen und sperr deine Frau zu Hause ein. Nicht dass sie sich ansteckt. Kein Scherz: Die Impfung gegen Röteln ist in der Schwangerschaft selbst logischerweise nicht möglich, daher halte die Augen auf und achte mit darauf, dass deine Frau nicht unbedingt Orte aufsucht, wo viele Kinder geballt Virenpartys feiern wie in Kindergärten, Schulen etc.

Lues-Such-Reaktion

Ein Hoch auf die glanzvollen und ehrwürdigen Zeiten, als sich die feine Gesellschaft zwar selten gewaschen, dafür aber umso öfter alles weggeflankt hat, was nicht bei drei auf den Bäumen war. Die Folge der wilden Popperei: eine extrem hohe Anzahl an Syphiliskranken, die an der durch Schleimhautkontakt übertragenen Krankheit konsequent starben. Im Lauf der Zeit haben die Humanmediziner die Krankheit genauestens erforscht und spätestens im 20. Jahrhundert mit Penicillin eingedämmt. Doch auch heutzutage geht es promisk weiter, vielleicht ein wenig aufgeklärter und »geschützter«. Weltweit kommen jährlich schätzungsweise zwölf Millionen Neuerkrankungen dazu, in Deutschland traten in den vergangenen Jahren etwa 3000 Fälle pro Jahr auf.

Nicht oft und nicht selten zugleich. Deshalb wird darauf getestet. Im unwahrscheinlichen Fall eines positiven Befunds kann deine Perle rechtzeitig behandelt werden. Wenn nicht, drohen dem ungeborenen Kind schwere Schäden.

Hb-Wert

Hier wird die Konzentration des Hämoglobins, des eisenhaltigen Blutfarbstoffs, der den Sauerstoff durch den Körper transportiert, gemessen. Da sich der Hb-Wert im Lauf der Schwangerschaft normalerweise ändert – er sinkt allein schon, wenn deine Frau etwas trinkt –, muss er regelmäßig kontrolliert werden. Bei einem starken Absinken verschreibt der Arzt Eisenpräparate.

Hepatitis B

Um frisch informiert zu sein, wird diese Untersuchung erst in der Zeit zwischen der 32. und 36. Schwangerschaftswoche durchgeführt. Sollte deine Frau das Hepatitis-Virus in sich tragen, wird euer dann frischgeborenes Kind unmittelbar nach der Geburt dagegen geimpft. Alles easy!

Chlamydien

Die kommen schon mal bei den besten Mädels vor. Chlamydien sind so eine Art Dauerbrenner, Evergreens, die liebend gerne weitergegeben werden wie Kettenbriefe, doppelte Sammelbilder oder furchtbar unsinnige Geschenke, mit denen man nichts anzufangen weiß. Ein Abstrich oder eine Blutuntersuchung bringt Aufklärung. Die Infektion kann bei zusätzlichem schlechtem Karma deiner schwangeren Frau dieser einen vorzeitigen Blasensprung bescheren. Für Ärger sorgen die Chlamydien auch bei der Geburt, sollten sie dabei auf das Neugeborene übergehen. Das ist dann nicht so cool.

Die Kür:
Der Aids-Test

Muss nicht, kann aber und sollte auch. Auf HIV wird getestet, das Ergebnis jedoch nicht in den Mutterpass eingetragen, sondern nur die Durchführung der Kontrolle vermerkt. Der Test ist kostenlos und sehr sinnvoll, da im Fall einer Infizierung der Mutter das Risiko der Ansteckung des Babys vermindert werden kann, indem es per Kaiserschnitt zur Welt kommt oder schleunigst abgestillt wird.

Toxoplasmose

Wer das wissen will, muss selbst zahlen. Toxoplasmose ist eine Infektionskrankheit, ausgelöst durch fiese Parasiten, die durch Katzen, aber auch Hunde übertragen werden können. Eine akute Erkrankung während der Schwangerschaft kann das Baby im Bauch schädigen, daher ist diese Kontrolle sehr wichtig. Ist dein kleines Kätzchen dagegen nicht immun, solltest du ihr die Besuche im Streichelzoo ausreden und ebenso den engen Kontakt zu echten Katzen oder anderen Tieren. Auch das Essen dieser in rohem Zustand, wie Sushi oder blutiges Rindersteak, ist nicht empfehlenswert.

Weitere Tests

Hatte deine Frau Kontakt zu Menschen, die an anderen Infektionskrankheiten erkrankt waren, oder werden sonstige Viren in ihrem Blut entdeckt, geht der sie betreuende Arzt auch diesen nach und testet sich einen Wolf, bis er weiß, was Sache ist.

Auch in Sachen Krebs-Früherkennung fackelt der Halbgott in Weiß nicht lange und schlägt einen sogenannten PAP-Test vor, sollte in irgendeiner Hinsicht ein Verdacht bestehen.

Meiner Frau wurde wirklich jede Menge Blut in der Schwangerschaft abgenommen, und mit gutem Gewissen konnte sie währenddessen und bis heute behaupten: Ich bin kerngesund! Es gibt nämlich nichts, auf dass die Ärzte die schwangere Frau nicht untersuchen. Ist doch ein geiles Gefühl zu wissen, voll im Saft des Lebens zu stehen.

Die Anamnese

Daily-Talk-Atmosphäre im Mutterpass: War deine Frau schon einmal schwanger oder nicht? Hat sie vielleicht abgetrieben und es dir nie gesagt? Ein Blick in den schmucken Ausweis könnte jetzt Gewissheit bringen. Oder auch nicht. Der Gynäkologe ist natürlich dankbar für eine solche Info, aber wenn deine Frau das nicht eingetragen haben möchte, unterlässt er es auch. Fakt ist: Derlei Angaben machen das Leben für die euch fachlich begleitende Kompetenzperson leichter, weil sie somit die aktuelle Schwangerschaft besser beurteilen, Risiken abschätzen und Behandlungen planen kann. Zu den Infos, die der Arzt braucht, gehören auch Daten zu bereits absolvierten Schwangerschaften: Spontangeburt, Fehlgeburt, wurde das Kind vaginal oder per Kaiserschnitt zur Welt gebracht?

Der Frauenarzt oder die Hebamme führt mit deiner schwangeren Auster zu Beginn der Schwangerschaft, also direkt nach deren Feststellung, ein intensives Gespräch, eine Art Analyse oder Bestandsaufnahme, die von Fragen zur eigenen Krankheitsgeschichte oder der innerhalb der Familie bis hin zu Fragen zum Job oder zum sozialen Umfeld reicht. Hier kommen alle Fakten auf den

Tisch, damit der Arzt die Schwangere adäquat betreuen und behandeln kann, und hier spürt er ersten Hinweisen nach, ob deine Kleine möglicherweise einer Risikogruppe zugeteilt werden muss und deswegen etwaige Vorsorgeuntersuchungen sehr zeitnah erfolgen und so weiter.

Außerdem klärt der Doc darüber auf, was in der Schwangerschaft alles erlaubt ist, vorrangig aber eher, was nicht geht. Ernährung, Arbeit, Medikamente, Sport – zu ausnahmslos allen Bereichen fummelt der versierte Experte ein paar dankbare Tipps und beliebte Lebensweisheiten aus dem Kittel, denen es sich als grobe Marschroute zu folgen lohnt. Die ganzen schmutzigen Details werden freilich wieder schwarz auf weiß im Mutterpass festgehalten, und so empfiehlt sich das kleine Meistwerk fast von allein als sehr beschützenswertes, persönliches Geheimgut, das keine fremden Leser duldet.

Wann kommt mein Kind? Die Errechnung des Geburtstermins

Knifflige Kiste, allein den Geburtstag auszurechen. Hilft nichts, du musst mit der werdenden Mutter darüber sprechen. Folgende Information ist unumgänglich: Du brauchst das Datum des ersten Tages der allerletzten Regel deiner Frau. Danach ist die Regel nämlich passé und taucht erst wieder auf, wenn ihr Eltern seid. Zugrunde gelegt werden ein Zyklus von 28 Tagen und eine Schwangerschaftsdauer von 40 Wochen. Damit kannst du schon arbeiten: Nun nimmst du also den besagten Tag der Regel und addierst 280 Tage dazu. Voilà: der Geburtstag deines Kindes!

Na ja, okay, der liegt meistens in diesem Zeitraum. Eine Punktlandung ist schwierig zu kalkulieren, da unter anderem die Zyklen der Frauen stets unterschiedlich sind und sich zwischen 25 und 32 Tagen bewegen. Da kann es hier und da mal eine kleine Abweichung geben, doch das Sternzeichen, die Jahreszeit und das Zieldatum lassen sich somit schon feststellen.

Wider Erwarten kennst du das Datum, an dem ihr euren Zwerg gezeugt habt? Dann addiere einfach 266 Tage dazu, und du hast den anvisierten Geburtstermin. Mithilfe einer Ultraschalluntersuchung ist der Frauenarzt notfalls in der Lage, einen möglichen Rechenfehler auszumerzen und zu korrigieren. Möchtest du dir den Ausflug in die Arithmetik für Blöde dennoch ersparen, mach es! Der Geburtshelfer errechnet als eine seiner ersten Amtshandlungen das erwartete Geburtsdatum und trägt dieses natürlich in den Pass der Pässe ein.

Das Gravidogramm

Pro Untersuchung kritzelt der Arzt oder die Hebamme eine Zeile im Gravidogramm voll, dem du somit prima den Verlauf der Schwangerschaft entnehmen kannst. Neben dem Datum notiert der Doktor die Schwangerschaftswoche, in der die Begutachtung vorgenommen wird. Das macht er auf eine ganz eigentümliche Art und Weise, nämlich so:

12.4.08/14+2

Übersetzung:
Die Untersuchung erfolgte am 12. April 2008, am zweiten Tag der 15. Schwangerschaftswoche.

Fundusstand
Wie groß ist die Gebärmutter, und auf welcher Höhe ist sie? Gemessen wird am Nabel, am Schambein oder am Rippenbogen. Maßeinheit ist ein Querfinger.

Kindslage

Beckenendlage, Steißlage oder Querlage – was nach Sommelier-Slang riecht, gehört nicht in den Dekantierer, sondern in den Mutterpass. Wie bei gutem Wein ist auch die Lage deines Kindes entscheidend. Vier Wochen vor »Veröffentlichung« hat das Baby erst seine Endposition eingenommen und harrt der Dinge, die da kommen werden. Wo liegt der Kopf, wo der Steiß – der Arzt findet es rechtzeitig zum Countdown heraus.

Herztöne

Das Herzchen schlägt. Per Stethoskop zu hören oder im Ultraschall klar zu erkennen. Ein Plus gibt es dafür im Mutterpass.

Kindsbewegung

Oh ja, der Boxer im Bauch wird zwischen der 18. und 20. Schwangerschaftswoche geweckt. Ein Schlag in die Magengegend ist ein gutes Zeichen und wird prompt mit einem »+« im Pass ausgezeichnet.

Krampfadern/Ödeme

Wasseransammlungen, also Ödeme, im Körper bleiben nicht unbeachtet. Die Liebe zum Detail verlangt auch die Dokumentation dieser unangenehmen Körpermodifikationen. Krampfadern werden gleichfalls festgehalten.

Gewicht

Das eitle Geschlecht erfreut sich dessen nie, in diesem Fall ist es jedoch ein Muss: die Gewichtszunahme. Die dünnen Mädchen legen zumeist mehr zu als die ohnehin schon vollschlanken oder dicken, denen man teilweise die Schwangerschaft erst im achten Monat ansieht. Die ideale Steigerung der Körpermasse innerhalb der 40 Wochen liegt bei zehn bis zwölf Kilogramm. Es geht selten weniger, aber öfter mehr. In den ersten vier Monaten legt die werdende Mama vielleicht unwesentliche zwei bis drei Kilo zu. Nimmst du gar nicht wahr. Erst mit dem kleinen Bäuchlein, das sich etwa um den fünften Monat herum bildet, ist die Tatsache, dass ihr Eltern werdet, für Dritte sichtbar. Daraufhin steigt das Gewicht stetig und rasant an. Bleibt die Vermehrung der Pfunde weit hinter den Erwartungen zurück, muss die Versorgung deines kleinen Rackers im Bauch mit den nötigen Nährstoffen überprüft werden. Schießen die Zahlen im Display der Waage allerdings voll in den Himmel, können Komplikationen noch während der Schwangerschaft und bei der Geburt entstehen.

Blutdruck

Nächste Spalte, nächste Information. In der Schwangerschaft kann der Blutdruck steigen. Es gibt aber auch hier nicht nur eine Wahrheit, er kann natürlich ebenso sinken. Dies gilt es bei dieser Messung festzustellen, um gegebenenfalls einzugreifen.

Hb

Siehe Pflichtabteilung der Blutuntersuchungen (siehe Seite 32). Anhand der Erkundung des Hämoglobinwerts im Blut kann der Arzt feststellen, ob während der Schwangerschaft Eisenpräparate verabreicht werden sollten.

Urinuntersuchung

Mit nur einem Becher Urin kann so ein Frauenarzt allerhand tolle Testergebnisse zutage fördern. Von Leukozyten über Albumin (nein, das ist keine neue Margarine – auch nicht zum Braten) bis zu den Nitriten – hier können Nierenfunktionsstörungen, Diabetes oder Harnwegsinfektionen per Eintauchen eines Teststreifens zur totalen Offenbarung werden. Also, schenk deiner Frau gerne noch mal einen Liter Wasser nach, bevor sie zur Hebamme oder zum Arzt ihres Vertrauens dackelt.

Vaginale Untersuchung

Den Blick in den »Laden« lässt sich der Arzt oder die Hebamme nur ungern nehmen. Dabei geht es darum, die Öffnung des Muttermundes im Auge zu behalten, das heißt die Tür zur Gebärmutter, wo sich dein kleiner Knödel gerade einen zurechtwächst. Ferner wird der Gebärmutterhals auf Länge, Stand und Festigkeit gecheckt und das edle Scheidensekret auf Säuregehalt und pH-Wert kontrolliert. Daran lässt sich eine mögliche Tendenz zur Frühgeburt erkennen.

Risikoschwangerschaft

Ob es eine ist oder nicht, vermerkt der Arzt im Mutterpass.

Weiterführende Untersuchungen

Mit dem Umblättern des Gravidogramms auf Seite zwei erreichst du zweifellos die Güteklasse A der Top-Untersuchungen, wenn es um die Überprüfung der Unversehrtheit deines Kindes im Bauch geht. Das umfasst die (Früh-)Erkennung von Stoffwechselerkrankungen, chromosomalen Besonderheiten, Behinderungen wie dem Down-Syndrom oder möglichen Missbildungen. Und deswegen schaltet und waltet der Arzt hier, wie er denkt, sobald er entsprechende Anzeichen einer Dringlichkeit für eine dieser Analysen diagnostiziert. Das wäre in der Tat überhaupt nicht lustig. Ich will die Thematik jetzt nicht unnötig vertiefen, da sie ein bisschen in Richtung Abschalter statt Straßenfeger geht, aber ich probiere mal, dir das Gros irgendwie interessant näherzubringen. Puh!

Chorionzottenbiopsie

Oh Gott, da fängt's schon an! Diese Biopsie ist ein riskanter Eingriff durch Scheide oder Bauch, bei dem ein Stück Gewebe aus dem Mutterkuchen herausgenommen wird, um Informationen über den Chromosomenzustand des noch ungeborenen Kindes zu erlangen. Die Untersuchung wird zwischen der zehnten und zwölften Woche durchgeführt.

Amniozentese

Ein Fruchtwassercheck zwischen der 14. und 18. Woche, der über mögliche Missbildungen und über ein etwaiges Down-Syndrom des Babys Aufschluss gibt. Die Aktion ist risikoärmer als die Chorionzottenbiopsie, lässt im Nachgang jedoch lange auf sich warten, da die Ergebnisse der Untersuchung erst nach zwei bis drei Wochen feststehen. Diese psychische Belastung geht gar nicht, und daher gibt es nun eine Art Vortest, der bereits nach zwei Tagen eine schon recht verlässliche Prognose liefert, ähnlich wie bei der Bundestagswahl.

Alpha-Feto-Proteine

Missbildungen können auch durch die Kontrolle dieses Hormons festgestellt werden. Ist der Wert zu hoch, liegt eine Spalt-Bildung der Wirbelsäule in der Luft, ist er zu niedrig, das Down-Syndrom.

Triple-Diagnostik

Die Risiko-Errechnungsmaschine. Man nehme folgende Daten und füttere damit einen Rechner: die Werte von zwei Hormonen, das Alter der Mutter und das Alter der Schwangerschaft. Auf Return gedrückt kommt unterm Strich die individuelle Wahrscheinlichkeit einer Down-Syndrom-Erkrankung des Kindes heraus. Der Test ist nicht verlässlich genug, als dass er genügen würde, vielmehr gibt er eine Tendenz ab, eine Amniozentese zu starten oder nicht.

Amnioskopie

Der Muttermund ist leicht geöffnet, aber der kleine Racker will nicht raus. Da greifen wir doch gerne zur Fruchtwasserspiegelung, um den Zustand des Kindes zu bestimmen. Der Geburtshelfer schiebt ein kleines, feines Rohr durch den leicht geöffneten Muttermund, um die Farbe des Fruchtwassers zu erkennen. Grünlich-gelb heißt: Dein Baby hatte offensichtlich einen stressigen Job im Bauch und hat deshalb Stuhl abgesetzt. Die Folge davon ist eine stationäre Überwachung deiner Frau, womit oftmals die Einleitung der Geburt verbunden ist. Ist das Fruchtwasser klar, ist alles okay. Das kann sich jedoch innerhalb weniger Minuten wieder ändern. So ist das.

Stationäre Behandlung während der Schwangerschaft

Eine Nacht stationär im Hospital, und schon gibt's einen Vermerk im Mutterpass.

So, du hast es geschafft. Und ich auch. Die Ausnahmefälle sind erst mal abgefrühstückt. Nächste Reiseziele auf unserem chronologischen Trip durch den Mutterpass sind:

Die Screenings

Klingt schon wieder schrecklich nach Werberslang, aber alles halb so wild. Hier wird ferngeguckt, und das drei Mal insgesamt. Nummer eins findet in der Woche neun bis zwölf statt, Nummer zwei in der 19. bis 22. Woche und ein letztes Mal in der 29. bis 32. Woche.

Beim ersten Mal wird geguckt, ob die ganze Abteilung korrekt in der Gebärmutter sitzt und nicht eine Bauchhöhlen- oder eine Eileiterschwangerschaft erwartet wird, ob ihr es in Zukunft mit

sich verdammt ähnlich aussehenden Mehrlingen zu tun haben
werdet oder ob euch nur einer das Leben schwermachen will, ob
das Herzchen schlägt und ob die Schwangerschaft insgesamt in-
takt ist. Reicht ja auch für die Premiere.

Bei der zweiten Zusammenkunft, um den kleinen, wachsenden Immer-noch-Gnom auf einem Monitor begutachten zu können, richtet sich der Fokus in erster Linie auf mögliche Fehl- und
Missbildungen des Kindes. Trotzdem fährt der Arzt zumeist den
kompletten kleinen Körper ab, um den Erwartungen der werdenden Eltern gerecht zu werden. Macht ihm ja selbst Spaß, die
Nummer. Da kann er herrlich den Dicken markieren, mit seinem
Ultraschallgerät, und ihr klebt ihm an den Lippen. Klasse!

Beim dritten Mal ist die ausgegebene Parole: das »Gesamtbefin-
den« des Neulings. Die zeitgemäße Entwicklung des Kindes steht
also auf dem Prüfstand.

Bei den unterschiedlichen Sitzungen misst der Arzt oder die
Hebamme Folgendes aus: die Scheitel-Steiß-Länge (SSL), den
Fruchtsack (FS), den Abdomen (AU), den Kopfumfang (KU), den
Oberarmknochen (HL), den Oberschenkelknochen (FL) sowie
die Abstände vom Nabel zum Rückgrat (APD), von Schläfe zu
Schläfe (BPD), von Stirn zu Hinterkopf (FOD) und von Bauchseite zu Bauchseite (ATD). Genau diese Abkürzungen, die du hier
in Klammern siehst, stehen im Mutterpass in kleinen Kästchen,
die der Arzt nach den Messungen um die entsprechenden, neu
gewonnenen Längen ergänzt. Außerdem trägt er diese Daten auf
Seite 13 des Mutterpasses in die »Normkurven für den fetalen
Wachstumsverlauf« ein. Ein Blick darauf zeigt dir, welchen körperlichen Entwicklungsstand dein werdendes Kind im Vergleich
zur Norm hat.

Auf der einen Seite ganz interessant, auf der anderen Seite

wurden meine Frau und ich schrecklich nervös, als unsere Tochter in der 35. SSW (Schwangerschaftswoche) einen zu geringen ATD-Wert aufzeigte und der Arzt den Punkt unter der Normkurve markierte. Zwar wurden wir von ihm beschwichtigt, denn es passiert alle naselang, dass das Wachstum eines Ungeborenen unter dem Durchschnittswert liegt, doch unsere Sinne waren von dem Augenblick an geschärft. Eineinhalb Wochen später war unsere Kleine dann wieder auf der Spur.

CTG (Cardiotokographie)

Auf Seite neun des Mutterpasses erspähst du ein herrliches simples Kästchen, wo die Erkenntnisse dieser Untersuchung eingetragen werden. Wenn du keinen Bock mehr auf deine »Scooter«-Sammlung hast und auch nicht zum 50. Mal »Die drei Fragezeichen« hören willst, gehe einfach ab der 30. SSW mit deiner Partnerin zum Frauenarzt. Dort wird jeweils für 30 Minuten ein viel coolerer Disco-Stomper beziehungsweise ein viel spannenderes Hörspiel dargeboten: die Herztöne deines Kindes! Ein rasender, hämmernder Beat. Versprochen! Das klingt, als würde eines herbstlichen Morgens ein nobles Ross geschmeidig und grazil über eine Kopfsteinpflasterstraße der Barockzeit galoppieren. Mag allerdings auch an den zumeist vorsintflutlichen Wehenschreibern der Ärzte und Hebammen liegen, die wie ein alter Radiowecker nur über eine Box verfügen. Apropos: Parallel zu der akustischen Erdung wird die Wehentätigkeit der Mutter gemessen, deshalb heißt das Gerät auch Herzton-Wehenschreiber. Der Arzt kann somit frühzeitige Wehentätigkeiten erkennen, aber auch im Fall einer Unterversorgung des Kindes rechtzeitig eingreifen. Während der Geburt wird deine Frau ebenfalls an ein CTG angeschlossen, das festhält, wie euer Kind die Wehen verkraftet. Bei uns war das damals sehr dramatisch, da sich mit jeder Wehe laut CTG der Zustand unserer Tochter verschlechterte. Am Ende trotzte sie der Wehenflut und verhinderte somit selbst den Not-Kaiserschnitt, auf den uns das Hebammen- und Ärzteteam bereits mental und praktisch vorbereitet hatte.

Die Doppler-Sonographie

Eine erweiterte Ultraschall-Untersuchung, die angeordnet werden kann, wenn das Kind im Bauch nicht entsprechend der Norm weitergewachsen ist. Bei dieser Spezialkontrolle sichtet der Profi mit dem Sondenkopf die Blutströme des Kindes. Mit dem Superscanner fördert er Durchblutungsstörungen in den Gebärmuttergefäßen, in der Aorta und in der Nabelschnur zutage, sofern sie denn vorliegen.

Abschlussuntersuchung/Epikrise

Hurra, es ist vorbei! Das Kind ist da, und jetzt gibt es den Quatsch auch noch schriftlich. Größe, Gewicht, Geburtstag und Geburtszeit von deinem Sprössling sind säuberlich gedruckt dem Mutterpass zu entnehmen, zudem fällt der Arzt eine Art Gesamturteil in Sachen Zustand des Kindes, das er anhand der Hautfärbung, der Atmung, des Pulses, der Bewegung und des Muskeltonus trifft. Ebenfalls festgehalten sind die Art der Geburt, wie zum Beispiel bei uns: spontan aus vorderer Hinterhauptslage, der Cast, sprich die Namen aller beteiligten Helferlein, und mögliche durch die Geburt entstandene Verletzungen, wie beispielsweise ein Dammriss oder so.

Des Weiteren folgen dann noch Infos über den Zustand der Mutter während des Wochenbetts, und der euch betreuende Frauenarzt oder die Hebamme prüft nach einigen Wochen auch noch mal das Befinden deiner Frau, bis es schließlich einen Stempel unter dem abgeschlossenen Verfahren gibt.

Wenn dann Kind zwei im Startblock steht, könnt ihr entweder wieder den gleichen Mutterpass nehmen, denn da ist noch Platz für den zweiten Nachkommen, oder ihr lasst euch einen neuen geben.

Erste Vorbereitungen auf die Vaterschaft

Der Laden läuft, sie ist schwanger von dir. Was tut sich emotional?

Für mich blieb der Gedanke, Vater zu werden, zunächst sehr abstrakt. Fremd und überhaupt nicht greifbar. So wie Atome oder MP3-Dateien oder Menschen, die in Marketing- oder Kommunikationsagenturen arbeiten – ein riesiges Fragezeichen. Das Gefühl von Weihnachten, Geburtstag, einen Wunsch frei und ein Sechser im Lotto – alles an einem Tag, dazu das Aufgewühltsein, als würde einem am nächsten Tag vor erlauchten Gästen ein Ehrendoktortitel in der juristischen Fakultät der Universität Jemen verliehen werden – hält die ersten Wochen an, ertrinkt dann aber wieder im Sog des Alltags.

Im Bauch wächst dein Kind, aber es ist nicht dein Bauch. Du kannst es nicht sehen, nicht fühlen, nicht hören. Zu groß ist die Distanz. Weit weg das alles. Das Abdomen (das Wort für Leib/Bauch – lernst du spätestens, wenn du dir die Mühe machst, den Mutterpass durchzublättern) bleibt flach, ein paar diätische Modifikationen, und sollten keine sonderlichen Beschwerden auftreten, geht die Zeit ins Land, und jeder konzentriert sich vorerst wieder auf seine zu erledigenden Aufgaben. Das ist natürlich bei jedem anders, aber klar, wenn die Geburt noch acht Monate hin ist, kann nicht 24/7 das Kinderthema ganzheitlich den Ton angeben. Wie sieht also die Vorbereitung für den großen Moment aus?

Guten Tag, Herr Doktor, ich bin der Vater

Einfach mal mitgehen, sich vorstellen und die Fragen stellen, die dir unter den Nägeln brennen – nachdem du erfahren hast, dass du Vater wirst, begleite deine Partnerin zu ihrem Frauenarzt, lerne ihn kennen, verschaffe dir einen Eindruck von der Person, die euch immerhin die nächsten Wochen von der medizinischen Seite aus bis zur Geburt begleiten wird. Der Geburtsheilkundler lässt alle anstehenden Tests, die laut Mutterpass notwendig sind, durchführen, kontrolliert stets das gleichmäßige Wachstum und das Wohlbefinden des Fötus und der Mutter. Er ist es, der sagt, was geht und was nicht. Es ist sinnvoll, diesem Menschen einmal direkt in die Augen zu sehen und Vertrauen zu ihm aufzubauen. Wenn ihr Ratschläge benötigt, solltet ihr sie euch bei dem Arzt holen, der ja eh schon das Vertrauen der werdenden Mutter genießt. Darauf würde ich es auch fast beschränken, denn zu viele Köche während der Schwangerschaft und auch später, die einem dieses empfehlen und jenes abraten… Gute Nacht. Zu guter Letzt vermittelt das Mitgehen auch der Frau ein gutes Gefühl, der du auf diese Weise deine Auffassung von Schwangerschaft als Gemeinschaftsaufgabe verdeutlichst. Und das ist sehr gut.

Ab der zwölften SSW

Es ändert sich einiges mit der Vollendung der zwölften Schwangerschaftswoche. Das ist eine Art »Vordiplom«. Statistisch gesehen erlebt jede dritte Frau in ihrem Leben eine Fehlgeburt, und das am wahrscheinlichsten bis zur zwölften Woche. Auch danach bleibt immer die Gefahr eines Aborts, gleichwohl wöchentlich weiter abnehmend.

Wann sagen wir: »Wir bekommen ein Baby«?

Wir wussten es in der sechsten Woche und wollten es natürlich vor Freude in die ganze Welt rausposaunen. Nun, wir haben die Füße stillgehalten und uns gezwungen, die zwölfte Woche abzuwarten, weil wir keine Lust hatten, dann im Fall eines Aborts jedem wieder zu erzählen: »Ach du, doch nicht.«

Der Familie haben wir es früher gesagt. In der zehnten Woche.

Es gibt da so eine Art Lagerstreit. Die einen finden es total albern, mit der Info zu warten, die anderen, eher defensiven Typen, wollen einen Sturm im Wasserglas vermeiden. Das muss jeder für sich entscheiden. Unser Frauenarzt war total überrascht, als wir ihm am Ende der elften Woche berichteten, dass wir von unserem Glück noch niemandem erzählt hatten. Der Mann ist aber auch ein Sonnenkind, das immer gute Laune hat und einfach alles, was geschieht, positiv sieht. Der Begriff »Zweifel« steht für ihn im Fremdwörterlexikon.

Also, nachdem die zwölfte Woche im Sack ist, kannst du die frohe Kunde, allenthalben überbringen. Schulterklopfen, Lachen, Freude überall, übermannend die Reaktion vieler, wenn du die Katze aus dem Sack lässt. Darauf getrunken wird aber erst, wenn der kleine Racker auf der Welt ist!

Nackenfaltenmessung/Fruchtwasseruntersuchung

In der 13./14. Woche wird die Nackenfaltenuntersuchung angesetzt – eine freiwillige, völlig ungefährliche Ultraschallmethode zur Messung der Nackenfalte, um das Risiko eines Down-Syndroms zu schätzen. Wohl gesagt »zu schätzen«. Mehr geht damit nicht. Da steckt auch keine Garantie drin.

Je schmaler die Nackenfalte, und das ist wahrlich die Falte im Nacken, umso besser. Es bleibt jedem selbst überlassen, diesen Check durchzuführen. Kosten dafür: etwa 150 Euro, die gesetzliche Krankenkasse zahlt das nicht.

In diesem Zusammenhang will ich auch kurz auf die Fruchtwasseruntersuchung zu sprechen kommen, die ebenfalls (ab der 16. SSW) möglich ist, um potenzielle Behinderungen des Fötus festzustellen. Diese ist genauer, birgt indes das Risiko einer Fehlgeburt oder einer Verletzung des Babys durch die Nadel, die bei der Untersuchung benötigt wird. Zwar kein großes Risiko, da ja Profis am Werk sind, aber ein winziger Prozentsatz ist das schon.

Ich kenne viele, die beide Untersuchungen ausgelassen haben, da sie einfach von der Unversehrtheit des Babys ausgegangen sind oder getreu dem Motto meinten: »Wir nehmen, was kommt.« Andere haben sie gemacht, weil sie bei negativem Befund abgetrieben hätten. So ein klarer, aussagekräftiger Befund ist jedoch nur durch die Fruchtwassermethode möglich.

Eine Lanze gebrochen für den Nackenfaltencheck: Ich muss sagen, es war für mich als werdender Vater ein besonderes, wohl einzigartiges Erlebnis. Die Ärzte messen bei dieser Untersuchung natürlich nicht ausschließlich die Falte und schicken einen wieder nach Hause. Nein, sie »surfen« das ganze Baby ab und geben sogar schon eine Vermutung über das Geschlecht ab. Ich habe später in meinem Tagebuch festgehalten: »Das war die beste Live-Schalte meines Lebens.«

Der Bauch der Frau wird, wie bei einer normalen Ultraschalluntersuchung, mit Gel eingeschmiert, der Scannerkopf draufgesetzt, und ab geht's. Per Beamer wurde das Bild auf eine riesige

Leinwand übertragen, und dann erklärte unser Arzt alles, was zu sehen war. Ich sah zum ersten Mal mein Baby! Alles war schon da – ein ausgeprägter Kopf, die winzigen Arme, die angewinkelten Beine, der komplette Rumpf – einfach alles. Bis dato hatte ich nur die minderqualitativen Ausdrucke des archaischen Ultraschallgeräts unseres Frauenarztes begutachten dürfen, und darauf war nur eine »Zelle mit was drin« zu sehen. Nun aber, zwar nicht in HDTV, aber schon in perfekter Schärfe und XXL-Größe: mein Kind. Prompt gab er eine Tendenz ab: Es wird ein Mädchen. Er sollte recht behalten.

Die Blase war gefüllt, die Nieren arbeiteten, das Herzchen pochte, sie ruderte mit den Armen, drehte sich permanent, um der aufdringlichen Kamera zu entgehen. Er fuhr die Wirbelsäule ab, und schließlich maß er die Nackenfalte, die fast gar nicht vorhanden war.

Meine Frau und ich starrten unentwegt mit Tränen in den Augen auf dieses unvergessliche Bild – dazu die rasend schnellen Herztöne unseres rapide wachsenden Babys. Das war der ganz ursprüngliche, ehrliche Beginn des aufkeimenden Vatergefühls in mir. Ich bemerkte plötzlich, dass ich von dem Ausmaß des Begriffs »schwanger« nicht die leiseste Ahnung gehabt hatte. Ich war mir dessen Bedeutung überhaupt nicht bewusst gewesen. Diese komische Zelle mit dem weißen Fleck war jetzt für mich zum ersten Mal ein Mensch! Sogar noch besser: Es war meine Tochter! Jetzt war es greifbar, jetzt war es nicht mehr abstrakt. Jetzt blieben mir nur noch die MP3-Dateien, Atome und die Menschen in Marketing- und Kommunikationsagenturen ein Rätsel. Und mittlerweile gönne ich mir durchaus auch ungelöste Rätsel in meinem Leben.

Junge oder Mädchen?
Wie du es auch herausfinden kannst!

Wird es ein Junge oder Mädchen? Diese Frage treibt dich anfangs unaufhörlich um, Tag und Nacht. Es brennt dir förmlich auf den Nägeln, weil diese Nachricht eine wesentliche, sehr einschneidende Richtungsanzeige für dein Leben bedeutet.

Auf den Punkt gebracht: Verbringst du in wenigen Jahren deine spärliche Freizeit pöbelnd am Seitenaus des örtlichen Fußballvereins oder stehst du über Gangarten palavernd am Abreitplatz des Reitstalls direkt bei euch um die Ecke!? Und machen wir in diesem Zusammenhang doch bitte schön die Klischeetüte komplett voll: Autorennbahn oder Puppenhaus, »Wilde Kerle« oder »Wilde Hühner«, Räuberteller oder Fischstäbchen – du siehst, die Chromosomen-Abteilung im Haus trägt die hundertprozentige Verantwortung sowohl für die grobe als auch subtile Ausrichtung des Gesamtkonstrukts »Familie«. Um entsprechende Vorbereitungen zu treffen wie »Agenda erstellen« oder den Grundfarbton der Babykleidung festzulegen, ist die Geschlechtsbestimmung daher unabdingbar.

In der heutigen Zeit an sich kein Problem, es sei denn, der Schelm im Bauch wendet sich bei jeder Ultraschalluntersuchung von der Sonde ab oder kneift genant die Beine zusammen, wie es einst unsere Tochter tat. So hofften wir inständig von Sitzung zu Sitzung zu erfahren, um welches Geschlecht unsere kleine Familie erweitert wird, doch Fehlanzeige. Alle von uns getätigten Einkäufe fielen daher farblich neutral aus. Jetzt magst du vielleicht annehmen, die Feststellung des Geschlechts des Kindes würde sich doch im Lauf der Schwangerschaft und dem damit verbundenen Wachsen gar nicht mehr verhindern lassen, aber weit gefehlt. Dein Baby ist zum Ende der Gravidität ein derartiger Klopper, dass es für den Geburtshelfer tatsächlich noch schwieriger wird, die Gattung zu erkennen. Tröstende Worte sollen hier nicht fehlen: Tendenzen können die Hebammen und Ärzte immer abgeben, und es ist fürwahr selten, bei der Fülle an Ultraschalluntersuchungen nicht das Geschlecht bestimmen zu können, doch so beknackt es auch ist, es passiert.

Lassen wir hingegen den technischen Fortschritt hinter uns und winken den Humanmediziner auf unserer Reise zur Geschlechtsentdeckung unseres Schützlings mit herablassender Geste durch, gibt es eine Vielzahl an vortrefflichen Volksweisheiten, die sogar international die Geburtshelfer rückwärts die Wände hochgehen lassen. Grund genug, dies hier zu vertiefen. Und wer weiß, ein kleines Fünkchen Wahrheit wohnt diesen Ammenmärchen und Faustregeln ja doch oftmals inne. Die Erfahrung habe ich gemacht und gebe sie gerne weiter. Legenden, Mythen und Überlieferungen – bitte sehr!

• Sieht die Schwangere unansehnlich aus wie ein rollendes Monster mit pockenartigen, Zwei-Euro-Münzen-großen Doppelkammer-Eiterpickeln, fettigen Haaren und verschwurbeltem Gesicht, dann wird es ein Mädchen, weil es der Mutter die Schönheit raubt. Ist die werdende Mutter indes anmutig und schön wie das Mai-Girl im Pirelli-Kalender, wird es ein kleiner Kavalier, auf den sich ihre Seele freut. Und wir wissen: Schönheit kommt von innen... oder so.

Fazit: Alles totaler Unfug. Meine Frau hat den Peak ihrer Schönheit in ihrer Schwangerschaft erreicht, und? Ich bin Vater einer Tochter. Hüstel.

- Stopft sich deine Frau in der Schwangerschaft mit Süßkram wie Schokolade und Eis voll, dann wird es ein Mädchen. Wenn es eher saure Gurken und deftige Rinderschmorbraten sind, deutet die Würze auf einen Kerl hin.

  Fazit: Meine Frau hat Süßigkeiten bis zum Abwinken konsumiert. Stimmt!

- Sodbrennen = Junge

  Fazit: Unfug! Sodbrennen ist eine sehr gängige und unangenehme Schwangerschaftsbegleiterscheinung, unabhängig vom Geschlecht des Babys.

- Wenn der werdende Papa mit der werdenden Mutter gemeinsam zunimmt, wird es ein Junge.

  Fazit: Ich habe vier Kilo mehr gewogen. Wurde trotzdem ein Mädel.

- Deine Frau findet andere Frauen irgendwie unsympathisch, dann wird es ein Mädchen. Mag sie keine anderen Männer, was sie ja ohnehin nicht tun sollte, wird es ein Knabe.

  Fazit: Ein bemerkenswertes Ammenmärchen aus Afrika, das ich persönlich nicht mehr nachforschen kann. Überprüfe das doch mal bei deiner Frau und gib mir ein Feedback. Das würde mich echt interessieren.

  Schreib an: christian.busemann@gmail.com

- Der weibliche Sitzriese hat kalte Füße, es wird ein Junge.

  Fazit: Oh Mann, wer kommt denn auf so was?

• Der Urin deiner Frau ist hell und klar: ein Junge. Trüb: ein Mädchen.

Fazit: Wenn das dem Volksmund entspricht – armes Land!

• Die Brüste wachsen nicht sonderlich an: ein Junge! Die Dinger sind wie aufgepumpt: ein Mädel!

Fazit: Korrekt! Und ich gönne dir auch ein Mädchen …

• Die Beine deiner Frau sind in der Schwangerschaft stärker behaart: Ihr erwartet ein weiteres Haarmonster in Gestalt eines Jungen. Sind die Beine wie immer, kommt ein Mädchen.

Fazit: Mag dir diese Erkenntnis erspart bleiben und unser Glaube an die Körperhygiene der Frau ungebrochen sein.

• Deiner Frau ist in der frühen Schwangerschaft nur selten übel, dann wird es ein Junge.

Fazit: Nein. Meiner Frau ging es spitze. Ihr war nur schlecht, wenn sie sich überfressen hatte, und das kam nicht selten vor.

• Das Herz des Kindes schlägt mit 140 BPM – es wird ein männlicher Raver. Ein weniger rasanter Herzschlag, und ihr könnt euch auf ein relaxtes Mädel freuen.

Fazit: Hinkt in allen Anklagepunkten, aber schöne Idee.

• Isst sie lieber scharf gewürzt, verdaut sie ein Mädchen. Sehnt sich der Gaumen jedoch nach laschen Reizen, wird's ein Kerl.

Fazit: Ein nepalesisches Ammenmärchen, das ich nur bestätigen kann.

• Ein spitzer Bauch weist auf jede Menge Turnübungen und Boxeinheiten im Kabuff hin. Bei so viel Lebendigkeit folgt diesem Symptom laut Volksmund natürlich ein Junge. Ein runder Bauch, ohne viel Tamtam drin, beherbergt indessen eine Schlafmütze, und die ist laut der Mär ein heranreifendes Mädchen.

Fazit: Wann ist ein Bauch spitz und wann rund? Die Abgrenzung fällt sehr schwer, wenn du diesen mit Haut überzogenen Findling, um nicht zu sagen den Koloss, einmal genauer unter die Lupe nimmst. Je nach Physiognomie deiner Frau entwickelt sich der Bauch mehrdimensional in den Raum hinein. Hier beult er sich nach vorne, dort in die Breite. Und was am Ende dabei rausplumpst, ist nicht kongruent mit dieser Weisheit. Meine Frau zum Beispiel ist dünn und sportlich, und so konnte bei ihrer anatomischen Grundausstattung gar nicht so eine Ölwanne andocken wie die Wampen, die ich bei anderen Müttern, die ohnehin schon ein Stück weit stämmiger waren, erblicken durfte. Daher: spitz oder rund, alles Humbug.

• Pendel das Geschlecht: Am besten nimmst du einen Ring (Ehering, Verlobungsring, Freundschaftsring oder irgendetwas Adäquates wie Ketten- oder Schlüsselanhänger), den du an einem Faden befestigst, und hältst diesen mit spitzen Fingern über den Bauch deiner flach auf dem Rücken liegenden Partnerin. Konzentriere dich jetzt auf dein Kind, und siehe da: Der Ring am Faden bewegt sich. Pendelt er kreisförmig, dann wird es ein Mädchen, pendelt er hin und her wie ein Scheibenwischer, erwartet ihr einen Jungen!

Fazit: Es klappt bei dem, der daran glaubt.

• Frage an das Unbewusste: Halte deiner Frau eine Rose (keine rote) und eine Lilie vor die Nase. Wenn sie die Rose greift, wird es ein Mädchen, entscheidet sie sich für die Lilie, ein Junge.

Fazit: Käse! Der Test ist vergleichbar mit der Mär, eine Frau spüre, ob sie eine Tochter oder einen Jungen gebären wird. Meine bessere Hälfte fühlte, dass sie einen Jungen zur Welt bringen würde. Ähem!

Tipp: Lass sie das Geschlecht ihres Kindes erspüren und behaupte einfach das Gegenteil. Wettet um eine Flasche Champagner, einen Abend ohne Frau und Kind, wenn der Minimensch erst mal da ist, oder um einen Sachpreis in Höhe von X Euro. Warum? Weil die Chancen hoch sind, dass sie danebenliegt. Meine tat es und hat heute noch daran zu knabbern.

Die körperliche Entwicklung deines Babys

Der Brummer im Bauch wächst. Stündlich, täglich, wöchentlich, rund um die Uhr, einfach immer. Da du wissen willst, was der werdende Typ oder die werdende Tussi da im Körper deiner Frau so macht, präsentiere ich dir hier den von mir warmherzig gemeinten, kurz zusammengefassten Entwicklungsverlauf deines Kindes. Abgefahren, wie sich da etwas zurechtbrodelt und zusammenbraut, während ihr beide bräsig auf dem Sofa liegt, Berge an Lebensmitteln in euch hineinschaufelt oder einfältige Waldspaziergänge im Schneckentempo absolviert. Draußen Langeweile pur, und drinnen geht die Party ab!

Der Zellhaufen, den ihr geschaffen habt (ihre Eizelle + deine Samenzelle), spaziert durch den Eileiter in Richtung Gebärmutter, wo er sich einnistet. Sechs Wochen später sind Herz und Gehirn schon voll am Ackern, die Körperlänge deines Babys beträgt satte zwei Zentimeter Länge, und in der Fruchtblase ist tatsächlich schon die Kontur eines echten Menschen zu erkennen.

Links und Lesenswertes

Gut, das haben wir erst mal. Ist ja bis jetzt auch schon eine ganz schöne Menge.

Um auf informative Seiten im Netz hinzuweisen (es gibt unzählige Internetpräsenzen für junge Eltern – lass dich also nicht kaputt beraten!), habe ich dir hier ein paar Links aufgelistet. Lohnt sich, da mal draufzusurfen:

www.urbia.de	www.schwanger-online.de
www.rundumsbaby.de	www.babyclub.de
www.netdoktor.de	www.9monate.de
www.babycenter.de	www.eltern.de

Die unterschiedlichen Portale sind sehr hilfreich, und zu empfehlen sind auch die Foren. Ich kann zum Beispiel nur Gutes vom »urbia«-Forum berichten. Ich habe mich da diverse Male eingeloggt und binnen kürzester Zeit Antworten von Müttern auf meine Fragen bekommen. Der absolute Wahnsinn:

Ich postete dort frühmorgens gegen halb sieben einen Hilferuf, dass meine Freundin hochschwanger mit unsäglichen Kopfschmerzen krank im Bett liege. Was ich tun könne, lautete mein Anliegen. Innerhalb von drei Minuten trudelten dann Tipps und konkrete Lösungsansätze und -vorschläge ein.

Wieso auch immer die sich da alle um diese Uhrzeit tummelten – gute Sache! In diesem Zusammenhang will ich auf zwei Bücher hinweisen, die du womöglich bereits hast. Wenn nicht, solltest du sie anschaffen.

Das eine ist von Remo H. Largo. Das Buch heißt *Babyjahre* – da steht einfach alles drin, um den kleinen Menschen verstehen zu lernen. Es betrachtet die unterschiedlichen Verhaltensweisen wie Schlafen, Motorik, Schreien, Sprachentwicklung und so weiter aus biologischer Sicht. Sehr lesenswert und nachschlagereif. Ein sehr umfangreicher Blick »hinter die Kulissen«, gutes Rüstzeug, das vor Erfahrungen nur so trieft und tropft. Kaufen! Das reicht völlig aus. Mehr Bücher bitte nicht anschaffen – du wirst sonst wahnsinnig.

Der werdenden Mutter empfiehlt sich der legendäre Evergreen *Die Hebammensprechstunde* von Ingeborg Stadelmann. Eine naturheilkundliche Begleitung zu Schwangerschaft, Geburt, Wochenbett und Stillzeit. Gerade in der Schwangerschaft sehr lesenswert. Ich liebe das Zitat vorab:

»Dieses Buch möchte ich all den Kindern widmen, die im Moment geboren werden, allen Eltern, die ES annehmen in seinem So-Sein.«

Wer ist nun bitte die Mutter der Nation?

Wenn deine Partnerin dieses Meisterwerk noch nicht besitzt, kannst du es ihr ja jetzt schenken.

Zweites Trimester

Schwangerschaftsbeschwerden: Die Liste des Lästigen, Teil zwei

Müßig, darauf hinzuweisen, dass die aufgeführten Beschwerden ebenso im ersten wie auch im dritten Trimester auftreten können. Aber ich schreibe es mal lieber dazu. Das gilt im Übrigen für alle Schwangerschaftsbeschwerden. Die sind so gesehen zeitlos schick!

Hämorrhoiden

Lästig, aber nicht peinlich. Passiert, und das nicht zu selten. Hämorrhoiden sind Krampfadern, also Stauungen in den Gefäßen, die mit Juckreiz, Blut im Stuhl und Wundgefühl einhergehen.

Das tust du:

Vorbeugend: Ernährungscheck. Nimmt deine Frau genügend Ballaststoffe zu sich? Wenn nicht, hier kann man Boden gutmachen. Ballaststoffreich ernähren und viel trinken. Wenn der Kollege im Po sitzt, hilft mal wieder ein herrliches Sitzbad mit Salz oder mit Eichenrinde oder Kamillentee. Ebenso top: kalte Quarkkompressen. Oberster Leitsatz: Po im Premium-Style reinigen und keine Feuchttücher benutzen. Die Chemie darin sorgt für verstärkten Juckreiz.

Sodbrennen

Ich kenne keine schwangere Frau, die darunter nicht zwischenzeitlich litt. Sodbrennen wird durch das Wachstum der Gebärmutter hervorgerufen. Die drückt auf den Magen, wodurch manchmal Magensäure in die Speiseröhre gelangt. Passiert gerne nach dem Verspeisen von fettigem oder stark gewürztem Essen oder Süßigkeiten. Es kann aber auch einfach so auftreten, ohne dass die Schwangere irgendetwas Besonderes zu sich genommen hat.

Das tust du:

Empfiehl deiner Partnerin, langsam zu essen, lange zu kauen und lieber mehrere kleine Portionen über den Tag verteilt zu essen als zwei riesige. Als Hausmittel haben sich Haferflocken mit Milch oder einfach ein Glas Milch bewährt, weil diese die überschüssige Säure neutralisiert. Clever ist auch das Zerkauen von Mandeln oder ein frisches Glas Kartoffelsaft. Wenn es nicht besser wird, gibt es noch Antacida aus der Apotheke. Soll helfen, meine Freundin hat da allerdings immer auf Omas Tipps gehört.

Verstopfung

Siehe Hämorrhoiden (Seite 58). Die Verdauung lief schon mal besser im Leben. In der Schwangerschaft wird sie langsamer, was mit diesen immensen Neuanforderungen an den Körper zusammenhängt. Die Folge von Verstopfungen können Hämorrhoiden sein.

Das tust du:

Wenn du einkaufen gehst: Ernährung ausgewogen und ballaststoffreich wählen. Zu Hause musst du dir die Gute greifen und eine fanatische Rede über ausgiebiges Trinken und regelmäßiges Bewegen halten. Wenn sie das nicht hören will, an einen Stuhl fesseln und knebeln. Jetzt noch einmal den Sermon. Geht doch!

Schwangerschaftsstreifen

Tja, nix zu machen. Die kommen, wenn sie meinen, sie sollten. Das hängt mit der Haut, deren Elastizität und der Vererbung zusammen. Klingt pfiffig, bringt aber trotzdem nichts. Es stimmt jedoch definitiv nicht, dass die unschönen Merkmale auch von der Gewichtszunahme abhängig sind. Das ist totaler Quatsch! Also, wer meint, er verhindere das Auftreten von Schwangerschaftsstreifen bei seiner Frau, indem er sie auffordert, nicht so arg viel zuzunehmen, der wird vermutlich auf offener Straße von Frauenrechtlerinnen plattgewalzt. Also lieber Maul halten!

Das tust du:

»Frei Öl« – ich mache keine Werbung, aber das scheint der ultimative Hit zu sein –, dazu eine Bürste, und damit muss sie sich nach dem Duschen einreiben. Ich habe es diverse Male beobachtet und muss sagen: Es hat gewirkt!

Rückenschmerzen

Leidig, weil sie unterschiedliche Ursachen haben können. Zum einen ist das Bindegewebe aufgrund der hormonellen Umstellung des Körpers viel dehnbarer geworden, zum anderen belastet das Gewicht des Kindes die Gelenke. Zusätzlich führt der wachsende Bauch zu einer generellen Haltungsveränderung der Schwangeren.

Das tust du:

Unter dem Motto »Haltung bewahren für eine bessere Zukunft« korrigierst du deine Partnerin unverzüglich dann, wenn sie wieder einmal so läuft, als wolle sie mit Quasimodo zusammen die Schweine füttern gehen. Entlastung des Rückens entsteht durch das Geradehalten des Oberkörpers, beim Bücken in die Hocke gehen. Der Rücken lässt sich zudem mit Gymnastik, Yoga oder Schwimmen stärken. Schwimmen ist der absolute Bringer – da die Gelenke geschont werden und das Körpergefühl für diese Zeit wieder von Leichtigkeit geprägt ist.

Schwangerschaftsdiabetes

Es wird gemunkelt, dass selbst ein perfekter Mensch wie der anmutige Weltstar Angelina Jolie, die niemals Mundgeruch oder Stuhlgang hat und selbst nach 36-Stunden-Geburten im Kreißsaal locker für ein Bademoden-Shooting für *Sports Illustrated* herhalten kann, sich während ihrer letzten Gravidität mit dem Dilemma des Schwangerschaftsdiabetes herumschlagen musste. Schein-Doktor med. Busemann meint dazu: kein seltenes Phänomen! Bei zehn bis 15 Prozent aller schwangeren Mütter kommt es im Lauf der Schwangerschaft, zumeist in der zweiten Halbzeit, zum sogenannten Gestationsdiabetes. Gut: Diese Stoffwechselstörung verschwindet mit der Geburt. Schlecht: Sie kann bis zum Tod des Fötus führen, wenn sie nicht rechtzeitig erkannt wird. Dumm: Die Schwangere hat oftmals keinen blassen Schimmer von dieser Erkrankung. Folgendes läuft im Allgemeinen im Hintergrund ab: Nach dem Essen steigt der Zuckergehalt im Körper, weshalb sich die Bauchspeicheldrüse genötigt fühlt, das Hormon Insulin auszuschütten, damit der Zucker von den Zellen besser aufgenommen werden kann. Daraufhin sinkt der Blutzuckerspiegel wieder. Anders gestaltet sich dieser Prozess in der Schwangerschaft. Durch den Mitesser im Körper hat deine Frau einen erhöhten Bedarf an Zucker und in der logischen Konsequenz einen höheren Bedarf an Insulin. Da ist dann aber teilweise die Rechnung nicht mit dem Wirt gemacht worden, denn mit der Bauchspeicheldrüse hat bis dato niemand darüber gesprochen. Läuft alles glatt, leistet die Pankreas den erheblichen Mehrbedarf, ohne zu murren. Fühlt sie sich allerdings nicht in der Lage, die gestiegenen Ansprüche zu befriedigen, wird deine Süße noch süßer, da ihr Blutzuckerspiegel durch die Decke schießt. Die Konsequenz lautet: Diabetes. Dieser erhöhte Blutzucker geht in die Plazenta über, wo nun dein kleiner Fötus völlig selbstlos wie verrückt Insulin produziert. So sorgt Mutters Blutsüße für ein starkes Wachstum deines Babys im Bauch ob der hohen Kalorienzahl, die es aufnimmt. Außerdem muss dein Nachwuchs davon mächtig urinieren. Das geht weder auf deiner De-luxe-Villeroy-und-Boch-Schüssel noch am nächstbesten Laubbaum, weshalb er so gesehen ins eigene Becken pinkeln muss und die Fruchtwassermenge unverhältnismäßig ansteigt. Die grässliche Krönung dieser dramatischen Szenerie im Bauch ist die verminderte Reifung der Organe deines kommenden Superstars durch die hohe Insulinausschüttung.

Das tust du:

Es besteht Handlungsbedarf, und du kannst jetzt hier und heute Brad Pitt easy den Rang ablaufen, weil du Anfälligkeiten und Symptome erkennen und agieren kannst. Daher, so schwer es dir fällt, wirf als Erstes einen Blick auf deine Frau:

Ist sie übergewichtig und/oder über 35 Jahre alt und/oder kann sie mit Diabetes-Fällen in der Familie auftrumpfen? Dann gehört sie genau zur Risikogruppe, die gerne für anständigen Ärger sorgt, und der äußert sich in diesen Symptomen: Riesen-Durst, Riesen-Blutdruck, Riesen-Müdigkeit, Riesen-Fruchtwassermenge mit Tendenz steigend, Riesen-Gewichtszunahme deines Babys mit Tendenz steigend, Riesen-Zuckerspiegel beim Urintest im Rahmen der Kontrolluntersuchungen mit Tendenz steigend. Riesen-Harnwegsinfekte gibt es zwar nicht, aber die tauchen plötzlich öfter auf, auch ohne Riesen.

Wenn du nun einen Teil dieser Beschwerden bei deiner Frau erkannt hast, ist sie bereit für die nächste Analysestufe, und die wartet bei ihrem Frauenarzt oder ihrer Hebamme in Gestalt des Zuckerbelastungstests auf sie. Beim Zuckerbelastungstest (Fachterminus: Oraler Glucosetoleranztest) wird zunächst morgens nüchtern der Blutzuckerspiegel bestimmt, bevor deine Frau dann 75 Gramm Glucose vertilgen darf. Eine Stunde später und dann noch mal nach zwei Stunden wird der Blutzuckerspiegel erneut ermittelt. Ich erspare dir jetzt hier die genauen Werte, aber logischerweise ist es wichtig, dass der Blutzuckerspiegel nüchtern schon nicht explodiert und anständig gesunken ist, wenn die zwei späteren Messungen vorgenommen werden. Jetzt müsste das Ergebnis definitiv feststehen.

Ist deine Frau tatsächlich an Diabetes erkrankt – kein Problem! Du, Brad, bist mit Liebe und Einsatz bei deiner ganz persönlichen Angelina! Das nächste Blockbuster-Projekt von deiner Agentin auf Eis gelegt, knobelst du im Handumdrehen mit ihr und einem Experten einen ausgewogenen Ernährungsfahrplan mit möglichst wenig Süßigkeiten und Fett aus. Dazu brichst du den alten, verkrusteten Essrhythmus auf und gibst mit mehreren Mahlzeiten über den Tag verteilt gleich einen neuen Takt vor! Obendrein kannst du deine Zuckerpuppe zu körperlicher Bewegung – ja, das geht bekanntermaßen auch in der Schwangerschaft – ermutigen. All das, du wirst es sehen, verhilft zur Heilung deiner Hübschen. Und wenn es für dich beschissen läuft, schenkt sie dir zum Dank noch mehr Kinder, du Armer, notfalls adoptiert!

Es wäre sehr verwunderlich, sollten die getroffenen Maßnahmen insgesamt nicht greifen. Ist dem aber so, ist das Spritzen von Insulin unabwendbar. Das heißt, nach jeder Mahlzeit muss deine Frau sich die entsprechend notwendige Menge selbst verabreichen. Die Schwangerschaft wird sinnvollerweise nach dieser Diagnose sehr engmaschig überwacht. Regelmäßige Blutuntersuchungen sowie CTG und Ultraschall sind dann Pflichtprogrammpunkte für deine Frau in der Wochenplanung, und wenn du dir das mit anschauen willst, auch für dich.

Ende gut, alles gut. Ist dein kleiner Knabe oder dein kleines Mädel erst mal heile geschlüpft, macht sich das Diabetes-Gespenst zumeist wieder aus dem Staub. Ob der Unsympath jedoch wirklich für immer und ewig abgedüst ist, zeigt eine weitere Blutzuckeruntersuchung etwa zwei Tage nach der Entbindung.

Körperliche Veränderungen

Prächtig trächtig, so fühlt sie sich jetzt. Mit alles und allem ist sie im Einklang, übersetzt heißt das, sie hat sich an den Zustand, schwanger zu sein, gewöhnt und macht keinen Heckmeck mehr daraus. Der Alltag ist wieder eingekehrt, jeder geht seinem Job nach, und abends quatscht man beim Vertilgen eines ganzen Schweins am Spieß darüber, was demnächst alles so angeschafft werden muss. Die andere Seite der Medaille ist diesmal allerdings eine sehr empfindliche, weshalb ich dir hier nur raten kann, deine Worte weise zu wählen und deinem weiblichen Lieblingsmenschen häufig zu sagen, wie sehr du ihn liebst und wie schön du ihn findest. Auf der Kehrseite stehen nämlich Schwangerschaftsstreifen und überproportionale Gewichtszunahme. Auch dazu habe ich mich bereits ausgelassen und spitzenmäßige Tipps ins All geschossen (siehe Seite 59), nur mag ich dich an dieser Stelle nochmals dafür sensibilisieren, hier die ganz große Komplimente-Kanone an den Tisch zu schieben und mit Dauersalven auf deine Frau zu schießen. Dicker Bauch heißt zugleich Mehrbelastung für den Rücken, der nun des Öfteren schmerzt. Wie du mit einer Massage für Entspannung sorgen kannst, liest du im entsprechenden Kapitel. Wie im ersten Trimester bitten Krampfadern in jenen Tagen auch wieder um eine Mitfahrgelegenheit. Eine Anleitung zum Abwimmeln am offenen Fahrerfenster oder zum frühzeitigen Rauswurf, wenn sie bereits auf die Rücksitzbank gekrabbelt sind, findest du unter »Schwangerschaftsbeschwerden: Die Liste des Lästigen, Teil eins« (Seite 23). Ansonsten wächst der Fötus und somit die Plazenta, die allerhand leistet. Sie filtert den Sauerstoff aus dem Blut der Mutter und führt ihn dem Kind zu. Ebenso zieht sie die zum Wachstum notwendigen Nährstoffe der Wirtin ab, um sie in netten Häppchen dem Ungeborenen zu servieren. Sechs Kilo hat Muddern zum Ende des zweiten Trimesters durchschnittlich mehr auf den Rippen.

Das Kind braucht einen Namen

Im zweiten Trimester würde ich mit der Recherche definitiv starten! Wir haben schon mit der Namensfrage angefangen, da wussten wir noch gar nicht, welches Geschlecht es haben wird. Aber es war Weihnachten, wir hockten zu zweit auf Sylt, weil wir ein letztes Mal alleine, ohne Familien feiern wollten, und hatten den ganzen Tag de facto nichts zu tun. Wir haben uns dann in einer Buchhandlung in Westerland ein »Buch der 10 000 000 Namen« gekauft und von da an täglich darin geblättert. Die Namen für ein Mädchen standen recht schnell fest, bei den Jungs ging das hingegen arg weit auseinander.

Nachdem die Welt von unserer bevorstehenden Elternschaft erfahren hatte, wagten die einen oder anderen den Vorstoß: »Und? Habt ihr schon einen Namen?«

Wie gehst du nun mit dieser Frage um? Es gibt die Möglichkeit, den Namen zu verraten, nur dann musst du dir Kommentare dazu gefallen lassen wie: »Was? Lilly? So heißt doch mittlerweile jedes zweite Mädchen«, oder: »Ich kannte mal eine Lilly, die war so vulgär, laut und hat gestunken.«

Eine andere Möglichkeit wäre das Verneinen oder darauf hinzuweisen, noch auf der Suche zu sein. Dann folgt jedoch ungeahnt Erste Hilfe durch den Fragenden: »Wie wäre es denn mit Antonia oder Luisa? Ich könnte mir gut vorstellen, dass euch der Name gefällt.«

Die DJ-Lösung ist meiner Meinung nach das Verschweigen der Namenswahl mit einer charmanten, entwaffnenden Antwort auf die Frage. Diese beinhaltet nämlich den Namen des Fragenden höchstselbst. Fragt mich also meine Freundin Jana nach dem Namen, so antworte ich: »Also, wir haben lange überlegt und werden sie wohl jetzt doch Jana nennen.« Was soll sie dazu sagen? Übel nimmt einem das niemand, und jeder weiß, okay, hier ist nichts zu holen.

Neben eurem diesbezüglichen Verhalten ist die korrekte Namenswahl in der Tat ein sehr bedeutsamer Brainstormingprozess, dessen Ergebnis für immer an eurem »Erzeugnis« kleben bleibt. Akkurat und kleinlich ist diese verantwortungsvolle Aufgabe daher von euch durchzuführen, denn ihr wollt ja nicht wirklich, dass euer Kind ein Leben lang gehänselt wird oder psychisch seinen eigenen Namen nicht mehr ertragen kann. Drama, Baby!

Wie bereits nahegelegt, kauft euch so ein Namensbuch, es macht riesigen Spaß, darin zu blättern und sich die Namen auf der Zunge zergehen zu lassen. Ein anderer Recherche-Weg ist das Internet. »Beliebte Vornamen« gegoogelt, und ihr könnt euch vor Seiten mit Namensvorschlägen altdeutschen über japanischen bis hin zu zentralafrikanischen Ursprungs nicht mehr retten. So haben wir völlig unromantisch den Namen unserer Tochter ausgegraben. Persönlicher wird es tendenziell, entspringt der Name der Familienhistorie eines der beiden Elternteile. Hier bietet sich ein kleiner Schnupperkurs in Sachen »Ahnenforschung« an, oder aber du greifst dir, soweit vorhanden, deine Großeltern und quetschst sie hinsichtlich ihres geheimen Wissens über die blutlinientreuen Generationen vor dir aus. Vielleicht fällt dabei ja ein ungeahnt vortrefflicher Name ab. Wenn ihr einen Namen gefunden habt, gibt es ein paar Tests, die er bestehen sollte.

Lasst ihn erst einmal klingen, auch im Duett mit dem Nachnamen. Passt das? Kein Bruch? Gut.

Wie klingt er ermahnend ausgesprochen und wie liebevoll? Und wie wäre eine mögliche Koseform? Alles klar.

Ist der Vorname auch international verwendbar oder klingt er urdeutsch?

Rein spekulativ: Gefällt euch der Name auch noch in ein paar Jahren?

Und passt er überhaupt zu unserem Kulturkreis?

Stellt euch lieber ein paar Fragen mehr als zu wenige, denn der Name ist das ewige Etikett eures Kindes, und er ist für den Träger ein Medium zur Selbstwerdung, ein Tor zur eigenen Identität. Bei einigen Namen könnte man allerdings, was ebendiesen Prozess anbetrifft, jetzt schon mal Mitgefühl in sich aufkeimen lassen. Allen voran sind es die exotischen Versionen der internationalen Promis, die mit Vorliebe schrille Benennungsexempel statuieren und damit mal wieder dem Ärmelaufkrempel-Slogan »Geht nicht, gibt's nicht« neues Leben einhauchen.

Eine kleine, delikate Auswahl an Namen von Promis, bei der die Selbstfindung mitunter ein wenig kompliziert werden könnte:
Brooklyn (Victoria und David Beckham)
San Diego (Verona und Franjo Pooth)
Apple Blythe Alison (Gwyneth Paltrow und Chris Martin »Coldplay«)
Bluebell Madonna (Geri Halliwell)
Don Hugo (Franziska van Almsick)
Sunday Rose (Nicole Kidman und Keith Urban)

Jimi Blue und Wilson Gonzales (Natascha und Uwe Ochsen-
knecht)

Prince Michael I (Michael Jackson)

Fifi Trixibelle, Peaches Honeyblossom und Little Pixie (Bob
Geldof)

So humorvoll die Deutschen auch sind, amtliche Belange werden stets humorlos und restriktiv behandelt. Selbst bei so einem
rechtlichen Paradiesvogel wie dem Namensrecht gibt es (zum
Glück) klare Abgrenzungen, Beschränkungen und Vorschriften.
Zu den Spielregeln:

• Der von euch ausgewählte Name muss erkennbar ein Vorname
sein und klar männlich oder weiblich zugeordnet werden können.

• Der Name darf dem Kind nicht schaden.

• Ortsnamen, Familiennamen oder Markennamen sind verboten. Markennamen, die sich wie bei Mercedes auf Vornamen
beziehen, sind gestattet.

• Seid ihr eher Spätentschlossene, habt ihr nach der Geburt
exakt einen Monat Zeit, den Namen nachzulegen. Bevor die
Geburtsurkunde ausgestellt wird, sind Änderungen kostenlos.

• Der Trend geht zum Zweitnamen. Wer weiß, wo er 2015
landet. Jedenfalls sind nicht mehr als fünf Namen erlaubt.

• Der Name lässt sich später nur in Ausnahmefällen ändern,
was je nach Verwaltungsstruktur das Standesamt, Kreisamt oder
Ordnungsamt erledigt. Eine Änderung ist möglich, wenn ein aus-
ländischer Name im Zuge einer Einbürgerung eingedeutscht werden soll oder wenn einer sowieso immer anders genannt wird, als
es in seinem Pass steht, oder wenn er einen so grässlichen, ungewöhnlichen Namen verpasst bekommen hat, dass er sein ganzes
Leben lang noch nicht damit klargekommen ist. Stichwort: Suche

nach der Identität. Die Kosten einer Namensänderung hängen vom Einkommen ab. Die Spanne reicht von 2,50 Euro bis 255 Euro. Jugendliche brauchen dafür das Einverständnis ihrer Eltern.

Lediglich zur Inspiration, welche Namen gerade so in den Kitas, auf Spielplätzen und in den Kindergärten von Eltern und Erziehern gebrüllt werden, siehst du unten die aktuellen Top 15 der Vornamen (Stand 2010). Zum Vergleich dazu eine Rangliste der ewig besten, welche die am häufigsten vergebenen Namen, gemessen von 1890 bis 2002, dokumentiert. Vielleicht könnte das ja auch ein Quell der Anregung sein. »Peter, Ursula… Essen!«

Top-Namen 2010

Mädchen

1. Mia
2. Hannah/Hanna
3. Lena
4. Lea/Leah
5. Emma
6. Anna
7. Leonie/Leoni
8. Lilli/Lilly/Lili
9. Emily/Emilie
10. Lina
11. Laura
12. Marie
13. Sarah/Sara
14. Sophia/Sofia
15. Lara

Jungs

1. Leon
2. Lucas/Lukas
3. Ben
4. Finn/Fynn
5. Jonas
6. Paul
7. Luis/Louis
8. Maximilian
9. Luca/Luka
10. Felix
11. Tim/Timm
12. Elias
13. Max
14. Noah
15. Philip/Philipp

Die ewige Bestenliste

Mädchen

1. Ursula
2. Carin/Karin
3. Helga
4. Sabine
5. Ingrid
6. Renate
7. Monica/Monika
8. Susanne
9. Gisela
10. Petra
11. Birgit
12. Andrea
13. Anna
14. Brigitte
15. Claudia/Klaudia
16. Erica/Erika
17. Christa/Krista
18. Elke
19. Stefanie/Stephanie
20. Gertrud
21. Elisabeth/Elizabeth
22. Maria
23. Angelika
24. Heike
25. Gabriele

Jungs

1. Peter
2. Michael
3. Thomas/Tomas
4. Andreas
5. Wolfgang
6. Claus/Klaus
7. Jürgen
8. Günter/Günther
9. Stefan/Stephan
10. Christian/Kristian
11. Uwe
12. Werner
13. Horst
14. Frank
15. Dieter
16. Manfred
17. Gerhard/Gerhardt
18. Hans
19. Bernd/Berndt/Bernt
20. Thorsten
21. Mathias/Matthias
22. Helmut/Helmuth
23. Walter/Walther
24. Heinz
25. Martin

Wer gerne einen extravaganteren Namen haben möchte, der surfe durchs Internet oder kaufe sich einfach die neuen Ausgaben der *Gala* oder der *Bunten.*

Die Wahl des Krankenhauses

Wo wollen wir unser Kind zur Welt bringen? Diese Frage stellt sich auf dem Land seltener als in der Stadt. Während es in der Provinz zumeist nur ein Krankenhaus in der Gegend gibt, kommt man in den Städten bei der Fülle an Hospitalen beinahe durcheinander. Zentrale Lage oder besser noch: direkt um die Ecke?

»Nee, das in XY soll das beste sein.« »Ich habe gehört, dass das St. Franziskus aber die erfolgreichste Perinatalklinik hat und auch für Problemgeburten gewappnet ist.« Und so weiter.

Ganz gleich wo du wohnst, jede Klinik bietet sogenannte Informationsabende für werdende Eltern an. Das ist nichts anderes als eine große kommerzielle Power-Point-Präsentation, die versucht, deine Partnerin und dich in deren Kreißsaal zu locken. Wollen wir uns nichts vormachen – die mittlerweile zahlreichen privatisierten Krankenhäuser sind auch »nur« Wirtschaftsunternehmen, und je mehr Patienten sie dort behandeln, desto besser für sie. Jede Klinik hat in gewissem Maß einen USP – die geburtenstärkste, die auf Problemgeburten spezialisierte, die mit dem vielfältigsten Gebärmethodenangebot, die mit den besten Kaiserschnittmeistern, die mit der freundlichsten Belegschaft, die mit der überschaubarsten Neugeborenenstation, die serviceintensivste und weiß der Henker was. Uns war der Gesamteindruck wichtig, mit Schwerpunkt Sicherheit und Komfort. Sicherheit war gegeben, weil die Perinatalklinik eben auf komplizierte Fälle spezialisiert war und ein Kinderkrankenhaus direkt daneben lag,

Komfort, weil wir nach einer Nacht auf der Station in ein kran-
kenhauseigenes Hotel mit Hebammenbetreuung umziehen konnten und uns professionell begleitet in drei Tagen und Nächten
langsam mit dem kleinen Wesen anfreunden konnten.

Anderen Paaren ist die Nähe zum Wohnort wichtig, darauf
vertrauend, für die Gebärende wird jedes Krankenhaus das Beste
tun. Klar, niemand will in der Klinik Wurzeln schlagen, und auf
natürlichem Weg kann nur eine die Kuh vom Eis holen, und das
ist die Mutter! Doch im Falle eines Falles, und hier spielen erneut
die Angst und Unsicherheit und Unerfahrenheit mit rein, muss
der Halbgott in Weiß ran, und der soll ja den kleinen Bomber
heil rausholen und den Schnitt allenfalls bikinitauglich setzen.
Manche fürchten sich auch vor großen Krankenhäusern und ver-
muten eine Massenabfertigung und somit mangelnde Betreuung
des Einzelnen – ein nachvollziehbares Argument, sich für ein kleines Hospital zu entscheiden und bereits anzumelden.

Wichtig ist, dass ihr euch beide in dem Krankenhaus wohlfühlt und die Ärzte und Hebammen mögt – das ist schon die
halbe Miete.

In Hamburg ist es so: Wenn es losgeht – heißt Notfall oder vor-
zeitiger Blasensprung – und du rufst einen Krankenwagen über die
Feuerwehr (112), dann muss euch dieser Wagen zum nächstgele-
genen Krankenhaus bringen. Unter Umständen ist das aber nicht
das von euch ausgewählte Krankenhaus. Daher gibt es in Hamburg noch eine andere Notdienstnummer (040/19 223) – Malte-
ser, ASB und Johanniter –, unter der du einen Krankentransport
erreichst, der entsprechend deinen Angaben deine Frau in das
Wunschhospital kutschiert. Prüfe das doch bitte auch mal für die
Gegend, in der du wohnst.

Entbindung im Geburtshaus

Es muss kein Krankenhaus sein. Euer Kind könnt ihr überall bekommen. Auf der Parkbank, in der U-Haft-Zelle, im Taxi, zu Hause oder im Geburtshaus. Diese selbstständige und außerklinische Einrichtung gibt es seit 1985, und sie wird ausschließlich von Hebammen betreut, nicht von Ärzten. Geburtshäuser wollen Frauen unterstützen, bewusst, selbstbestimmt, geistig und seelisch gesund mit ihrer Schwangerschaft, der Geburt und dem Säugling umzugehen. Die Entbindungsmethoden sind hier vielseitig: im Sitzen auf dem Geburtshocker, in der Gebärwanne, am Seil, in der Hocke, im Stehen, im Liegen. Eine Hebamme ist mit Rat und Tat dabei, bietet überdies Unterstützung durch Akupunktur, Massage, Lagerung, Homöopathie, Bachblüten und andere Naturheilverfahren. Väter sind bei der Geburt sehr erwünscht. Du kannst die Lieblingsmusik deiner Frau auflegen, Bücher, Kerzen und alles, was ihr wichtig ist, mitbringen und den Kreißsaal nach Herzenslust und Gefühl so gestalten, wie es ihr passt. Entbunden wird zumeist ambulant, damit ihr schnell wieder, etwa nach drei Stunden, nach Hause abdackeln könnt. Dort übernimmt dann die Nachsorgehebamme die weitere Betreuung. Bis zu sechs Tage kann deine Herzensdame in einigen Geburtshäusern stationär behandelt werden, sofern diese diesen Service anbieten. Während auch der mehrtägige Aufenthalt nach der Geburt im Krankenhaus von der Krankenkasse getragen wird, zahlt die KK zwar die Entbindung im Geburtshaus, doch alles Weitere nur auf Kulanzbasis. Geburtshäuser überweisen bei Problemfällen rechtzeitig in ein Krankenhaus.

Das sind die Fakten. Wir haben einen Geburtsvorbereitungskurs (siehe gleichnamigen Abschnitt, Seite 75) in einem Geburtshaus absolviert und hatten dabei die Gelegenheit, die Institution näher kennenzulernen. Während mich die private Atmosphäre der Kreißsäle, der sehr warme Umgang miteinander, die augenscheinlich gute Betreuung und das gelebte Prinzip des Positivdenkens durchaus dazu bewegten, hier unsere Tochter schlüpfen zu lassen, stand für meine Frau diese Option niemals zur Debatte. Der Macht des Glaubens vertraut sie gerne, in diesem Fall jedoch zog sie es diskret vor, lieber dem medizinischen Fortschritt und ihrer Gewissheit, alles Erdenkliche getan zu haben, den Zuschlag zu geben. Im Nachhinein wäre es uns auch gar nicht möglich gewesen, in einem Geburtshaus zu entbinden, da unsere kleine Tochter zum Ende der Schwangerschaft von einer Wachstumsretardierung aufgehalten wurde, die engmaschig schulmedizinisch überwacht werden musste. Damit hätte uns kein Geburtshaus geraten, bei sich zu entbinden.

Ich kann dir nur den Tipp geben, euch mal ein Geburtshaus in eurer Nähe anzuschauen, denn die Erfolgszahlen dieser Einrichtungen geben ihnen recht.

Hebamme/Beleghebamme

Ihr habt von Schwangerschaftsbeginn an Anspruch auf eine Hebamme, die euch schon vor der Geburt beraten kann, bei Beschwerden oder Vorsorge- und Kontrolluntersuchungen und während der Geburt betreuen kann und nach der Geburt im Wochenbett betreuen wird. Die Hebammenhilfe ist bereits in der Schwangerschaft sehr beliebt, da sich die Hebammen oftmals viel Zeit nehmen, um die zahllosen Fragen der werdenden Mütter gründlich zu beantworten.

Die Dame wird von der Krankenkasse bezahlt und ist dafür da, euch zu Hause den Einstieg in die Elternschaft zu erleichtern und euch mit Tipps und Ratschlägen im Umgang mit dem Baby schnell zu Sicherheit und Selbstständigkeit zu verhelfen. In der Regel gilt der Service für bis zu acht Wochen nach der Geburt plus Beratung bis zum Ende der Stillzeit, Beikosteinführung, Abstillen und so weiter. Allerdings läuft die zeitliche Aufteilung meist per Absprache ab und kann somit je nach Bedarf verlängert oder verkürzt werden.

Wir haben zwischen dem fünften und sechsten Monat angefangen, eine geeignete Hebamme zu suchen. Wem es sehr am Herzen liegt, zur Hebamme einen Draht zu haben und schnell Vertrauen aufzubauen, der sollte die Suche nicht allzu lange hinauszögern. Gute Hebammen sind oft ausgebucht!

Die Beleghebamme betreut euch von Anfang bis Ende, das heißt: vor der Geburt, während der Geburt und nach der Geburt. Sie begleitet deine Frau permanent und wird somit zu einer Vertrauensperson für sie und für dich. Und: Ihr habt sie im positiven Sinne immer an der Backe. Die Arbeit der Beleghebamme ist sehr beliebt, daher rate ich, früh mit der Suche zu beginnen.

Im Gegensatz zur »normalen«, von der Krankenkasse finanzierten, Hebamme kostet die Beleghebamme Extrageld, das regional unterschiedlich angesetzt ist. In Hamburg betragen die Kosten für die komplette Pflege etwa 400 Euro. Es handelt sich dabei um eine Rufbereitschaftspauschale.

Geburtsvorbereitungskurs

Mal vorab: Es ist eine rein politische Entscheidung, eine derartige Veranstaltung zu besuchen. Manche Hebammen raten davon ab, weil die dort vermittelten Inhalte in ihren Augen nicht zwingend notwendig sind, um die Geburt zu »überstehen«. Getreu dem Motto: Das, was jeder wissen muss, das weiß er bereits, und außerdem gibt es ja immer noch die Hebammen, um die werdenden Mütter während der Geburt anzuleiten. In diesem Kontext raten einige Damen der Spezies Geburtshelfer daher eher zu einem »sinnvolleren« Säuglingspflegekurs, in dem der ordentliche und sanfte Umgang mit Babys gelehrt wird, der im Geburtsvorbereitungskurs konsequenterweise keine Beachtung findet.

Wenn ich dazu eine Meinung propagieren darf, und ich darf: Irgendwie stimmt das und irgendwie auch nicht. Klingt so liberal wie Guido Westerwelle, ich weiß, und es tut mir leid. Das Gute an dem Geburtsvorbereitungskurs ist die erste psychische Berührung und doch auch zugleich intensive Auseinandersetzung mit der Thematik »Geburt«. Es war für die sensitiven Gemüter meiner Frau und mir immens wichtig, diesen Prozess der Entbindung als ganz natürlich zu verstehen und zu akzeptieren, und nicht als eine Qual oder als etwas Böses zu fürchten oder zu dämonisieren. Im Kurs wird der biologische Ablauf der Geburt anschaulich erklärt, einen Vorgeschmack auf den zu erwartenden Augenblick des Einsetzens der Wehen gibt es genauso wie den umfassenden Überblick über die Maßnahmen und Hilfestellungen vor und bei der Geburt, die besonders der Partner treffen und geben kann. Das ist schon eine feine Sache, wenn du weißt, wie du deine leidende Frau unterstützen kannst, statt ihr dämliche Fips-Asmussen-Witze zu erzählen oder all deine heruntergeladenen Handyklingeltöne vorzuspielen.

Also: Wenn du schon mal spüren willst, was dich erwartet, und dich der Geburt und deinem Baby nähern möchtest, absolviere mit deiner Partnerin einen Vorbereitungskurs. Ich hatte ehrlich gesagt den Eindruck, dass die Männer insgesamt noch mehr mit dem Seminar anfangen konnten als die Frauen. Wahrscheinlich, weil sie sich zu diesem Zeitpunkt zum ersten Mal mit dem bevorstehenden Schlüpfen des bis dahin gedanklich sträflich vernachlässigten Neulings befassten. Die Mütter in spe waren indes schon recht firm auf dem Gebiet, freuten sich aber dennoch über diesen und jenen Impuls – zum Beispiel bezüglich der Entscheidung PDA (Periduralanästhesie – eine Form der Lokalanästhesie, die oft bei natürlichen Geburten zur Schmerzlinderung in den Rücken gespritzt wird) ja oder nein – und genossen es, dass der Großteil der zu lernenden Übungen ein beherztes Zupacken der Männer voraussetzte.

Es gibt wöchentliche Kurse oder Wochenendseminare. Angeboten werden diese von Krankenhäusern, Geburtshäusern und freiberuflichen Hebammen. Das geht in großen und in kleinen Gruppen, bei Hebammen sogar in privaten Einzelstunden.

Vorteile der wöchentlichen Gruppentreffs sind sicherlich das langsame und stetige Kennenlernen der übrigen Teilnehmer und ein mögliches Anfreunden durch die gemeinsame Vorbereitung auf dieses unglaubliche Abenteuer, der ständige Austausch mit »Leidensgenossen«, sofern man denn über Beschwerden klagt, und das sukzessive und dosierte Aneignen des Grundwissens. Nachteil: Es verschlingt lästig viel Zeit.

Das Wochenendseminar hingegen ist der Crashkurs. Samstag und Sonntag jeweils etwa sieben Stunden abreißen, mit einer Stunde Pause dazwischen, und ihr seid an Land. Vorteil: Kurz und knackig. Nachteil: Viele Themen gehen in der Kürze der Zeit nicht in die Tiefe. Der Austausch mit anderen ist eher gering.

Und noch das »Letzte Tankstelle vor der Autobahn«-Prinzip: Seid ihr spät dran mit dem Kurs, und die Entbindung liegt in der Luft – dumm gelaufen. Dann gibt es kein Zurück mehr. Mit gehangen, mit gefangen. Denn: Es kommt dabei natürlich immer auch auf individuelle Faktoren wie das didaktische Talent der Kursleiterin, die persönliche Verfassung und den nervtötenden Stimmungskanonenanteil der Gruppe an. Sollten diese alle mehr schlecht als recht sein: Augen zu und durch!

Wir haben einen Wochenend-Crashkurs in einem Geburtshaus besucht. Meine Frau war in der 31. Woche, alle anderen Frauen in der 35. Woche, eine sogar in der 37. SSW, will heißen, zu diesem Kurs gehen die meisten Paare kurz vor knapp. Versuch macht klug: Die Gruppe war klasse! Wir sind heute noch mit einigen in Kontakt. Kosten: Für die Schwangere zahlt die Krankenkasse. Papa in Entstehung zahlt selbst.

Heimlich trainieren und dann düpieren!

Ach, wie schön ist es doch, die Liebste zu überraschen. Vorzugsweise, indem du mit Wissen und Geschick glänzt, das deine Partnerin völlig verblüfft. Der Plan: Trainiere heimlich vor der Geburt richtig Wickeln, Waschen und das Halten eines Säuglings. Am besten mit dem Baby einer Freundin. Hol dir geheime, kostbare Spitzeninformationen und Insidertipps von einer erfahrenen Mutter, die deine bessere Hälfte vor Begeisterung nach Atem ringen lassen, und lass dich einweihen in die ausgefeilte Technik des sehr komplexen Tragetuchanlegens. Hast du das alles auf dem Kasten plus der Lektüre von *Papa to Go*, dann bist du einfach der Supercrack, der Vorzeigepapa. Du hast das Rüstzeug, in jeder anfangs auf dich zukommenden Situation angemessen, gelassen und richtig zu reagieren. Sogar auf die Mutter,

---

wenn sie denn kopflos agiert, kannst du durch dein Wissen positiv einwirken.

Auch eine familienpolitische Nachhilfestunde ist dankbar. Dafür bietet sich ein gutes und intensives Gespräch mit einem jungen Elternpaar an, mit dem du befreundet bist und deren Philosophie und Weltanschauung deinen nahe sind. Frag den Vater nach seinen bis dahin gesammelten Erfahrungen, lass dir von der jungen Mutter ihre Erwartungshaltung schildern, die sie vor, während und nach der Geburt an ihren Mann hatte. Was war da wichtig für sie? An den Vater: Wie hat er sich nach der Entbindung positioniert? Eher als Zuschauer des Mama-Baby-Verhältnisses oder als reiner Dienstleister? Hat er sich ebenfalls Zeit mit dem kleinen Wesen erbeten, um bewusst die innige Zweisamkeit von Mutter und Kind zu durchbrechen?

Recherchiere Informationen, die nicht einfach so auf der Straße liegen oder die irgendjemand in seinem Blog im Netz verfasst hat. Wichtig ist es, diese Abläufe von anderen einfach mal erzählt zu bekommen. Mehr nicht. Winke gleich ab, wenn jemand für sich in Anspruch nimmt, der Maßstab zu sein (Das tue ich ja bereits), und tolle ungebetene Ratschläge verteilt – du wirst und ihr werdet zusammen euren eigenen Weg gehen. Jetzt kommt er wieder, der leicht überstrapazierte Satz: Jedes Baby ist anders!

Und seine Eltern eben auch.

Wie ihr bald den Umgang mit eurem Säugling und den neuen Alltag zu Hause handhabt, steht nämlich auf einem anderen Blatt. Und das ist ganz allein eures! Also, nicht in die Suppe quatschen lassen!

Urlaub

Tut es. Fahrt noch einmal in den Urlaub und verabschiedet euch gebührend von diesem Bollwerk des Seelebaumelnlassens, dieser ehemals geruhsamen Zeit der Zweisamkeit, in der die Nächte gerne zum Tag wurden und andersherum, in der stundenlanges Brutzeln in der Sonne nur vor sich selbst und dem eigenen Hautarzt gerechtfertigt werden musste, und wo das Sichtreibenlassen gerne einmal in endlose Boots-, Sauf- oder Besichtigungstouren ausarten durfte. Diese verdientermaßen regelmäßige Halbjahresflucht in ein Refugium mit Vollpension irgendwo auf der Welt, diese konsequente Befriedigung der Seeblick-Sehnsucht und des Wellness-Fernwehs findet nun vorerst ein Ende, und deshalb ist es ganz wichtig, leise Adieu zu sagen.

Die schwangere Frau, die sich abends neben dir ins Bett legt, kann bis zur 36. SSW locker in den Flieger steigen. Ab der 28. SSW verlangen die Fluggesellschaften allerdings ein Attest vom Frauenarzt, das den einwandfreien Verlauf der Schwangerschaft bestätigt. Im Flugzeug ist es dann ganz pfiffig, wenn deine Partnerin am Gang sitzt. So kann sie sich während des Flugs komplikationsfrei die Beine vertreten und dem stets allgegenwärtigen Druck auf die Blase nachgehen.

Es empfehlen sich nicht unbedingt extreme Fernreisen, da die Reise mit Bauch natürlich um einiges strapazenreicher sein kann und eben viele Frauen nicht mehr gerne so lange sitzen. Müsst ihr aber schlussendlich selbst wissen. Euer Arzt wird von einem spektakulären Australien-Aufenthalt wohl eher abraten.

Sex in der Schwangerschaft: Wie schlafe ich mit einem »Wasserbüffel«?

Das geht. Und wie sogar! Gesundheitlich ist die »Knatterei« bei einer komplikationsfreien Schwangerschaft absolut bedenkenlos. Und solange die Fruchtblase ganz ist, kannst du deine Kleine nach allen Regeln der Kunst durch die Bude schieben. Der Schleimpfropf, der den Muttermund geschlossen hält, schützt außerdem vor Infektionen. Während deine Süße in den ersten drei Monaten der Schwangerschaft möglicherweise mit lästigen Begleitbeschwerden zu kämpfen hat und oft von Müdigkeit geplagt ist, dreht sie im zweiten Trimester regelrecht auf und schlüpft dabei nicht selten in die Rolle des unersättlichen Raubtiers, das einen noch nicht einmal in Ruhe durch die Haustür kommen lässt, zack, schon zerrt sie die Beute gierig in ihre Höhle! Kein Wunder, die wilde Bestie erlebt Sex in dieser Phase nämlich dank der extrem hohen Hormonausschüttung und der starken Durchblutung des Beckenbodens sehr viel intensiver. Mach dich demnach auf was gefasst!

Zum Ende der Schwangerschaft hingegen, wenn der sündige Designerstring einem XXL-Baumwollschlüpfer-Mutterschiff gewichen ist, sich das Kinn auf einem zweiten ausruht und der ehemals sportliche Gazellenrahmen in Richtung Wasserbüffel mutiert, hält sich die Lust deiner Frau ob der Gewichtszunahme und der daraus resultierenden Schwerfälligkeit eher in Grenzen und neigt von selten bis null. Müde bis tote Hose also auch bei dir, es sei denn, deine Überredungskünste und verbalen Umschmeichelungen bewirken Wunder, und du bekommst die Matrone noch mal auf die Turnmatte.

Sollte es dir indes an notwendigem Fingerspitzengefühl fehlen, würde ich unverzüglich das »Trostpreisprogramm« für harte Zeiten starten: Vielleicht kannst du dem mürrisch stöhnenden, ungelenken Schwangerschaftspummelchen noch einen brüderlichen Blowjob aus dem Kreuz leiern oder du besorgst es dir eben mit Ansage selbst, mein Freund. Anders geht das nicht, wenn du nicht verkrampft, unlocker, gewalttätig, kriminell oder vermeintlich unbesiegbar wirken willst. Andere bemerken das leider eher als man selbst.

Aber irgendwie lassen sich die Mädels ja dann doch immer noch mal bequatschen, kann ich nur aus eigener Erfahrung hier in den Ring werfen, und deshalb will ich dir nun verraten, welche Positionen du ausprobieren kannst, ohne dass du befürchten musst, von einem menschlichen Fleisch-Panzer überrollt zu werden. Ab auf die Turnmatte! Mit einer schwangeren Frau zu schlafen, das ist wie Masturbation mit einem rohen Ei. Hier sind höchste Aufmerksamkeit, höchstes Einfühlungsvermögen und höchste Professionalität gefragt – Amateure haben auf diesem Gebiet der Sexualität überhaupt nichts zu suchen.

• Missionarsstellung

Natürlich kommst du dir im ersten Moment wie der kleine bewegliche Asterix vor, der versucht, den dicken, trägen Obelix zu penetrieren, aber mit ein bisschen vorsichtigem Ruckeln und Fummeln sowie leichtem Baucheinziehen deinerseits funktioniert das sehr gut. Wichtig ist hier deine Umsicht, nicht zu sehr auf die Wampe deiner »dickeren Hälfte« zu drücken und dich gut abzustützen. Einmal drin, poppt sich das ganz einwandfrei, und der Zaubertrank lässt nicht lange auf sich warten. Sollte diese Übung zu gymnastisch fortgeschritten auf dich wirken, kannst du deine Turnpartnerin auch leicht seitlich legen, so dass der Druck deines

Gewichts noch geringer ist als in der herkömmlichen Missionars-stellung.

• Doggy-Style

Klar, eine bequeme Position für beide. Sie geht in den Vierfüßer-stand, und du zauberst die Fleischpeitsche von hinten rein. Das kann kniend oder stehend passieren und ist für beide Sportler eine entspannte Nummer für zwischendurch.

• Kuh auf der Stange

Sie sitzt auf dir – Gute Nacht! – und bestimmt dadurch Tempo und Intensität eures Geschlechtsverkehrs. Für sie ist es ideal, weil sie so-mit das Zepter in der Hand hält und keinen Druck auf dem Unter-leib verspüren muss, und du solltest mit den Händen einen Teil ihres Gewichts abfangen, sonst drohst du plattgewalzt zu werden.

• Stuhlprobe

Auch diese Position gleicht einem leichtfertigen Tanz unter einer Hundert-Kilo-Hantel. Zutaten: Nacktheit und ein überaus ro-buster Stuhl aus massivem Guss. Du nimmst darauf Platz, und sie setzt sich auf dich. Da sich das Gewicht somit auf deinen Hüft- und Beckenbereich konzentriert und du weiterhin anstän-dig durchatmen kannst, weist diese Stellung eine absolut erträg-liche Druckpunktbelastung auf. Doch spätestens wenn sich das elegante Muster der Sitz- und Stuhllehnen und die Kanten des zweckentfremdeten Gegenstands zärtlich in dein Fleisch hinein-geschnitten haben, solltest du statt weiterer Stöße im Lenden-bereich lieber Stoßgebete in den Himmel schicken, dass dieses einst so zarte Geschöpf, böse verwandelt in einen kolossalen Fleisch-berg, bitte gleich kommen mag. Amen.

• Löffelchen

Du verfrachtest deine Partnerin auf die Seite, du liegst ebenfalls seitlich und dringst von hinten in sie ein. Vorteil sind für sie die für diese Stellung typischen, nicht allzu tiefen Stöße, und für dich: Es lastet nichts auf deinen Schultern, deinem Schoß oder deinem gesamten Körper, und so kannst du einfach befreit aufpoppen.

Diese Anleitungen sind aber im hochschwangeren Zustand allesamt obsolet. Da geht nicht mehr viel. Die meisten Männer, die ich kenne, mich eingeschlossen, wiesen simultan zu ihrer Frau zum Ende der Schwangerschaft ebenfalls ein geringeres Lustempfinden auf.

Bei mir lag das einerseits am »Kopfkino«, an den Gedanken an die bevorstehende große Veränderung im Leben durch die Geburt des eigenen Kindes, und andererseits an der Angst vor der möglichen Verletzung des noch ungeborenen Zwergs durch unseren Sex. Völlig überflüssig, diese Furcht, denn dein kleiner Spanner sitzt wohl gepuffert von der Gebärmuttermuskulatur sicher geschützt in der Fruchtblase.

Sollte trotzdem die Lust bei dir und deiner Partnerin anhalten, kann ich dir nur empfehlen: Nimm mit, was du kriegst! Nach der Entbindung dauert es dann sowieso Lichtjahre, bis es wieder losgeht.

Bei all diesen gymnastischen Höchstleistungen, die du anpeilst, darf der Beipackzettel von mir, dem betreten wegsehenden Schiedsmann, nicht fehlen: Vorsicht bei euren schmuddeligen Sexspielchen ist daher geboten, wenn es währenddessen zu plötzlichen Blutungen oder spontan auftretenden Schmerzen kommt. Durch die verstärkte Durchblutung des Beckenbodens kann das formvollendete Genital deiner Matratzengespielin unangenehm anschwellen (siehe hierzu auch Pavian-Weibchen im Zoo Hagenbeck), dadurch hochempfindlich werden und angeblich gerne mal unten rum für ein unschönes Gefühl nach dem Verkehr sorgen. Ebenso leiden einige liebevoll auf die Matte geschwungene Vertreterinnen des weiblichen Geschlechts während oder nach dem Schnackseln an Krämpfen im Unterleib. Auch hier bitte aufs Bremspedal treten. Knattern mit angezogener Handbremse empfiehlt sich auch, wenn deine Frau bereits eine Früh- oder Fehlgeburt erleben musste. In deinem Samen sind sogenannte Prostaglandine, die, wenn sie Bock drauf haben, der Muttermund verfrüht geöffnet ist und die Niederkunft unmittelbar bevorsteht, Wehen einleiten können. Frühgeburt nicht ausgeschlossen! Und steht der Muttermund erst mal auf, steigt die Gefahr einer Infektion durch Keime und Bakterien. Also, die atmungsaktiven Folien-Schlüpfer mit Klettverschluss bleiben an!

In amerikanischen Bedienungsanleitungen von Mikrowellen weisen die Hersteller den Käufer immer darauf hin, Katzen nicht in den angeschalteten Schnell-Ofen einzusperren. Ähnlich fragwürdig, aber zu Recht motiviert spreche ich nun hochoffiziell den Rat aus, dass ihr von Sex bei vorzeitigen Wehen oder langsam abgehendem Fruchtwasser aufgrund eines Fruchtblasenrisses absehen solltet. Und auch während der Geburt ist das nicht möglich. Aber wem sage ich das, du bist ja kein Ami.

Die körperliche Entwicklung deines Babys

Die Haut ist noch dünn, Tast- und Gleichgewichtssinn arbeiten bereits, lassen den winzigen Menschen die ersten gehirnfördernden Reize von außen wie Geräusche oder Bewegungen wahrnehmen und unterstützen ihn beim ausgiebigen Plätschern im Fruchtwasser. Sein individuelles, sicherlich wunderschönes Antlitz erhält dein Kind im vierten Monat. Der Körper hat mittlerweile auch mal den Startschuss gehört und im Vergleich zum Kopf aufgeholt. Knackige 16 Zentimeter stehen in jener Zeit zu Buche, und so allmählich wird der Bursche im Bauch hellhörig, denn das Gehör hat die große Eröffnungsfeier zelebriert.

»Sie sieht ja aus wie du« – wundere dich nicht, wenn dir das deine Frau zärtlich ins Ohr flüstert. Weder fantasiert sie, noch leidet sie unter Halluzinationen. Zwar lügt sie dich schamlos an, da ihr Kompliment ja nicht wirklich auf handfesten Beweisen wie Passfotos, Ölgemälden oder Augenzeugenschnappschüssen beruhen kann, aber im fünften Monat sehen die Wesen im Bauch dem Neugeborenen nun mal schon zum Verwechseln ähnlich. Und so sind die lieben Worte ein Stück weit spekulativ korrekt und nicht völliger Quatsch. Du kannst mit der Wahnsinnigen also ruhig zusammenbleiben. Die Lider deines Nachfahren sind stets geschlossen, das Gefühl, rundum zufrieden im Bauch abzuhängen, wird unter anderem durch sein Lutschen am Daumen verdeutlicht. Aber wie es so ist: Den ganzen Tag chillen langweilt gewaltig, und da die Kleinen noch nicht zur Flasche greifen können, fangen die zukünftigen Rentenversorger an, wie die Knastbrüder Bodybuilding zu betreiben. Die Turnübungen und Boxeinheiten ohne Sparringpartner werden im persönlichen Lieblingsrhythmus ganz nach eigenem Ermessen gestartet. Nach und nach baut der Bauchsportler so seine Muskelpakete aus und schult unterdessen Sinne und Fähigkeiten. Statt sich den Körper wie Mr. oder Mrs. Universum für den großen Wettkampf mit Öl einzureiben, belegt eine Schutzschicht, die »Käseschmiere«, nun den ganzen Körper. Jetzt heißt es ordentlich weiterwachsen.

Drittes Trimester

Schwangerschaftsbeschwerden:
Die Liste des Lästigen, Teil drei

Der Rest vom Schützenfest! Und auch ein letztes Mal will ich auf Teil eins und zwei der Liste hinweisen, die du unter den entsprechenden Trimestern in diesem Buch findest (Seite 19 und Seite 58). Die einzelnen Beschwerden sind durchaus flexibel und halten sich nur ungern an irgendwelche Zeitleisten. Deshalb: Blätter ruhig mal zurück und schau, was es sonst noch so für Schwangerschaftsbeschwerden gibt.

Nasenbluten, verstopfte Nase
Wenn du nachts plötzlich aufwachst, vor Panik zitterst, dich unter der Bettdecke zu einem Shrimp zusammengekauert hast und befürchtest, dass dich die Schwangerschaft deiner Partnerin in die offenen Arme eines homosexuellen Mannes geführt hat, der nun neben dir liegt und penetrant vollmundig und wollüstig schnarcht, dann hast du dich getäuscht: Es ist deine Frau, sie schnarcht nur wie ein Kerl. Und das hat seine Gründe, mein Lieber! Ihre Nase ist öfter verstopft, was mit der trockenen Luft und der stärkeren Durchblutung der Schleimhäute zusammenhängt. Nasenbluten ist auch mal drin.

Das tust du:

Locker bleiben, Raumklima anfeuchten und der Kleinen ein Nasenöl auf den Nachttisch stellen.

Schambeinschmerzen

Fußballer brechen sich gerne mal das Schambein, Normalsterbliche wissen zumeist gar nicht, was das ist und wo es liegt. Das Schambein ist da, wo die Scham ist. Da ein bisschen drüber. Hier treten im Verlauf der Schwangerschaft Schmerzen auf. Diese entstehen durch die Symphyse, die Schambeinfuge, die zwischen den beiden Teilen des Schambeins liegt. Die Hormone der Schwangerschaft lassen es hier nämlich ordentlich krachen und dehnen die Verbindung zwischen den beiden Teilen – und genau das sorgt für Schmerzen. Solche Schmerzen, dass jeder Schritt zur Qual wird.

Das tust du:

Da gibt es nur einen Tipp, was sie nicht machen sollte: Breitbeinig sitzen oder sonstige Gymnastikübungen, die genau diesen Bereich belasten. Ansonsten schonen.

Schlaflosigkeit

»I can't get no sleep« – mit »Faithless« im Ohr sicherlich noch schwieriger zu ertragen, in der Schwangerschaft eine Institution, ja fast schon eine Art Teilnahmebedingung. Das Baby turnt – bei uns damals stets ab 22 Uhr –, boxt und kickt. Dann kommt noch der Mama-Gedankenpunsch dazu, und zack war es das mit der Nacht.

Das tust du:

Deine Frau in den Schlaf sabbeln – Stichwort: Ablenkung. Das klappt eigentlich immer. Wenn nicht, dann »HEIMIMIHO«, heiße Milch mit Honig, oder eine Portion Sex. Das erschöpft, denn der ganze Apparat muss ja bewegt werden und die Kraftanstrengung ist um ein Vielfaches höher als vorher. Gut, wer es anständiger will, geht noch mal mit der Süßen um den Block oder lässt ihr ein Bad ein.

Wassereinlagerungen

Die Krone allen Übels für die werdende Mutter sind die üppigen Wassereinlagerungen, die ihr zunächst schleichend und dann von heute auf morgen das Gefühl geben, sich in eine Schwimminsel aus Fleisch und Blut verwandelt zu haben. Das ist natürlich ein wenig überspitzt formuliert, aber ein bisschen ist da schon was dran. Beine, Füße und Hände schwellen an. Final dann auch das Gesicht.

Das tust du:

Diese sogenannten Ödeme können durch Hochlegen gemildert oder mit einem Salzbad angegangen werden. Beim regelmäßigen Arztbesuch sollte der Halbgott in Weiß auch noch mal seinen Segen geben, ob der Wassergehalt okay ist oder die Ödeme Zeichen für eine Gestose sind.

Körperliche Veränderungen

Und noch mal fünf Kilo mehr auf die Waage. Bau die Komplimente-Kanone vom zweiten Trimester also gar nicht erst ab. Das Atmen fällt den Damen nun schwerer, da das Zwerchfell hochgedrückt wird, was wiederum zu Kurzatmigkeit führt. Müdigkeit ist jetzt ein Dauerzustand, und doch können sie oftmals nicht schlafen, so schwer ist der gesamte Apparat geworden. Wie in der freien Wirtschaft: Der Overhead macht einen unbeweglich und preislich oftmals unattraktiv. Das muss nicht sein. Hier schon. Die Drüsen in den gepriesenen Brüsten haben ihre Fließbänder bereits angeworfen, und mit ein bisschen Glück sondern sie schon was von dem energiereichsten Power-Energy-Drink der Welt ab: das Kolostrum. Probieren lohnt sich. Schmeckt ekelhaft. Bei dem jetzt schon recht babyähnlichen Lebewesen im Bauch der Frau findet das Feintuning statt. Da lassen sich noch ein paar Organe frisieren,

Fettpölsterchen einbauen und am Gesamtvolumen schrauben, bevor es dann endgültig im Rauswurf gipfelt. Entsprechende Wehen kündigen das bereits an, indem sie für eine Verhärtung der Bauchdecke sorgen.

Wichtige Anschaffungen

Der Adler setzt zur Landung an – time is running! Jetzt heißt es in die Hände spucken, denn deine Wochenenden bekommen eine neue Ausrichtung im dritten Trimester: Während du in der Woche deinen Job erfüllst, sind die Samstage und Sonntage nützliche Vorbereitungsenklaven zum konzentrierten Einkauf und Aufbau. Diesen wunderbaren ganzheitlichen Ratgeber habe ich mit einer meines Erachtens fast streberhaften wie lückenlosen Liste der Dinge versehen, die ihr euch anschaffen solltet. Individuell muss sie natürlich erweitert werden (siehe die angefügte Liste ab Seite 99). Versuche, die meisten Sachen von Geschwistern oder Freunden zu leihen, hat echt Sinn. Den Rest kaufen! Nichts wegschmeißen, sondern dann wieder an Freunde weitergeben. Das ist eine schlaue Sache. Die Kleinen wachsen so schnell aus den Sachen – dafür brauchst du eine Gelddruckmaschine im Keller. Herrlicher Old-School-Spruch!

Time for the Kinderwagen
Vorab: Ich führe hier keine Diskussion über das Für und Wider von Kinderwagen, da es für mein Dafürhalten überhaupt keine Frage ist. Ein Kinderwagen ist nicht nur ein praktisches Gefährt, das es in nahezu jeder Preisklasse gibt, sondern er bedeutet auch Freiheit für den Vater und die Mutter, die mal ihrem eigenen Bewegungsdrang nachgeben wollen.

Okay, ich habe mich recht schnell als »Held der Arbeit« und »Vater von Haus aus« aufspielen wollen und mich über Gebühr in die Suche nach dem geeigneten Kinderwagen gestürzt. Warum so früh? Weil einige Modelle Wartezeiten von zwölf bis 14 Wochen haben. Schlägt dein Herz für die klassische Farbe Blau oder die Trendfarbe Schwarz, dann sind die Lieferzeiten teilweise noch ausgedehnter, zumindest bei den überdurchschnittlich beliebten Karossen der gehobenen Kategorie. Zu kaufen gibt es Kinderwagen mittlerweile überall – selbst im Supermarkt oder bei dem großen Kaffeeröster. Es gibt die Grossisten wie Baby-Markt oder Baby-Walz, die eine Fülle an Kinder-Boliden im Angebot haben, dann gibt es die kleineren Läden, die oftmals Vertrieb von nur ausgesuchten Wagen sind. Je nach Geldbeutel und Kompetenzbedürfnis solltest du auswählen. Ich würde dir jetzt mal völlig unaufdringlich ungefragt raten, ein Fachgeschäft aufzusuchen, denn dort kannst du alle wichtigen Funktionen checken und dir von einem wahren Experten die unterschiedlichen Gefährte erklären lassen und vergleichen. Nimm dir die Zeit zum Abwägen, nicht sofort entscheiden. Dafür ist die Karre zu teuer. Wir haben zusätzlich Freunde nach ihren Erfahrungen gefragt und uns dann noch mal ein eigenes Bild davon gemacht, bevor wir uns schließlich für ein Modell entschieden haben.

Jeder hat andere Bedürfnisse, jeder setzt den Schwerpunkt unterschiedlich, und nicht jeder eiert nur über asphaltierte Straßen. Willst du eine anständige Ablage für Einkäufe, deine Tasche oder für was auch immer, oder ist dir Praktikabilität viel wichtiger? Leicht oder schwer? Höhenverstellbarer Korb? Wandelbar in einen Buggy? Drehbare Wanne mit Blickrichtung mal nach vorn und mal zum Fahrer? Drei Räder? Vier Räder? Was ist alles im Gesamtpaket beim Kauf? Soll er sehr wendig sein oder eher eine schwere Straßenlage haben? Das Modell gerne wuchtig? Sportlich? Leichtfüßig? Elegant? Kompakt und, und, und...

Kurz: Für alle Ansprüche gibt es Kinderwagen, mittlerweile sogar schon sehr optimiert, dafür aber auch arschteuer. Dementsprechend ist der Gedanke, einen Kinderwagen gebraucht zu kaufen, durchaus legitim. Ordentlich reinigen lassen – dann geht's auch. Mit Ausrüstung wie Regenschutz, Adapter für den Maxi Cosi, Fußsack, Fell und Inlay für den Buggy im Winter und noch ein paar Kleinigkeiten kannst du locker insgesamt 1000 Euro hinlegen, sofern dir ein aktueller Kinderwagen der angesagten Marke Urban Jungle gefällt. Ein wenig, letztlich jedoch unwesentlich günstiger und mit nicht so vielen kostenerzeugenden Extras kommt der Bugaboo daher. Die beiden Marken sind seit ein paar Jahren sehr beliebt, da sie Modelle in allen denkbaren Farben und Mustern anbieten und zudem sehr leicht in der Handhabung und im Gewicht sind. Fahren tun sie sich natürlich auch gut. Ich will aber keine Werbung für diese zwei machen, da es von Quinny, Stokke oder dem Klassiker Teutonia ebenfalls moderne, der Zeit angepasste Versionen gibt, die nicht so teuer sind.

Für Kinderwagen wie beispielsweise den Bugaboo liegt der Wiederverkaufswert unterdessen etwa bei eBay allerdings recht hoch. Die gehen da teilweise für 500 bis 600 Euro an den nächsten Besitzer weiter. Unterm Strich hast du dann, wenn alles gut läuft, 500 Euro bezahlt, wenn nicht weniger. Denk drüber nach. Die Suche nach dem Kinderwagen macht auf alle Fälle Riesenspaß. Kein Zweifel.

Wenn dein Kind in der Lage ist zu sitzen, so etwa um den neunten Monat plus, wird der Kinderwagen, sofern er denn über diese Eigenschaft verfügt, in einen Buggy umgewandelt. Diese Erweiterung gibt es meistens gleich mitzukaufen. Ist das nicht der

Fall, empfiehlt sich erneut ein Gang zum Händler, um sich einen genauen Überblick über die unterschiedlichen Modelle zu verschaffen.

Für die Jogger unter euch: Es gibt diese dreirädrigen Jogger, je nach Wetter geschlossen oder in ein Cabrio verwandelbar, zum kinderleichten Schieben, eben ideal für eine Marathonstrecke. Überdies gibt es Fahrradanhänger, die auch über die Joggerfunktion verfügen und somit sehr unterschiedlich und individuell einsetzbar sind.

Autositz

Wenn du einen Kinderwagen kaufst, dann vergiss nicht, den Maxi Cosi oder Römer oder wie die ganzen Trageschalensitze und Autositzmodelle und deren Hersteller heißen, gleich mitzukaufen. Denn den brauchst du direkt nach der Geburt, um deinen Wonneproppen sicher, bequem und heil nach Hause zu schaukeln. Diesen portablen Thron gibt es ebenfalls gebraucht zu erwerben. Der Bezug ist zum Beispiel beim Maxi Cosi abnehmbar und in der Maschine zu waschen, von daher ist die Secondhand-Variante echt empfehlenswert! Ein Trageschalensitz ist neben dem Kinderwagen und dem Tragetuch das ultimative Allzwecktransportgerät. Er ist leicht zu tragen, handlich und lässt deinen kleinen neuen Menschen sicher und bequem mitreisen. Auch zum Abstellen des Kindes, wenn du in der Kneipe mit deinen Kumpels kurz für zehn Minuten quatschen willst oder Ähnliches, ist der mobile Sessel sehr geeignet. Unterwegs ist das Plastik-Biest eine glatte Eins: Das kleine Monster schiebt Kohldampf? Kein Problem, Lätzchen um und los geht's, Raubtierfütterung! In den ersten Wochen und Monaten darf dein Wurm nicht zu lange im Maxi Cosi hocken, da das schlecht für die Wirbelsäule ist. Also, nicht den Kleinen drei Stunden lang in dem Teil vor dem Fernseher parken. Tendenziell schlafen Babys gerne in dem Stuhl ein, einige Eltern benutzen ihn daher auch, wenn sie versuchen, ihr Kind ruhigzustellen. Ich empfehle dir, davon abzusehen!

Wippe und Hochstuhl

Von dem Moment an, wenn der Zwerg Beikost erhält und er noch nicht sitzen kann, braucht ihr eine verstellbare, frei schwingende Wippe, vielleicht sogar noch mit einer andockbaren Mobile-Stange, an der sich kleine, bunte Holzbärchen drehen oder Vergleichbares. In diesen Wippen lassen sich die Kinder festschnallen, um ein Rausplumpsen zu verhindern. So kannst du in Ruhe füttern, aber dich auch mal deinem eigenen Becher Kaffee widmen. Kann der neue Mitbewohner dann sitzen, benötigst du einen Hochstuhl. Gibt es überall in billig, teuer, schick und hässlich. Achte in erster Linie darauf, dass der Stuhl gut montiert ist, sicher und bestenfalls TÜV-geprüft!

Tragetuch

Ja, ja, keine Frage, diese gerne erdfarbenen Ökofummel lassen die Herzen der Körnerspalter höher schlagen und den gemeinen Polo-Ralph-Lauren-Konsumenten höflich in seine Tasse Morgentau-Tee brechen, doch es ist völlig eindeutig: Diese Leinen-Monster sind eine Bank! Erstens gibt es sie mittlerweile in erträglichen Blautönen zu erwerben, zweitens sorgt diese Beutelhaltung für ein ungeahntes Körpergefühl und unmittelbare Nähe, sowohl für das Baby als auch für den Papa oder die Mama. So, und drittens ist Ruhe im Karton. Denn nachdem sich der kleine Erdling erst mal an die gemütliche Position gewöhnt hat, ratzt er stundenlang durch. Wir haben die documenta in Kassel besucht mit der Kleinen vorne am Bauch, und von ihr war nichts mehr zu hören. Also, schenkt euch die Diskussion, ob Tragetuch oder Kinderwagen – beides ist angesagt. Kostenpunkt um die 50 Euro.

Der Tragesitz

Tragetuch 3.0. Die nächste Stufe ist erreicht, und das nicht nur geschmacklich. Während die Tragetücher einen wie beschrieben oft in geschmäcklerischen Sackgassen qualvoll verenden lassen, schlagen die Tragesitzproduzenten keinen Wunsch aus und versöhnen den gepeinigten Kind-Herumtrage-Fan mit unnötigem Designquatsch, den kein Papa braucht, aber will. Im Preissegment von 30 bis 150 Euro gibt es diese äußerst bequeme Transportvorrichtung, mit der man sein Kind im Alter von vier Monaten bis zum fünften Lebensjahr durch die Weltgeschichte schleppen kann, käuflich zu erwerben. Für Urlaube genauso gut geeignet wie für den Gebrauch im Alltag. Dein kleiner Wonneproppen sollte in der anatomisch wichtigen Anhock-Spreizhaltung getragen werden, so dass es später zu keiner Schädigung des Rückens kommt. Achte darauf, wenn du dich für einen dieser Sitze entscheidest.

Kinderzimmer

Nachdem wir festgelegt hatten, welcher der Räume in unserer Wohnung ein Kinderzimmer darstellen könnte, haben wir uns auf die Suche nach geeignetem Mobiliar gemacht. Neben den üblichen Einheitsmöbelhauszimmern gibt es vielerlei Angebote online für sehr individuelle, komplette Kinderzimmer bestehend aus Wickelkommode, Bettchen und Schrank. Kosten: Ab 500 Euro bist du da im Rennen.

Patchwork-Style geht natürlich auch. Einfach den alten Schrank ins Kinderzimmer schieben, an eine alte Kommode den Wickelaufsatz montieren und fertig. Für das Bettchen ist ja zunächst noch Zeit, da die meisten Eltern ihr Baby entweder mit im Elternbett schlafen lassen oder, die ganz harten, in einer Wiege neben dem Bett. Bei Ikea sind Betten günstig zu bekommen, genauso wie in anderen Häusern, und wie gesagt: Im Internet gibt's ganz coole Teile.

Wirklich großartig sind die direkt ans Bett anzudockenden Beistellbetten. Die sehen aus wie ein Balkon, der vom Elternbett abgeht. So schläft das Baby nicht direkt im Bett, sondern auf dem Balkon, und kann zum Stillen in der Nacht wunderbar an die Tankstation herangeführt und wieder zurückverfrachtet werden. Der physische Aufwand für deine bessere Hälfte bleibt auf diese Art extrem gering, die Schreidauer ist verkürzt, da der Transportweg sich auf lächerliche 40 Zentimeter beziffert, und du kannst ruhiger und besser schlafen. Na, wenn das nichts ist!

Aufgebaut haben wir die einzelnen Möbel drei Wochen vor der Niederkunft. Gutes Timing. Dekoration war erst mal runtergedampft, da der Raum ja den kleinen Wurm noch nicht beherbergte. Obacht, zur Geburt winken zahlreiche Präsente in Richtung »Schöner wohnen«.

Und jetzt sage ich es dir noch im Guten: Denk an die Wärmelampe!!! Es gibt keine Wickelkommode ohne eine Wärmelampe darüber montiert. Babys frieren superschnell, und so wird liebevoll per glühende Wärmestäbe die kleine Gänsehaut vermieden. Echt nicht vergessen, Frauen reagieren allergisch auf alternative Heizvorschläge. Meine Frau hat mich auch mit meinem Heizlüftgerät wieder in den Baumarkt geschickt. Merk dir das also bitte. Danke.

Der Windeleimer

Du hältst es nicht mehr aus – lass es dir gesagt sein: Du wirst mit Brechreiz kämpfen und dich mit blutendem Herzen nach der Zeit sehnen, als du keine Verantwortungen für nichts und niemanden tragen musstest. Das ist die Hölle, erst recht, wenn die Zeiten des Stillens um sind und die Beikost auf den Speiseplan kommt. Die bevorstehenden drei Jahre wird das Geruchsmonster auf dem Wickeltisch vor dir mehrmals am Tag eben nicht um eine frische Windel betteln, aber sei dir gewiss, es braucht eine! Das ist für alle Beteiligten das Beste. Und nur du, mein lieber Leidensgenosse, hast es in der Hand, darunter olfaktorisch nicht zu leiden. Die Lösung mag der Windeleimer sein. Das Prinzip ist ganz einfach: Die Windel verschwindet in einer Tüte, die dann automatisch verpackt im Bauch des Eimers landet. Anfangs klappt das bombig, doch mit der Zeit verhält sich auch so ein Windeleimer nicht mehr duftneutral und nimmt den Geruch seines Inhalts an. Also rät der bereits seit Langem verpestete Autor dieses Buchs: häufig den Eimer ausleeren, Eimer nicht an die Heizung oder an andere Wärmequellen stellen, vielleicht mal ein Antigeruchsspray verwenden oder antibakterielle oder dicke Tüten als Windelheimat einlegen. Umweltfreundlich ist definitiv was anderes. Nun sind Windeln sowieso schon eine Menge Müll, dann noch diese Beutel, oje! Um das zu vermeiden, kannst du die Windel auch direkt in die Mülltonne werfen.

Wir haben keinen Windeleimer gekauft, sondern packen die vollgekackte Windel stets in einen kleinen Kosmetikbeutel, knoten den zu und tschüss in den Abfalleimer. Semispitze, da diese unvollendete Lösung im Sommer für eine unangenehme Brise im Zimmer meiner Tochter sorgt. Folglich ist so ein Windeleimer eine durchaus clevere Anschaffung. Wenn du Auswahl-möglichkeiten hast, achte doch darauf, dass das Teil einhändig bedienbar ist, da du mit der anderen dein Kind in Schach halten musst. Die Klinge zum Abtrennen der Beutel darf für deinen später dann auf Windeleimeraugenhöhe agierenden Sprössling nicht erreichbar sein, und achte darauf, dass die Anzahl der Handgriffe zur Bedienung gering bleibt, sonst nervt das Konstrukt nur.

Auto

Ich musste uns ein neues Auto kaufen, um Mama, Tochter, Papa, Hund und Kinderwagen zu transportieren. Ein Kombi drängte sich förmlich auf. Ist langweilig, aber bedenke, ihr wollt auch mal schön wegfahren für ein Wochenende – da brauchst du Platz im Auto, um alles anständig verstauen zu können. Ach, was schreibe ich da. Das weißt du doch alles! Wichtig ist ja nur, dies einmal zu durchdenken.

Merksatz für zwischendurch:

Alles, was du jetzt schon besorgst, stiehlt dir später nicht die Zeit mit deinem Baby.

Starterset-Liste

Selbst wenn noch Zeit genug bis zum errechneten Geburtstermin ist, sechs oder acht Wochen, jetzt ist eine gute Phase, das Starterset zu kaufen. Von Windeln und Wickelunterlagen über Schnuller und Kamillensalbe bis hin zu Fieberthermometer und Haarbürste – das Gesamtpaket siehst du hier:

Kinderzimmer

☐ Bett – brauchst du nicht sofort, da der Wurm ja zunächst in eurer Nähe schläft, in einer Wiege oder in der Baby-Bay (Bettbalkon, der an euer Bett angebaut wird).

☐ Matratze

☐ Schrank

☐ Wickelkommode – Höhe ist zu beachten

☐ Wärmelampe

☐ Deckenlampe – es geht auch eine Stehlampe. Hauptsache, du musst dein Kind nicht im Dunkeln wickeln.

☐ Schlummerlicht – ideales Geburtstagsgeschenk für deine Partnerin, damit sie nachts beim Stillen nicht das Licht im Schlafzimmer anschalten muss. Viel praktischer ist dieses diffuse Lümmellicht, und du kannst herrlich weiterschlafen, ohne von grellem Licht aufgeschreckt zu werden.

☐ Teppich – Anfangs egal, später schön fürs Spielen

☐ Bilder, Gardinen, Rollo (blickdicht)

☐ Mobile fürs Bett – wichtig fürs Einschlafenlernen

☐ Mobile für die Wickelkommode – wichtig für anhaltende Unterhaltung

☐ Stubenwagen – zum Ablegen für Zwischendurch oder auch zum Schlafen

☐ Hängewiege – ganz alte Hängemattenschule …

☐ Snuggle Nest/Tragbares Nest – könnt ihr auch selber aus Decken und Kissen bauen.

Zusatzequipment

☐ Babywippe – zum Parken und später gut fürs Füttern

☐ Babydecke – bestenfalls elastisch, auch fürs Einwickeln (»Pucken«) geeignet

- ☐ Babyphone
- ☐ Schlafsack
- ☐ Spannbettlaken, zwei Stück für die Baby-Bay und den Stubenwagen
- ☐ Betteinlage, wasserdicht
- ☐ Moltontuch, zwei Stück zum universellen Drunterlegen oder Abdecken
- ☐ Nestchen
- ☐ Himmel
- ☐ Himmelstange
- ☐ Spieluhr – nicht zu laut, nicht zu schnell, angenehme Melodie, sonst nervt es
- ☐ Krabbeldecke
- ☐ Wäscheeimer
- ☐ Kirschkernkissen – ideal fürs Einschlafen, auch bei Koliken/ Blähungen angebracht
- ☐ Beruhigungssauger
- ☐ Schnullerkette
- ☐ Mullwindeln als Spucktücher
- ☐ Gymnastikball – zur Beruhigung und zum Einschlafen

Haute Couture

- ☐ Bodys – je nach Babywachstum in Durchschnittsstartgrößen 56 bis 62 jeweils drei Stück kaufen.
- ☐ Wolle-Seide-Bodys
- ☐ Baby-Hemdchen oder leichte Pullis (Gr. 56 und 62), jeweils vier Stück
- ☐ Strampler mit Fuß (Gr. 56 und 62), jeweils vier Stück – Druckknöpfe zwischen den Beinen sind gut.
- ☐ Strickjacken (ein bis zwei)

- ☐ Söckchen (auch warme für draußen)
- ☐ Strumpfhosen
- ☐ Schlafanzüge einteilig (Gr. 56 und 62), drei bis vier Stück
- ☐ Stubenhäubchen
- ☐ Kratz-Fäustlinge
- ☐ Baby-Kleiderbügel
- ☐ Pucksack
- ☐ Im Winter: Schnee-Anzug und Handschuhe plus Schal

Baden und Pflegen

- ☐ Windeleimer (verhindert Gestank)
- ☐ Wickeltisch-Heizstrahler
- ☐ Wickelauflage
- ☐ Wickelauflagenbezug
- ☐ Windeln
- ☐ Feuchttücher
- ☐ Wundcreme
- ☐ Gesichtscreme (Wind und Wetter)
- ☐ Kleine Waschschüssel für die Wickelkommode
- ☐ Tummy Tub oder Baby-Badewanne
- ☐ Badethermometer
- ☐ Kleine Mülltüten für Windeln
- ☐ Waschlappen, drei Stück
- ☐ Kapuzenhandtücher, drei Stück
- ☐ Baby-Nagelschere mit abgerundeten Spitzen
- ☐ Wasserdichtes Digital-Fieberthermometer
- ☐ Baby-Ohrenstäbchen
- ☐ Wegwerf-Wickelunterlage
- ☐ Gestell für Badewanne oder Tummy Tub

☐ Haarbürste weich
☐ NaCl-Lösung gegen verstopfte Nase (plus Pipette oder Einwegspritzen)
☐ Nasentropfen (für Babys)
☐ Paracetamol-Zäpfchen
☐ »Lefax« gegen Blähungen
☐ Baby-Massageöl
☐ Babywaage
☐ Milchpumpe

Unterwegs

☐ Autositz
☐ Sitzverkleinerer
☐ Sonnenschutz für Autositz und Fenster
☐ Mobile für Autositz
☐ Strampelsack (mit Schlitz für Autogurt)
☐ Sommerbezug für Autositz
☐ Tragesitz/Maxi Cosi
☐ Tragetuch
☐ Sonnen-Family-Zelt
☐ Kinderwagen
☐ Einkaufstasche für Kinderwagen
☐ Lammfell
☐ Zudecke für Kinderwagen
☐ Bettwäsche für Zudecke
☐ Kinderwagenkette
☐ Sonnenschirm mit UV-Schutz
☐ Reisebett
☐ Wickeltasche

Sonstiges

☐ Still-BH (schlichte weiße Liebestöter)
☐ Stilleinlagen
☐ Milchpumpe
☐ Nippel-Creme (Purelan, Mercurialis)
☐ Pyjama-Oberteile mit Knopfleiste – sind gut fürs Wochenbett.

Starterset – Dress For Success

Die kleinste Größe ist 46, das ist dann eher die Frühchen-Collection. Die modische Laufbahn der Zwerge beginnt mit Größe 50. Ein paar Strampler in der Größe schon zu Hause zu haben ist sehr hilfreich. Wenn ihr aus dem Krankenhaus entlassen werdet, braucht ihr spätestens einen Body und einen Strampelanzug, denn nach der Abschlussuntersuchung durch die Kinderärzte fragt die Krankenschwester, was denn der Knubbel angezogen bekommen soll. In solchen Fällen kannst du als Vater glänzen, wenn du lässig einen Strampler aus dem Ärmel ziehst.

Zu Hause braucht ihr dann Bodys en masse, langärmelig und kurzärmelig sowie Strampler und Socken. Zwei, drei Kombinationen bestehend aus Hose und Jacke sind ebenfalls sinnvoll, um mit dem Baby mal spazieren gehen zu können. Unabhängig von Wetter und Temperatur braucht der oder die Lütte eine Kopfbedeckung, und das bleibt auch so die nächsten Wochen und Monate. Immer wenn es rausgeht – Mütze auf!

Ja, und dann ist man schon mitten im Teufelskreis, denn Kinderkleidung zu kaufen entwickelt sich zu einer Sucht, die jederzeit befriedigt werden muss und kann, da der Sprössling zusehends wächst und gedeiht. Das geht so rasend schnell, dass es Kleidung gibt, die dein Kind nie angezogen hat, weil es diese Größe einfach übersprungen hat. Absurd. Auch hier ist es hilfreich, wenn ihr über ein ausgeprägtes soziales Netz verfügt, in dem es diverse Kinder gibt. Übernehmt deren Sachen und kauft punktuell dazu. Kindermode muss überhaupt nicht teuer sein. In den letzten Jahren sind außerdem unzählige Kinderkleidung-Secondhandshops aus dem Boden gestampft worden – das ist eine ernst zu nehmende Alternative.

Was kannst du mit deiner Partnerin noch unternehmen?

Launisch, moppelig und müde – ideale Voraussetzungen, um nachts ordentlich die Clubwelt unsicher zu machen. Für dich vielleicht. Madame und der wachsende Untermieter machen sich hingegen rar. Solltest du das wider Erwarten total bescheuert finden, will ich dich gerne darin bestärken, das Heft in die Hand zu nehmen und deine Frau zu ganz prächtigen Aktivitäten zu verführen. Es gilt die Universaldurchhalteparole: Alles, was ihr wollt, ist auch möglich! Kleine Ausnahme: Im hochschwangeren Zustand solltet ihr von Sportarten wie Klettern, Reiten oder Raften die Finger lassen. Spart euch das lieber für die Zeit danach auf.

Mit dem Verlauf der Gravidität kann dir deine Frau am besten selber sagen, zu welchen geplanten Aktionen sie sich in der Lage fühlt und zu welchen eher nicht. In der Tat nimmt der Drang, abends noch mal vor die Tür zu gehen, mit steigender Wochenzahl extrem ab. Kein Grund, ein Eremitendasein zu fristen und auf bewegende Momente in der Geschichte des Fernsehens zu hoffen – es gibt Alternativen. Die da wären, getreu dem Motto, kommt der Prophet nicht zum Berg, kommt der Berg eben zum Propheten: Freunde einladen! Zum Essen, zum Spielen oder nur so zum (entkoffeinierten) Kaffeetrinken. Lasst sie antreten und euch ablenken und unterhalten. Immer gut. Natürlich ist ein romantisches Essen zu zweit nach wie vor auch noch drin, selbst wenn das Sitzfleisch der Mutter in spe zum Ende der Schwangerschaft nicht mehr so üppig ist wie das neu dazugewonnene Bauchfleisch. Guter Nebeneffekt: Der von dir zu entrichtende Betrag für den Getränkeverzehr sinkt analog zum wachsenden Abdomen.

Ein qualvoller Tod droht dem Kellerasseldasein fernerhin bei so wagemutigen Initiativen, wie zum Beispiel ins Theater, Konzert oder Kino zu gehen, en passant allesamt Orte der Zivilisation, die von unzähligen Menschen aufgesucht werden und somit im positiven Sinne euer Sozialverhalten fordern. Bedenke dabei die Platzwahl. Wenn du deiner Herzallerliebsten ungefragt einen kleinen Gefallen tun möchtest, schau, dass du Plätze mit Beinfreiheit buchst oder ihr, wenn ihr ein Rock-/Popkonzert besucht, überhaupt einen Sitzplatz habt. Als meine Partykugel stramme acht Monate auf dem Buckel hatte, zerrte ich sie auf ein Konzert ohne Sitzplatz. Verantwortungslos von mir, bis zu dem Moment, als ich ihr an den Absperrgittern eine Sitzgelegenheit organisiert hatte. Übrigens, eine schwangere Frau als Argumentation öffnet Türen und Tore und räumt Plätze. Großartige Erfahrung. Ich musste nach der Geburt glatt eine Träne verdrücken, als ich realisierte, nicht mehr den sozial-interaktiven Joker im Bauch meiner Frau ausspielen zu können, der die Mitmenschen zur politischen Korrektheit nötigt. Neben der Inanspruchnahme weiterer kultureller Angebote wie der Besuch von Kunstausstellungen, der dann einfach den Einschub vermehrter Sitzpausen verlangt, empfiehlt es sich, mal bei hochkarätigen Sportveranstaltungen wie Fußball im Stadion, Reitturnieren, Ritterspielen, Marathons,

Fahrradrennen oder Sonstigem vorbeizuschauen. Irgendwas, was euch interessiert. An den Wochenenden wird überall eine Menge geboten, deshalb nehmt solche Ereignisse wahr, damit eine Abwechslung vom Couch-Potatoe-Dasein stattfindet. Fahrradtouren sind ebenfalls auflockernd und ermunternd, wie auch Frischluftzufuhr durch Spaziergänge.

Von gemeinsamen Sauna- und Sonnenbankerlebnissen kann ich nur abraten, einen Sprung oder lieber ein sanftes Hineingleiten in das erfrischende Nass eines Hallenbads kann ich indessen gutheißen. Alles in allem greift in den Monaten der mangelnden Bewegungsfähigkeit die Idee am besten, so aktiv wie möglich zu bleiben, ohne blinden Aktionismus gegen den Willen der Beteiligten zu betreiben. Deine Partnerin wird dir schon signalisieren, was möglich ist und was nicht. Und wenn du in jeder Woche mit einer kleinen süßen Überraschung wie einem Kurztrip, einem Event oder einem Essen den stereotypen »Warten-aufs-Kind-Alltag« knackst, bist du der vollendete King of Currywurst. Das Eichhörnchen de luxe!

Massage

Gönnt ihr euch sonst ausnahmsweise mal im luxuriösen Fitness-Tempel oder auf einem Wellness-Wochenendtrip eine Ganzkörpermassage von Profis, kann diese herzhafte Fleischfummelei von nun an zum Tagesgeschäft gehören. Zu deinem! Im Vorbereitungskurs lernst du knifflige Paarübungen, die du wie beim Malen nach Zahlen geduldig mit deiner Frau gemeinsam umsetzen kannst, um für sie die schwangere Lage erträglicher zu gestalten. Die muss ich dir hier daher nicht auch noch unterschieben. Stattdessen versorge ich dich alldieweil nicht nur mit dem Hand-

werkzeug eines Vorzeigepapas, nein, hier souffliere ich dir auch
die Checker-Tricks, womit du bei deiner Gemahlin mir nichts,
dir nichts tausendprozentig punkten kannst – und das ist unter
anderem eine handfeste, gleichwohl behutsame Massage, die du
dir spontan aus den Griffeln zauberst. Die gezielten Handgriffe
sorgen nämlich neben einer ganzheitlichen Entspannung für eine
gute Durchblutung der bearbeiteten Punkte und ein rundum an-
genehmes und relaxtes Körpergefühl. Da juckt's dich doch förmlich jetzt schon in den Fingern, oder?

Logischerweise musst du beim Kneten deiner Frau dem nach
Kraftanerkennung drängenden »Hulk« in dir ein Time-Out ver-
ordnen, einen Gang runterschalten und sorgsam vorsichtig zulangen. Beginnend am Rücken sorge für eine herrlich bequeme
Sitzhaltung deiner Frau oder eine seitliche Liegehaltung. Öl in
den Händen verreiben und erst einmal mit sanften Streichbewe-
gungen Rücken und Nacken massieren. Dann mit beiden Daumen parallel zueinander jeweils links und rechts neben der Wirbelsäule angesetzt mit leichtem Druck von unten nach oben
schieben. Uuuh, das tut gut. Das gesamte Rückenfleisch im Bereich der Schultern und Schulterblätter, aber auch in der unteren Region kannst du hiernach liebevoll gebremst durchwalken.
Dort, wo die lebende Hüpfburg einstweilen noch Verspannungen
wahrnimmt, sind das Fleisch und die Muskeln ganz unmittelbar
und ungeniert drück- und knetbar, Umsicht stets vorausgesetzt.
Zum Ende dann bitte, wie es sich auch bei einem Kotelett oder
Schnitzel gehört, den Rücken ausklopfen. Zärtlich, nicht wie einen Perserteppich.

Auch der dicke Bauch braucht seine Streicheleinheiten, die du
dir aber spätestens bei vorzeitigen Wehen schenken kannst. Das
Heiligtum berühre bitte mit der nötigen Sorgfalt, und übe nicht

die Spur eines Drucks darauf aus. Hier reicht streicheln und reiben. Die Klauen voller Öl streichst du von den Taillenseiten aus bedacht über den Wanst zum Nabel. Kreisförmige Bewegungen deiner flachen Hand um den Bauchnabel herum sind schließlich das Höchste der Gefühle.

Vom schmalen Fußgelenk hoch über das Knie zum saftigen Oberschenkel knetest du dich bei der erotisch anmutenden Beinmassage gnadenlos durch eine der toperogenen Zonen der Frau. Kleiner Hinweis: Das kann ganz woanders enden, aber wem sag ich das. Schwere Beine, auch mal Durchblutungsstörungen und Schwellungen gehören im Lauf der Zeit prinzipiell zum Basiszustand der Schwangeren, deshalb erfreut sich diese Anwendung ihrer Dauerbrennerqualitäten. Kneten und streicheln, auch mal mit der ganzen kraftvollen Pranke in das Fleisch kneifen, so haut das hin und sorgt für eine neue Leichtfüßigkeit.

Sollten all diese körperlichen Anwendungen nicht von dir geleistet werden – kein Beinbruch, mein Freund. Anders sieht es jedoch mit der Massage vor der Geburt aus. Diese Streichelmassage von Schultern, Nacken, Kopf und Rücken ist eine Pflichtveranstaltung für jeden Vorzeigepapa in spe. Hier münden Verantwortung, Zuneigung und Mitgefühl in eine Liebkosung, die ihresgleichen sucht und nicht finden wird. Vor der Niederkunft ist die präzise Tätschelei sehr beruhigend und entspannend für deine Frau, wichtig ist auch die Nähe zum Partner. Wenn sich die Wehen anschleichen, ist ein Bearbeiten der Mutterbänder am Kreuzbein der Knüller. Mit den Handflächen oder mit den Daumen musst du zu diesem Zweck fest vom Steiß zu den jeweiligen Beckenknochen kreisend massieren. Das lindert die Schmerzen und beruhigt die Nerven. Den »Hulk« in dir kannst du dann wieder herausholen, wenn deiner Partnerin der Druck auf die Bänder zu gering ist.

Vorsicht! Solidarische Gewichtszunahme

Eine gefährliche Parallele von Mann und Frau zum Ende der Schwangerschaft ist das gemeinsame, solidarische Dickwerden. Das passiert sehr schnell, da gerade du als treu fürsorglicher Mann deiner Partnerin natürlich alle kulinarischen Köstlichkeiten servierst, die sich ihr Kurzzeitgedächtnis spontan einfallen lässt. Hier ist Vorsicht ein guter Freund. Schnell wirst du dich dabei ertappen, wie auch du einen überbordenden Eisbecher verschlingst, wie du mitten in der Woche morgens Pfannkuchen brätst oder deine Hand abends konditioniert mechanisch in den Chips- und Gummizeugtüten verschwindet, gefräßig fingernd nach fetter Beute. Das öde Warten auf die Niederkunft vor allem in den letzten Wochen lässt dich abends immer seltener von der Seite deiner Frau weichen. Na ja, und was soll man schon Großartiges machen, wenn der Fernseher erst mal läuft und alle erdenklichen Fressalien appetitanregend liebevoll drapiert vor einem liegen?!

Die Konsequenz: Du nimmst zu! Wäre alles halb so wild, würde es nicht nach Wochen der Völlerei zur Entbindung kommen, die deiner bis dahin ölfassähnlichen Partnerin per Fingerschnipsen wieder eine einigermaßen ansehbare menschliche Gestalt zuteilwerden lässt. Ehe du dich's versiehst, hat deine Frau innerhalb kürzester Zeit die angefressenen Kilos wieder runter. Ein bisschen Gymnastik, ab und an ein paar Trainingseinheiten auf dem Stepper, und das Stillen tut sein Übriges dazu, denn das Säugen von Kindern ist kraftzehrend und ungemein kalorienverbrauchend. Plötzlich sind einige Monate vergangen, die frischgebackene Mutter erfreut sich beinahe ihrer alten Figur, und du stehst da, unangenehm stark transpirierend, unangenehm stark riechend, unangenehm üppig ausgestattet mit einem mehrere tausend Euro schwer wiegenden Wohlstandsbauch. Dein rundes Gesicht fordert stumm einen Schweinetrog voll Nahrung, ohne den Hauch eines Mienenspiels zu zeigen, und nur mühsam hältst du deinen gesamten gartenlaubengroßen Körper davon ab, in das Planschbecken voll Vanillepudding mit Schokosauce einzutauchen. Es herrscht ein Ungleichgewicht, mein Lieber, und das ist teuflisch! Hier hält guter Rat schöner: Wenn du schlank und sportlich bleiben willst, musst du früh genug notfalls mit blindem Aktionismus wie Jogging, Triathlon oder Teilnahme an schrecklich erniedrigenden »Bodypumping«-Kursen gegenlenken, um nicht in die fatale Sesselpupser-Maschinerie hineinzugeraten, die dich binnen weniger Wochen zu einem dicken Bruder deiner selbst macht. Bleib dir und deinen Gewohnheiten treu, treib weiterhin immer wieder mal Sport und überfriss dich nicht. Alles immer in Maßen, aber regelmäßig. Ist der Mittelweg ansonsten sprichwörtlich der Tod, hier ist er dein Pfad zum dauerhaften Wohlgefühl.

Hast du ohnedies ein Gewichtsproblem oder einfach mal ein paar Kilos zu viel drauf, macht diese Phase des Lebens nun den Kohl auch nicht mehr fett, und das gemeinsame Abnehmen rundet das gemeinsame Dickwerden am Ende wieder ab.

Wie liegt das Kind im Bauch? Die Beckenendlage

Wie ist die Lage? Berechtigte Frage in Zeiten fortwährender Arbeitslosigkeit, internationaler Rezession und eigener exorbitanter Langeweile. Unvorstellbar also, wie sich der Krümel die Zeit vertreibt. Die Antwort ist denkbar simpel: In erster Linie natürlich mit Rumliegen, in zweiter Linie wie du: mit Essen und Ausscheiden. Und schließlich drittens mit Hören und Sehen. Durch die Haut der Mutter kann er nun nicht gucken, aber wer oder was da so vorbeischwimmt, bekommt er schon mit. Wenn ihm langweilig wird, wechselt er gerne mal die Lage, und mit neu erlernten Fähigkeiten, die ihm im Rahmen des allgemeinen Wachsens zuteilwerden, trainiert er seine Muskulatur zu ansehnlichen Babyärmchen und -beinchen.

Bis zur 32. Woche kann sich der Mitbewohner die Ecke aussuchen, in der er abhängen, schlafen, essen oder urinieren will. Danach ist Schluss mit lustig, denn wenn er dann nicht die Kopflage eingenommen hat, sondern mit dem Kopf nach oben und dem Steiß nach unten liegt, also die sogenannte Beckenendlage vorzieht, sind die Bedingungen für eine erträgliche und lockere natürliche Geburt arg reduziert. Das liegt an der Gefahr des Sauerstoffmangels, der beim Hinauspressen des Kindes entstehen kann. Dadurch, dass der zuerst austretende Körper des Kindes schmaler und weicher ist als dessen Schädel, findet die notwendige Dehnung des Geburtsweges nicht statt. Wenn der Steiß nun bereits geborgen wurde und der Kopf ins Becken rutscht, drückt er die neben sich liegende Nabelschnur zusammen, die ja bereits mit dem anderen Ende draußen ist. Sauerstoff off. Jetzt muss der Geburtshelfer schnell reagieren und mit geübten Handgriffen den Wurm zur Welt bringen. Manche Krankenhäuser raten bei Beckenendlage direkt zum Kaiserschnitt, sind allerdings erfahrene Geburtscracks an Bord, müsste das Baby auch so geschaukelt werden können.

Eine besondere Form der Beckenendlage kann definitiv nicht normal über die Bühne gebracht werden. In diesem Fall habt ihr nicht das letzte Wort, im anderen schon! Entscheidet ihr euch für einen Kaiserschnitt, wird allenthalben geraten, zunächst die Wehen abzuwarten, damit der Fast-Neuankömmling noch in den Genuss der von sich selbst erzeugten Stresshormone kommen darf, die ihn während der Entbindung vor einem Sauerstoffmangel schützen.

Um die Beckenendlage aufzulösen, können sturmerprobte Geburtshelfer durch eine äußere Anwendung versuchen, das Kind im Bauch zu drehen und somit zu einer Schädellage zu verhelfen. Mit beiden Händen überzeugt der Fachmann dabei mit sanftem Druck das Baby von einer Art »Rolle rückwärts«. 50 Prozent der Winzlinge lassen sich immerhin darauf ein. Ein vorzeitiges Lösen des Mutterkuchens und eine mögliche Nabelschnurumschlingung sind die Gefahren dieser aktiven Lagemodifikationsanstrengung. Zur Sicherheit steht bei derartigen Unternehmungen ein einsatzfähiges OP-Team parat.

Die »Indische Brücke« klingt ein bisschen nach einer erschreckend exotischen Mischung aus muffigem Edgar-Wallace-Film mit Heinz Drache als Ermittler und komplizierter, doch amüsanter Stellung aus dem Kamasutra. Weder noch, es bedeutet ein jeweils zehnminütiges Hochlagern von Bauch und Becken der Hochschwangeren ab der 32. Schwangerschaftswoche. Eine vorbereitende Wärmetherapie zur Entspannung, das ganze zwei Mal pro Tag, und der Braten schiebt sich im Idealfall von alleine auf die Abschussrampe. Misslingt die gymnastische Übung, die übrigens absichtlich unbequem ist, lässt sich in der 37. oder 38. Woche immer noch das Ungetüm im Bauch umdrehen.

Frühgeburt: Wer zuerst kommt, mahlt zuerst?

In der Welt der Säfte führt erst die ordentliche (Sonnen-)Reife ausgewählter Früchte zum vollmundigen und herkömmlichen Geschmack des Produkts, das dann im Tetrapack bei dir auf dem

Frühstückstisch steht. Heißt: Der Hersteller lässt unreife Früchte erst gar nicht in die Presse.

In der Welt der Menschen funktioniert der Ablauf ganz ähnlich. Transkribiert: Je reifer das Kind ist, desto besser ist die Überlebensprognose. 40 Wochen zählt im Allgemeinen eine Schwangerschaft. Von einer Frühgeburt spricht man daher, wenn die 37. Schwangerschaftswoche nicht vollendet wurde.

Heutzutage sind wir in der Lage, Babys, die die 23. Woche erreicht haben, zu »bergen« und diese medizinischen Grenzgänger zu versorgen. So ein Mini-Mini-Mini-Gnom wiegt dann gerne mal unter 1000 Gramm. Ungefähr acht Prozent der Neuankömmlinge in Deutschland sind überlebende »Frühstarter«, was unterm Strich schätzungsweise 60 000 Babys sind. Geschuldet ist dies zwei grundlegenden Versorgungszweigen: Zum einen Behandlungen, die die Reifung des Babys positiv beeinflussen und dazu führen, es länger im Bauch belassen zu können, und zum anderen dem generellen medizintechnischen Fortschritt auch und gerade im Intensivbereich.

In Zahlen ausgedrückt: Derzeit überleben bis zu 60 Prozent der Kinder, die die 24. SSW abgeschlossen haben. Eine grandiose Quote. Und selbst von den Babys, die davor zur Welt kommen, schafft es ein Drittel.

Kinder, die nach der Entbindung Komplikationen aufweisen, wie zum Beispiel Hirnblutungen, Augenprobleme, Lungenschäden, Infektionen etc., haben indes einen sehr schweren Stand. Je nach Schicksal sowie Veranlagung, Konstitution und Ausbildung des Körpers gibt es für sie die Chance, das Leben zu wählen oder es nicht zu tun und ein anderes Mal wiederzukommen. Das ist bierernst gemeint.

Probleme von »Frühaufstehern«

• Atemproblem durch unreife Lungen

Behandlung: Intubation mit künstlicher Beatmung. Ist die Frühgeburt absehbar, gibt es eine Dosis Kortison für die Mutter, wodurch die Lungenreifung des kleinen Broilers beschleunigt wird.

• Chronische Lungenerkrankung

Die Lunge ist nicht fertig ausgebildet, und schon wird beatmet.
Das ist für das Organ zu viel. Behandlung: weiterhin Sauerstoff
zuführen und Medikamente.

• Atemstillstand und langsamer Herzschlag

Ein weitverbreiteter Brauch unter den »Early Birds« und keine
Gewähr dafür, dass dein Sprössling später Apnoe-Tauch-Welt-
meister wird. Behandlung: Das wird kontrolliert und notfalls mit
Medikamenten behandelt. Zum errechneten Geburtstermin haben sie das wieder im Griff.

• Darmentzündung

Ist der Darm noch nicht fertig ausgebildet, kann eine Flut fieser
Bakterien, wenn die richtig auf den Putz hauen wollen, bis zu
einem Darmdurchbruch führen.

• Herzanomalien

Die können medikamentös oder per chirurgischem Eingriff behoben werden.

• Hirnblutungen

Sauerstoffmangel und dann auch noch superfrüh am Start – das
sind die unglücklichen Faktoren, die Hirnblutungen auftreten

lassen können. Je früher die Frühgeburt, desto höher die Wahrscheinlichkeit einer solchen Blutung. Leichte Blutungen macht der Körper mit sich selbst aus, bei stärkeren drohen wirklich ernsthafte Folgen.

● **Infektionen**

Die Anfälligkeit der fixen Babys für sämtliche Infektionen ist riesig. Doch auch hier muss dem Fortschritt Tribut gezollt werden: Ist der Blutdruck unter Kontrolle, genügend Sauerstoff im Apparat und sind die richtigen Medikamente im Spender, können die üblen Erreger ferngehalten werden!

Kündigt sich eine Frühgeburt an, findet sich zum klassischen Kreißsaalteam zusätzlich ein Kinderarzt ein. Nach der Entbindung wird der Winzling prompt vom Kinderarzt untersucht, und erste Versorgungsmaßnahmen werden eingeleitet. Dann geht's auf die Frühgeborenen- oder – je nach Zustand – auf die Intensivstation. Noch beatmet wird das Frühchen dann zumeist der Mutter auf den Bauch gelegt, wo es sich am wohlsten fühlt und wo es am gesündesten ist: Kreislauf und Atmung werden nämlich durch den Hautkontakt unweigerlich belebt. Das bedürftige, zerbrechliche Wesen wird auch im weiteren Verlauf der Behandlungen vom medizinischen Team liebevoll umsorgt.

Damit der »Sprinter« durch das permanente Blutabzapfen nicht unter Stress gerät, wird ihm kurzerhand eine Zuckerlösung verabreicht, die – wie das Stillen auch – sehr beruhigend auf den Zwerg wirkt. Umsichtig wird sogar der Lärm reduziert, den die Ventilatoren der unterschiedlichen Gerätschaften auf der Station verursachen, die in unmittelbarer Nähe zum Brutkasten oder zur Schlafstätte des Frühchens stehen. Alles, damit bei den kleinen

Patienten keine unnötige Aufregung entsteht. Doch bei all diesem Abgeschottet-Sein dürfen positive Reize nicht fehlen. Und so wird den freiwillig früher ausgezogenen Mietern mit einem Schnuller und mit Berührungen durch das Medizinteam verständlich gemacht, dass es da draußen hinter den Wänden und Glasscheiben unendlich viel zu entdecken geben wird.

So löblich und revolutionär die medizinischen Entwicklungen sein mögen, manchmal bleiben Spätfolgen der vorschnellen Entbindung bei den ehemals »schnellen Brütern« nicht aus. Sie werden im weiteren Leben oft konfrontiert mit vorübergehenden motorischen Störungen, Rechenproblemen oder Lesebehinderungen. Damit ist das Maß leider noch nicht voll, denn zumeist gehen Frühchen-Behandlungen mit Beatmungen einher, die bei manchen zu Bronchienproblemen führen oder sogar Asthma entstehen lassen. Auf die üblichen Auslöser einer Frühgeburt habe ich hier und da in diesem Buch bereits hingewiesen. Noch mal kurz für dich in diesem Kontext:

- Fruchtwasserinfektion, die zu frühzeitigen Wehen und einem Blasensprung führen kann.
- Spezielle Erkrankungen der Mutter während der Schwangerschaft
- Mehrlingsgeburt steht an: zu wenig Platz im Bauch oder Unterversorgung, da zu viele Lebewesen hungrig sind und nicht genügend Stoff für alle ausgegeben werden kann.
- Muttermundschwäche
- Stress und Sorgen
- Unterversorgung der Plazenta
- Rauchen

Die körperliche Entwicklung deines Babys

Jetzt sieht dein Nachwuchs schon aus wie deine eigene Mutter, so genau ist die Zeichnung des Gesichts, das mit klimpernden Wimpern und geschwungenen Augenbrauen glänzen kann. Ebenfalls neu im Fähigkeitensortiment: die »Becker«-Faust. Babys sind eben von Natur aus Gewinner! Die fast fertige Backmischung nimmt nun ganz konkrete Geräusche von außen wahr, immer wiederkehrende Musikstücke oder aber auch deine Stimme. Direkte Ansprachen, Predigten und kunstvoll präsentierte Monologe deinerseits zum Kind sind nun möglich, vielleicht sogar gewünscht, bedeutet: Fernseher aus und genüsslich und sorgfältig den Jahreskicker mit allen Bundesligamannschaften, Neueinkäufen und Abgängen runterbeten. Den Freunden mit den telepathischen Talenten kann ich nur empfehlen, mal die Hand auf den Bauch zu legen und im Geiste Kontakt zu eurem Kind aufzunehmen. Ist es wach, wird es euch antworten. Ansonsten haut der Klopper jetzt noch mal richtig rein und frisst wie ein Scheunendrescher. Der Wachstumsschub ist enorm, Ärmchen und Beinchen erreichen den Status Michelin-Männchen.

Bitte nehmen Sie Ihre Startposition ein – das lässt sich die Rakete, die da jetzt auch definitiv rauswill, nicht zweimal sagen und dreht sich kopfüber zum Becken hin. Zum Start der Geburt muss dann das 40 Wochen gereifte Fitnessknäuel genauso mitarbeiten wie die Mutter als Aktivpart, der Papa als Mental-Coach und das Geburtshilfeteam an übergeordneter Position. Ja, und dann siehst du den fertigen Menschen, mit allem Drum und Dran, und der Kracher ist, er sieht dir tatsächlich irgendwie ähnlich.

Zwei Filme, die du sehen musst

Beide sind sowohl vor als auch nach der Geburt deines Kindes lehrreich und amüsant.

Sehr empfehlenswert ist die 2007 erschienene DVD »Ein Leben beginnt«. Die Dokumentation zeigt die Entwicklung von Kindern in ihren ersten zwei Lebensjahren. Eltern erklären ihre Problemwelten, von Schlafen bis Schreien, und die Experten geben Antworten. Zu erhalten bei der »Deutschen Liga für das Kind«. Preis inklusive Versand: 12 Euro.

Ein anderes Genre, und entsprechend ein schöner Kontrast, ist der Film »Drei Männer und ein Baby«. Den gibt es einmal als französische und einmal als amerikanische Produktion, letztere mit Tom Selleck. Uralt, die Klamotte, aber ein Klassiker der Komödien über überforderte Männer.

Perinatal – Bei der Geburt

Das Finale

Fruchtblasenplatzen oder Wehenalarm: Der Contest

Wenn ihr bei so einem unsinnigen Spiel angekommen seid wie dem »Fruchtblasenplatzen-Contest« oder dem »Wehenalarm«, dann habt ihr es fast geschafft. Zum Ende der Schwangerschaft zieht sich das Warten auf den neuen kleinen Menschen doch arg in die Länge, und um sich die Zeit sinnlos, zumindest aber zu vertreiben und somit die Laune zu halten (das wird zum Ende nämlich für alle Beteiligten zermürbend), haben meine Frau und ich diese Wettspiele entwickelt. Jeden Tag zahlt jeder einen Euro in die Kasse und gibt seine Prognose zur Wahrscheinlichkeit des Platzens oder des Weheneinsatzes ab. Einer muss natürlich für JA stimmen, der andere für NEIN. Derjenige, der an dem Tag, an dem die Blase platzt oder eben die Wehen einsetzen, auf JA gesetzt hat, bekommt den gesamten Jackpot und darf sich dafür was nur für sich kaufen. Geiles Spiel? Danke! Meine Frau hat immerhin acht Euro verdient. Die liegen hier noch. Mal sehen, was sie damit machen will…

Der Klinikkoffer: Das ultimative Line-up für sie

In der 35. Woche ist es legitim, den Klinikkoffer zusammenzustellen. Im Notfall ist dann nämlich alles gepackt, und du kannst mit ihr losdüsen. Unter uns Pastorentöchtern: Zur eigentlichen Geburt braucht man nichts! Also lass dich nicht nervös machen von irgendwelchen langen Checklisten.

Dennoch ist es hilfreich zu differenzieren: Entbindet deine Partnerin ambulant, musst du *alles* mitnehmen wie die notwendigen Unterlagen (Personalausweis, Mutterpass, Familienbuch und so weiter), Autositz, Strampler für Babys Heimfahrt etc. Folgt nach der Geburt noch ein längerer Krankenhausaufenthalt oder checkt ihr anschließend in ein von Hebammen betreutes Krankenhaushotel ein, damit du mit dabei sein kannst, musst du Wäsche für mehrere Tage mitnehmen, ebenso für dich. Also, pack den Koffer am besten so, dass du nicht gleich wieder abdüsen musst, um dieses oder jenes zu holen. Wenn ihr wirklich 80 Kilometer vom nächsten Krankenhaus entfernt wohnt, dann pack das Auto mit allem voll, um sicher zu sein, nichts vergessen zu haben.

So, und da du individuell abwägen musst, habe ich eine komplette Liste zusammengestellt, aus der du dann beliebig streichen kannst, wenn du zum Beispiel sowieso abends zu Hause schläfst. Comprende? Gut. Los geht's.

□ Mutterpass, Personalausweis, Heiratsurkunde, oder wenn ihr nicht verheiratet seid, die Geburtsurkunde, Familien-Stammbuch und die Krankenkassenkarte

□ Waschzeug (Duschgel, Shampoo, Zahnpasta und -bürste, Deo, Creme, Lippenpflegestift, Bürste)

□ Pantoffeln

☐ für die Entbindung: ein olles Hemd oder ein weites T-Shirt

☐ Still-BH – eine Nummer größer als im sechsten Monat kaufen, nach dem Milcheinschuss lässt Katie Price grüßen.

☐ Unterwäsche – von Strings würde ich leider absehen, acht kochfeste Slips sind ausreichend.

☐ warme Socken

☐ Bademantel

☐ zwei Nachthemden, Schlafanzugoberteile oder weite Hemden für das Wochenbett

☐ Kleidung für die Heimfahrt – kann jetzt enger sein, also etwas, das im fünften/sechsten Monat gepasst hat.

☐ Handy für die SMS (siehe entsprechenden Abschnitt in diesem Buch, Seite 151), iPod (vielleicht mit ein paar Podcasts oder Hörbüchern oder sogar Filmen vollladen) und ein paar Euro

☐ Body, Strampler, Decke, Mütze und Socken für den neuen Erdling, der in einem Autositz (Maxi Cosi) transportiert werden muss. Wenn der Wurm im Winter kommt, müsst ihr entsprechend aufrüsten: Jacke, Säuglingshandschuhe, Hose, warm haltende Mützen und Schneeanzüge.

Erweiterte Liste:

☐ Musik-CD für den Kreißsaal. Wie wäre es mit der herrlichen Gebärhymne »Schrei« von Tokio Hotel ...

☐ Binden – gibt's aber auch im Krankenhaus.

☐ Zwei Waschlappen – gibt's auch im Krankenhaus.

Der Klinikkoffer: Das ultimative Line-up für dich

☐ Jeans und T-Shirt – leicht und bequem, Kreißsäle sind nämlich arg geheizt.

- ☐ Müsliriegel und Bananen – Energielieferanten fürs Durchhalten
- ☐ Geld für Getränke – haben sie aber in der Regel auch für werdende Väter im Hospital parat.
- ☐ Fotoapparat, Handy und wenn möglich einen MP3-Rekorder zum Aufzeichnen der Geburt

Dir kann ich nur empfehlen: Wenn deine neue kleine Familie über Nacht oder sogar noch länger im Hospital bleiben muss, verbringe so viel Zeit wie möglich mit ihnen. Das sind unvergessliche Momente. Mich haben sie damals um zwei Uhr nachts von der Station verwiesen, aus Rücksicht auf die übrigen neuen Mütter. Als meine Frau und meine Tochter schliefen, habe ich den Tag Revue passieren lassen und alles niedergeschrieben. Mit Tränen in den Augen. Mein Tipp: Selbst wenn du in deinem Leben nie wieder etwas Tagebuchähnliches schreibst oder schreiben willst, tu es in dieser Nacht!

Seepferdchenpaare bleiben ein Leben lang zusammen. Das Männchen trägt die Eier aus. Ist es wohl deshalb so?

Mögliche Gebärpositionen

Während du beim Kauf einer Immobilie die exklusive Lage teuer zu erstehen hast, könnt ihr in der unauffälligen Einrichtung, wo dein Kind zur Welt kommen soll, ohne Kostenaufschlag die Lage bestimmen. Das Wie, die Entscheidung, in welcher Position das

Baby entbunden wird, muss deine Partnerin jedoch angeben. Und deswegen sollte sie sich darüber schon im Vorfeld Gedanken machen! Du kannst hierbei »nur« Kopfnicker, Händchenhalter und Unterstützer sein. Sie drückt es raus, also soll sie sagen, in welcher Position ihr das rein theoretisch am liebsten ist. Praktisch kann sie notfalls immer noch die Stellung wechseln. Wie ich schon im Kapitel »Pränatal« zum Thema »Geburtshäuser« (Seite 73) geschrieben habe, ist das Gebären in allen menschenunwürdigen Gymnastikübungen denkbar. Siegt die Kreativität oder wird es ein Triumphzug des Gewöhnlichen, des Herkömmlichen, bei dem man sich sicher und wohlfühlt?

Der Klassiker – liegend

Deine Frau liegt auf dem Rücken und spreizt die Beine. Du stehst am Kopf, unterstützt seelisch durch Liebkosungen, Streicheleinheiten und andere Zärtlichkeiten, die dir spontan einfallen, und motivierst deine Frau, während auf der gegenüberliegenden Seite ein Arzt und zumeist zwei Hebammen das langsam rausgleitende Kind entgegennehmen. Mein Gott, klingt das nicht wunderbar kitschig und richtig gemütlich? Fast wie ein Stillleben.

Der Gebärstuhl/Gebärhocker

Prinzip Klo. Keine Lehne und eine üppige Aussparung für das anstehende Ergebnis eurer Tat vor 40 Wochen. Deine Partnerin sitzt aufrecht und unbequem. Sie kann von dir von hinten gestützt werden, sollte sie das in dieser Situation mögen. Der Gebärstuhl ist ein Gebärgeheimtipp, wenn man mal ein komplettes medizinisches Team auf dem Boden sitzen sehen will!

Vierfüßerstand

Viele Naturvölker schwören darauf, warum nicht auch wir? Vierfüßerstand bedeutet, dass deine Frau auf allen vieren zum Beispiel im Bett hockt. So ploppt das Kind erleichtert durch das Gesetz der Schwerkraft hinaus – es wird natürlich aufgefangen –, und die Mutter braucht kein Hohlkreuz vorzuturnen. Für die Hebamme ist diese Position cool, da sie auf diese Art gut agieren und etwa idealen Dammschutz betreiben kann.

Sprossenwand

Sonst in jeder einigermaßen gut sortierten Turnhalle zu finden, verfügen auch allerhand Geburtseinrichtungen über diese Sportgeräte. Bei der Geburt kann sich die pressende Mutter daran festhalten und wieder mal dem unglaublichen Vorteil der ansonsten teilweise so unnachsichtigen Schwerkraft frönen. Kniend oder hockend festgehalten eruiert die Schwangere für sich, welche Position schmerzärmer und bequemer zur Entbindung ist.

Romarad

Eine Klappstuhl-Hängematte mit einem Monster-Drahtgestell drum herum. Ziemlich angsteinflößend und nicht unbedingt passend zum eigenen Interieur zu Hause. In diesem Geburtsgestell kann deine Frau liegend oder sitzend dein Kind gebären. Aufrecht sitzend dürfen wir hier wieder mal – ich weiß, das ist tierisch langweilig, aber bisher hat sich noch keiner was anderes Verrücktes einfallen lassen – dem Vorteil der Schwerkraft huldigen und auch dem gerne beschworenen Hohlkreuz eine Absage erteilen. Für die unendlich langen Fesseln deiner Frau gibt es eigens dafür angefertigte Laschen, die während des Pressens festen Halt geben und somit die Entbindung positiv befeuern.

Ritueller Tanz

Bauchtanz. Ja, wer hätte das gedacht, das ist ein alter orientalischer Gebärtanz. Dann viel Spaß im Kreißsaal… Kannst dich ja im Vorfeld mal durch die aktuellen Charts des Jemen, der Vereinigten Arabischen Emirate und des Irans hören, damit dein kleiner mit Pailletten behangener Raschelbrummer auch durch den adäquaten Klangteppich in Stimmung kommt. Ich persönlich kenne keine Frau, die per Bauchtanz ihr Kind zur Welt gebracht hat. Schreib mir, wenn deine Partnerin es tut!

Auf dem Boden

Erdige Angelegenheit. Wer es sehr ursprünglich will, kann sein Kind auf dem Boden zur Welt bringen – vorausgesetzt, die Entbindungsstation macht das mit. Schwierig ist dies in erster Linie für das Fachpersonal, das sich da auf dem Boden tummeln muss, ansonsten eine durchaus erfrischende Angelegenheit. In diesem Rahmen wäre es doch mal anzuregen, im Sommer mit Open-Air-Geburten Patienten zu generieren. Geburt unter freiem Himmel im angrenzenden Krankenhauspark oder als Entbindungsreise in ein tropisches Geburtscamp. Ich denke da noch mal drüber nach. Da bahnt sich eine sensationelle Geschäftsidee an.

Der Gymnastikball

Oder auch Pezziball genannt. Der ist ohnehin längst »Part of the Team«, da er gerne während der Muttermundseröffnung eingesetzt wird. Deine entbindende Partnerin sitzt mit gespreizten Beinen auf diesem Gummiball, du hältst sie von hinten fest, kannst ihr gegebenenfalls auch noch mal den Rücken massieren, und los geht's. Nix für Fans von Schwerelosigkeit, auch hier wirkt die vorteilhafte Schwerkraft.

Das Hightech-Kreißbett

Harmlos, ja banal sieht es auf den ersten Blick aus, doch dann sind es eben diese drei unterschiedlich verstellbaren Bettteile, die einen ins Schwärmen geraten lassen. Das Kreißbett ist die Weiterentwicklung des schnöden, überall erhältlichen Betts. Kopfteil, Mittelteil mit Aussparung für das kommende Baby und Fußteil sind alle separat verstellbar. Nun meinen ja viele Profis, dass das Liegen wegen der ignorierten Hilfe der Schwerkraft eher eine ungeschickte Position sei – pas de problème, per Knopfdruck wird aus der schnuckeligen Liegewiese ein bodenständiger und unbequemer Gebärhocker. Da flutscht es doch gleich besser, und du kannst dich wieder am Kopfende verstecken, damit du a) deine Partnerin halten kannst und b) dir das Schauspiel nicht von Nahem geben musst. Gut!? Im Fall einer komplizierten Geburt, bei welcher der Arzt mit anderen Kalibern wie Saugglocke oder Ähnlichem arbeiten muss, lassen sich die Beine deiner Frau in dort installierten Laschen lagern. Ebenfalls dankbar ist die Teilung des Betts, wenn es um die Bearbeitung des Damms geht. Sowohl massierend und vorbereitend vor und während der Geburt als auch wieder flickend nach der Geburt. Es bietet der Hebamme eine elegante Zugriffsmöglichkeit, und alles spielt sich auf einer feudal-idealen Höhe ab. Betäubungen lassen sich hier ebenfalls herrlich verabreichen, sollte es noch mal eine Nummer härter werden. Du siehst, das Kreißbett ist ein Bett für alle Fälle. Ich würde, unsere Tochter ist nämlich auch auf so einem Teil entbunden worden, immer wieder dafür plädieren. Aber mich fragt ja keiner…

Wassergeburt

Du kennst Nirvanas »Nevermind«-Album? Logisch, ist ja »Smells Like Teen Spirit« drauf. Das Cover ziert ein Baby unter Wasser.

Mit offenen Augen. Ein Schwindel? Eine Nachbearbeitung am Rechner? Nein. Real. Babys sind automatisch vom Händler mit einem Tauchreflex ausgestattet, der dafür sorgt, dass sie unter Wasser nicht Luft holen. Und deshalb ist auch so eine moderne Wasserlandung möglich. Allerdings klappt das mit dem Reflex nicht mehr so, wenn sie einmal aufgetaucht sind. Im Großen und Ganzen läuft der Rest der Entbindung im Wasser genauso wie an Land ab. Kein Unterschied. Vorteil hier: Das warme Wasser lindert die Wehenschmerzen deiner Frau! Selbst einen Dammschnitt macht die Amphibienhebamme mit Taucherbrille locker unter Wasser. Ist dein Kind an Land, wird auf den Mutterkuchen gewartet. Mag der sich noch nicht lösen, geht's erst mal ab unter die Dusche, und dann wird mit festem Boden unter den Füßen an Land weiter gewartet. Außerhalb des Wassers, sozusagen im Dock, werden mögliche Geburtsbeschädigungen am Mutterschiff wie Schnitte oder Risse medizinisch versorgt. Bei Wassergeburten wohl eher seltener auf der Agenda, aber man weiß ja nie. Deiner gebärenden Nixe werden die Hebammen wahrscheinlich einen anständigen liegenden Venenzugang verpassen, da bei möglichen Problemen dann umgehend ein wehenhemmendes Mittel in die Blutbahn geschossen werden kann und keine Verzögerungen entstehen. Und wenn die Mädels im Kreißsaal was für die Wasserqualität machen wollen, dann empfiehlt sich ein vorgeburtlicher Einlauf, nicht so sehr als Augenweide, vielmehr als Anti-Verunreinigungsmaßnahme für das Wasser gedacht. Neben den ja schon fast ausgelutschten unterstützenden Aktivitäten für deine Frau, die du hoffentlich mittlerweile auf dem Schirm hast, kommt hier eine weitere dazu: Baywatch! David Hasselhoff. Du! Die Schwimminsel sollte niemals alleine im Raum bleiben. Auch wenn bei den körperlichen Ausmaßen das Ertrinken ziemlich schwerfällt, es könnte dennoch passieren. Also, Bademeister, immer schön in der Nähe bleiben und notfalls den Rettungsring werfen. Ein ganz normales Bett zu Entbindungszwecken steht in ausgesuchten Entbindungseinrichtungen ohnehin bereit. Wie bei euch zu Hause im Garten muss der Pool frei stehen und von allen Seiten begehbar sein. Alles andere wäre Mist. Die angebrachten Lichtquellen dürfen sich nicht im Wasser spiegeln, und hygienisch muss das Planschbecken auch sein. Das kannst du im Kreißsaal noch mal checken beziehungsweise das Personal fragen, ob da an alles gedacht wurde. Damit machst du dir vielleicht nicht unbedingt neue Freunde, aber du brauchst ja auch keine mehr. Dein bester wird ja in Kürze geboren...

Durchschnittlich planschen die Damen knapp drei Stunden, bevor sie zu zweit in der Wanne schwimmen und das Wasser wieder abfließen darf! Der Badespaß lässt sich jederzeit von der Mutter abbrechen – und während das CTG den kleinen Nichtschwimmer kontrolliert, auch vom medizinischen Expertenrat, der da am Beckenrand rumwuselt.

Badeverbot herrscht übrigens bei der viel beschrienen Beckenendlage (siehe gleichnamigen Abschnitt, Seite 110), bei einer HIV-Infektion oder Ansteckung mit Hepatitis oder Herpes, bei einem unterversorgenden Mutterkuchen, bei einem Riesenbaby im Bauch, bei einer PDA oder bei Müttern, die bereits früher komplizierte Schwangerschaften erlebt haben.

Los geht's

Wie auch immer es passiert, es passiert! Das Kind muss raus!

Der Blasensprung

Kurze Erklärung: Dein zukünftiges Familienmitglied hält sich die ganze Zeit tapfer, rundum versorgt und für umsonst im herzhaft leckeren, aber nicht für den herkömmlichen Gebrauch gedachten Fruchtwasser. Dieser edle Tropfen ist die flüssige Füllung der sogenannten Fruchtblase, die bei den meisten Frauen mit Ende des ersten Wehenstadiums platzt (»Blasensprung«). Bei anderen Frauen bricht die Blase, ohne dass die Wehen bereits eingesetzt haben – in diesem Fall wird von einem vorzeitigen Blasensprung gesprochen, beliebt im Zeitraum vor der 37. Woche.

Gut. Nun ist es also so weit. Auf diesen Augenblick habt ihr etwa 40 Wochen hingearbeitet. Die Fruchtblase ist geplatzt (Na, wer hat wie viel Euro gewonnen?), und/oder die Wehen haben eingesetzt, und nun ist eines sicher: In Kürze ist der Zwerg auf der Welt. Es kann sich nur noch um Stunden handeln.

Floskel Productions, schönen guten Tag:
»Keine Panik!«

Ob du die Kleine ins Krankenhaus kutschieren darfst oder doch lieber einen Notarztwagen rufen solltest, verrät dir der aktuelle Lagebericht, den deine Frau garantiert auf Knopfdruck runterbeten kann. So viel Zeit muss sein.

Für dich als Beispiel: Wenn meinetwegen die Fruchtblase zu einem Zeitpunkt platzt, in dem das Baby schon fest mit dem Kopf im Becken liegt – diese Info gibt es nur frisch vom Frauenarzt oder von der Hebamme –, dann herrscht weder Alarmstufe Rot noch Ausnahmezustand, denn dadurch ist die Möglichkeit eines Nabelschnurvorfalls (heißt: Die Nabelschnur rutscht vor den Kopf des Kindes und wird durch das Nachdrängen eingeklemmt. Folge: Sauerstoffmangel!) gebannt. Entsprechend kannst du getrost den restlichen Burger vertilgen, deinen Teller spülen, die Taschen auf die Rückbank werfen, deiner Partnerin unter die Arme greifen und sie mit dem Auto ins Wunschkrankenhaus fahren. Die Reisegeschwindigkeit würde ich an deiner Stelle davon abhängig machen, ob die Fruchtblase ohne Weheneinsatz geplatzt ist oder mit. Bei Letzterem ließe sich über das Tempo zweifellos diskutieren.

Wenn das »Wasser des neuen Lebens« ausläuft, braucht deine Partnerin dringend eine Binde. Solltet ihr also vorrätig haben. So lässt sich außerdem die Farbe der Flüssigkeit (klar und gelblich, anfangs könnte ein wenig Blut mit dabei sein) ermitteln. Wenn es für ihr Empfinden zu viel Fruchtwasser ist (mehr als ein frisch gezapftes 0,3-Liter-Pils) oder der Kopf des Babys noch nicht fest im Becken liegt, dann musst du deine Frau prompt auf den Boden manövrieren, das Becken hochlagern und einen Krankenwagen oder -transport rufen. Entscheidend ist es, auf die Signale des Kindes zu achten: Reagiert es normal – keine Eile! Reagiert es panisch und strampelt hektisch oder überhaupt nicht, muss das

Becken deiner Frau so hoch wie möglich gehievt werden, so dass der Bauch viel tiefer liegt.

Bei sehr großem Fruchtwasserverlust bitte auf ein Handtuch umsteigen. Sieht zwar bescheuert aus, ist aber besser als völliges Durchnässen. Und deine Designer-Autositze aus gebürstetem tansanischem Antilopenleder werden es dir danken.

Im Krankenhaus wird generell erst mal ein CTG (Cardiotokographie) gemacht, sprich die Herztöne werden überprüft. Zugleich kontrollieren die Hebammen die Wehentätigkeit deiner Frau. Wenn die Blase geplatzt ist und die Wehen nicht eingesetzt haben, dann steigt die Gefahr einer Ansteckung. Von daher darf das Baby auch nicht länger als zwölf Stunden nach dem Sprung noch im Bauch bleiben. Versorgt wird der kleine Pupser weiterhin über die Nabelschnur, also über die Mutter, und dümpeln kann er nach wie vor im restlichen Fruchtwasser, das nicht ausgelaufen ist. Wie ein Korken sitzt er vor dem Muttermund und verhindert so das weitere Abfließen.

Nun wird auf die Wehen gewartet oder diese werden eingeleitet. In Deutschland ist es nicht sehr verbreitet, die Frau nach einem Blasensprung wieder nach Hause zu schicken, wenn alles in Ordnung ist. Manche Krankenhäuser verfügen über ein eigenes Mini-Hotel, das ausschließlich für werdende Eltern konzipiert ist und den Zweck verfolgt, vor und nach der Geburt Privatsphäre zu ermöglichen – medizinisch betreut. Entweder ihr vertreibt euch dort die Zeit oder eben im Krankenhaus. Weiter geht's.

Warten auf die Wehen

Weil du, Cleverle, dieses Buch durchgelesen hast, zauberst du nun für deine Frau einen iPod aus dem Ärmel und bietest ihr an, einen Film zu sehen, Musik zu hören oder einem Hörbuch zu lauschen. Es könnte halt noch ein bisschen dauern!

Einige schwangere Frauen kommen überhaupt nicht in eine zermürbende Warteschleife. Die Blase platzt, die Wehen setzen ein, und die wochenlang herbeigesehnte Geburt kann starten. Bei anderen birst die Blase, aber die Wehen bleiben aus. Dann heißt es: Abwarten!

Eure persönlichen Sachen sind bereits im Schließfach im Krankenhaus, den Kreißsaal durftet ihr auch schon vorab besichtigen, und jetzt heißt es Zeit totschlagen. Wie bereits erwähnt – MP3-Player zücken oder lesen oder ein wenig spazieren gehen. Wenn deine Freundin Schmerzen hat, kannst du sie massieren, einige geeignete Handgriffe hast du sicherlich im Geburtsvorbereitungskurs gelernt. Der Klassiker ist das Kneten der Mutterbänder im unteren Drittel des Rückens, links und rechts neben der Wirbelsäule. Dir muss Folgendes klar sein: Wenn du im Leben noch kein Alleinunterhalter warst, dann wachse in diesem Augenblick mal über dich hinaus und versuche die Situation aktiv mitzugestalten! Unterhalte deine Frau. Lenk sie ab. Mit Geschichten, die du ihr noch nie erzählt hast. Mit dämlichen Witzen oder beknackten Sprüchen wie zum Beispiel: »Ich als Scientologe möchte gerne, dass dies eine stille Geburt wird. Also, streng dich an.« Oder: »Hey, stört dich doch nicht, dass gleich noch ein paar Kumpel von mir kommen. Die haben so was hier bislang nur im Fernsehen gesehen.« Was immer geht, sind Jonglierkunststückchen mit Urinflaschen und Binden, oder auch Harlekineinlagen, bei denen du in ein zweckentfremdetes OP-Hemd schlüpfst und dir einen Gummihandschuh über den Kopf ziehst, sind sehr beliebt. Meine Frau fand das super (glaube ich zumindest...). Die Frisur hat natürlich darunter gelitten, also meine, was dann leider durch die Fotos direkt nach der Geburt für die Ewigkeit festgehalten wurde. So was zählt zu den Anfängerfehlern von uns eitlem Geschlecht (sind wir doch mal ehrlich). Also ruhig noch mal richten und alles geradeziehen, wenn der kleine Knödel rausrollt. Immerhin sieht dich dein Kind in diesem Moment zum ersten Mal. Und der erste Eindruck muss stimmen. Das wissen wir ja alle. Deine Partnerin wird dir mitteilen, wenn ihr das Unterhaltungsprogramm reicht. Wichtig: Biete ihr was an! Mach dir ruhig ein paar Wochen vorher Gedanken, womit du sie unterhalten kannst, dann musst du nicht nur improvisieren, und sie wird es zu schätzen wissen, wenn sie merkt, dass du dich vorbereitet hast.

Die Wehen

Also, bevor es zum Showdown im Krankenhaus, im Geburtshaus, oder wo auch immer ihr das Kind zur Welt bringen wollt, kommt, setzen die Wehen ein. Vor- und Senkwehen hat deine Partnerin bereits hinter sich. Das sind nämlich diese seltsamen Bauchverhärtungen, im Konzert mit einem unangenehmen Zwicken und Ziehen, wie sie im letzten Drittel der Schwangerschaft öfter mal auftreten. Diese haben zweierlei Gründe: Zum einen bereiten sie die Muskulatur auf den außerordentlichen Geburtsvorgang vor, zum anderen schieben sie das Köpfchen des Babys schon mal in Richtung Beckeneingang, streng nach der Devise: Bitte nehmen Sie Ihre Startposition ein!

Wie kannst du zwischen vorbereitenden und echten Wehen unterscheiden? Der Wehen-Lackmus-Test, exklusiv hier nur für dich: Lass deiner Frau ein warmes Bad ein. Senk- und Vorwehen lassen nach, die miesen, die echten Wehen verstärken sich.

Im Geburtsvorbereitungskurs lernst du natürliche Schmerz-linderungsverfahren, um deine unter Wehen leidende Partne-rin tatkräftig zu unterstützen, ebenso wird hier auch das Thema PDA (Periduralanästhesie) akut. Sollte sich deine Partnerin für eine solche Lokalbetäubung entscheiden, muss sie dies besten-falls rechtzeitig im Krankenhaus den Hebammen mitteilen, da es nicht selten vorkommt, dass der Schrei nach einer PDA zu spät kommt und diese vom Arzt nicht mehr gesetzt werden kann, weil der Geburtsvorgang dann schon zu fortgeschritten ist. Also ru-hig beim Eintreffen ins Krankenhaus das entsprechende Formu-lar ausfüllen!

Schmerzlinderungstipps für die Geburt:
Wenn du die Situation im Griff haben willst, dann halt dich lie-ber raus. Gerade im Bereich Schmerzen, die sich von Minute zu Minute steigern. Es hilft auch kein Knock-out deiner Frau vor der ersten Runde. Dafür haben ganz schlaue Leute sich Gedan-ken gemacht, den Boxhandschuh eingepackt und was zusam-mengebraut, das ganz sicher, oder so ähnlich, funktioniert.

Generell ist es für deine Frau vorteilhaft, einen Plan zu haben. Allein das lindert bereits die Schmerzen! Bücher wie dieses hier, Geburtsvorbereitungskurse, Filme oder Geschichten einer erfah-renen Geburtsmaschine sind Balsam für das strapazierte Nerven-kostüm deiner Frau. Das magst du verstehen, das Nächste hast du aber sicherlich noch nicht bedacht: Geburtsschmerz bedeu-tet im weiteren Sinn auch Trennung. Monatelang schleppt deine Frau mehrere Kilo mit sich herum, geplagt von Übelkeit, Müdig-keit und Hämorrhoiden, und muss zusehen, wie ihr gesamtes Äußeres kurzerhand explodiert. Doch bei all den Leiden turnt da munter ein kleiner Mensch in ihrem Bauch, und du wirst sie diverse Male dabei ertappen, wie sie gerade die Hand auf ihren Bauch legt, lächelt und zu eurem Kind spricht. Von dieser Symbiose, dieser absoluten Zweisamkeit muss sie sich langsam verabschieden, und das bereitet ihr psychische Schmerzen, denen jedoch etwas sehr Positives innewohnt. Rede darüber mit deiner Frau. Mach das Fass auf. Das wird ihr guttun. Liebesbekundungen und Streicheleinheiten auch. Warm und liebevoll war nicht nur ich zu meiner Frau, auch die uns betreuenden Hebammen zeigten keine Scheu, ihr die Wange zu streicheln und sie in den Arm zu nehmen.

Diese Aufmerksamkeit und Zuneigung haben schließlich auch dafür gesorgt, dass meine Frau gar nicht großartig über mögliche Schmerzmittel nachgedacht hat. Es war ja immer jemand für sie da, mit dem sie den Horror irgendwie teilen konnte.

Wichtige Grundsatzregel für dich:

Du hältst den Schnabel, wenn es um die Einschätzung der Schmerzen geht. Wir harten Hunde, die nur bellen und selten beißen und noch weniger aushalten als die Frauen, können uns das beim besten Willen nicht vorstellen und wollen es auch nicht. Schmerzempfindlichkeit ist individuell. Basta. Da gibt es keine zwei Meinungen. Und so ist es an der Dame von Welt, selbst zu ermessen, ob sie ein Schmerzmittel verabreicht bekommen möchte oder nicht. Weder gibt es hier einen Blumentopf fürs Durchhalten zu gewinnen noch einen für eine satte Lage Tabletten, um sich lokal zu betäuben.

Der Geburtsschmerz erscheint am Horizont des Empfindens – was kannst du tun? Rate deiner Frau zum Umhergehen, zum Bauchtanz oder lass sie auf den Gymnastikball klettern und das Becken kreisen – jegliche Bewegung ist entkrampfend, die aufrechte Position ist spitzenmäßig, da der kleine Kinderschädel die ganze Zeit auf den Muttermund drückt und dieser sich so langsam öffnet. Was soll er auch anderes machen?

Dicht gefolgt wird die Schmerzlinderung durch Bewegung von einem entspannten Bad in der Wanne. Laues Lüftchen, warmes Wasser, da ist deine Frau wieder ganz Mensch. Ihr Schmerzempfinden nimmt im Wasser ab, und so sehen sich viele schwangere Frauen schon beim ersten Wehenfeuer im angenehm temperierten Nass.

Ist deine Frau Schmerzlinderungsgourmet auf natürlicher Basis, ist ein herkömmliches Krankenhaus oft überfordert, denn nur vereinzelt werden dort Akupunktur und homöopathische Anwendungen angeboten. Von Aromatherapie, Bachblüten, Reflexzonenmassagen oder Hypnose ganz zu schweigen. Da schau mal lieber in Geburtshäusern nach oder hol dir solche Experten nach Hause zur Heimgeburt!

Sicher fühlen sich die Schulmediziner natürlich auf ihrem Terrain und laden herzlich ins Chemielabor. Was haben wir da? Zum Beispiel Spasmolytika, die mit Vorliebe verschlossene und verkrampfte Pforten öffnen, wie einen noch zu festen Muttermund während des feierlichen Openings. Gibt es in zwei modischen Darreichungsformen: als Spritze und als Zäpfchen.

Der Giftschrank hat für die Schmerzen während der Geburt noch eine erweiterte Variation von entkrampfenden Mittelchen parat, die zusätzlich analgetisch sind. Dieser Zusatz bedeutet schmerzlindernd.

So ein echter Schmerzkiller aus dem Labor ist Dolantin, das entweder in den Oberschenkel oder in den Po gepfeffert wird. Das Zeug wird dann verabreicht, wenn allen Beteiligten klar ist, dass der Spaß eh noch ein bisschen dauern wird. Es verbreitet seine Wirkung innerhalb von 15 Minuten und hält bis zu vier

Stunden an. Der kleine Brüter im Bauch darf dabei ruhig noch ein bisschen auf sich warten lassen, da das Mittel bestenfalls erst einmal von der Mutter verarbeitet wird und sich nicht auf dein Kind überträgt. Wirkt es sich auf dein Baby aus, drohen Atemschwierigkeiten.

Auf Platz eins der Schmerzlinderungscharts steht unangefochten die PDA, die Periduralanästhesie. Eine Betäubungsspritze, die unweit des Rückenmarkskanals gesetzt wird, von wo aus die Betäubung abwärts ausstrahlt bis in die Fußspitzen. Über einen bereits anfangs gelegten Katheter bei der ersten Verabreichung gibt es eine Art Refill-Service, und es kann bei Bedarf gerne nachgelegt werden. Beim Spritzen muss deine Frau ganz still nach vorne gebeugt sitzen – eine echte Herausforderung unter Wehen, habe ich gehört.

Mit der PDA in der Tasche hat die Schwangere null Schmerzen, ist nach wie vor mobil, spürt die Wehen, nur eben nicht als Leid, und kann aktiv der Geburt beiwohnen und mitarbeiten. Runde Sache also. Dumm ist nur, wenn die PDA nicht so gesetzt wurde, wie sie eigentlich hätte sitzen müssen, was durchaus mal passieren kann. Dann ist es nämlich nichts mit dem ausgeschalteten Schmerzempfinden. Meine beste Freundin musste sie zwei Mal gespritzt bekommen, da der Arzt danebengelangt hatte, und dann, als die PDA angeblich richtig gespritzt worden war, hat sie noch nicht einmal gewirkt. Ein Albtraum.

Das Thema ist sehr wichtig und wird euch spätestens im Geburtsvorbereitungskurs begegnen, daher will ich auf jeden Fall auf die Nebenwirkungen eingehen. Die PDA kann ein Nachlassen der Wehen bewirken, somit eine nervige Verlängerung der Geburt, den Anschluss deiner Frau an den Wehentropf und einen Blutdruckabfall, der dann wieder mit stabilisierenden Kreislaufmedikamenten aufgefangen wird. Wenn der Doktor richtig Mist gebaut hat und die Nadel verkehrt angesetzt wurde, kann die ganze Betäubung auch nach oben rutschen. Davon wird man nicht blöd, aber die Atmung lief schon mal besser im Leben, und die Kopfschmerzen müssten eigentlich auch nicht sein. Jede Frau kann sich eine PDA geben lassen, sie ist auch eine Alternative zur Vollnarkose beim Kaiserschnitt.

Bei grenzwertigen Entbindungen, wie zum Beispiel mit der Zange oder Saugglocke, haben sich die Forscher noch was anderes einfallen lassen: Um die Schmerzen währenddessen zu lindern, wird das betäubende Mittel mit einer langen Kanüle in den Bereich der Sitzbeinhöcker geschossen, womit die Schmerzleitbahnen ausgeschaltet werden. Die Wehenschmerzen werden damit nicht verhindert, aber die des Damms und der Schamlippen. Noch Fragen?

Wenn die Kontraktionen sich rhythmisch wiederholen, dann steht der Geburt nicht mehr viel im Wege. Ganz im Gegenteil. Je kürzer die Abstände der einzelnen Wehen werden, desto näher rückt der Moment der Wahrheit. Solltet ihr euch wider Erwarten zu diesem Zeitpunkt also noch im Beach-Club aufhalten und/ oder beim Burgerbrater um die Ecke, würde ich mich an eurer Stelle spätestens bei einem Fünf-Minuten-Wehen-Takt auf den Weg ins Krankenhaus machen. Spätestens wenn deine kleine bauchige Elfe während der Wehe nicht mehr reden oder frei herumlaufen kann, ist es Zeit, sich in den Dunstkreis des Kreißsaals zu begeben.

Die Geburt

Das Spaßpaket und Alleinunterhalterprogramm kannst du getrost wieder einpacken, wenn deine Frau unter Wehen ist – dann wird sie vermutlich mit dir eh nur noch im Imperativ kommunizieren. Sei einfach da! Halte ihre Hand! Und mach das, was sie dir sagt! Jetzt ist keine Zeit, Diskussionen zu führen oder Vorwürfe zu formulieren! Drücke und atme mit! Eine Hebamme wird deiner Partnerin sagen, wie sie zu atmen hat. Und du machst mit und motivierst sie! Alles klar?!

Es ist schrecklich, die Liebe seines Lebens so leiden, stöhnen und schreien zu hören – das sage ich dir gleich. Für mich war es der Horror, und das hat mir eher die Tränen in die Augen getrieben als der Moment, als ich meine Tochter endlich in die Arme nehmen durfte. Lass deine Partnerin nicht los. Streichle sie, rede ihr Mut zu. Behalte die Situation stets im Auge. In erster Linie geht es um deine Frau. Ihre Gesundheit steht im Vordergrund. Wir sind nicht im Mittelalter, als es darum ging, dass endlich der Stammhalter zur Welt gebracht wurde, komme, was wolle.

Der Verlauf des CTGs zeigt parallel an, wie sich das Baby unter den Wehen macht. Wenn sich der Zustand des kleinen Wurms von Wehe zu Wehe verschlechtert und der Muttermund von der notwendigen Öffnung von etwa zehn Zentimetern noch meilenweit entfernt ist, dann tendieren Ärzte und Hebammen zum Kaiserschnitt.

Die natürliche Geburt

Und da sind wir auch schon beim Thema …

Die Eröffnungswehen: Das sind die Jungs, die dafür sorgen, dass das Tor geöffnet wird, damit dein Kind freie Bahn hat. Diese Wehen sorgen für die Öffnung des Muttermunds, der bei Geburt zehn Zentimeter weit sein muss. Für die meisten Mütter, die ich gesprochen habe, war dies die heftigste und schmerzhafteste Erfahrung während der Geburt. Wenn der Muttermund geöffnet ist, befindest du dich bei »Alien«, Teil eins bis drei, mit einem Schuss »Men in Black«. Denn nun starten die Presswehen, und *das* ist nicht von dieser Welt. Nach Öffnung des Ostium uteri (Merken! Macht dich zum Klugscheißer!) kannst du bereits die Schädeldecke deines Kindes sehen, je nach Wehe. Haare oder nicht? Abgefahren. Unvergessen.

Die Presswehen haben eine immense Wucht. Du wirst es an dem sich ständig verhärtenden Körper deiner Partnerin sehen, wie die Anspannung von oben nach unten fließt. Dein Job: Hand halten, Kopf streicheln, zureden, küssen – von allem nicht zu viel, aber auch bitte nicht knausern. Nun muss deine Süße in den Körper nach unten pressen, immer dann, wenn eine Wehe kommt. Das hat was von Wellenreiten. Sie muss nämlich die Wehe abwarten und dann mit der Wehe die Luft in sich hineindrücken. Nicht durch den Mund ausatmen. Alles passiert unter der Anleitung der Hebamme. Je nach Konstitution befördern die Presswehen den neuen Erdenbewohner hinaus. Bei der einen komplikationsfrei, bei der anderen mühsam. Hier kurz, da ewig lang und quälend. Zum Mäusemelken – es lässt sich einfach keine Regel festlegen. Und doch ist es gerade genau so gut.

Unschön – Was bei der Geburt sonst noch so rausplumpst

Wenn Menschen ihren Ursprung entdecken, keine Scheu, kein gelernter Mangel ihre Persönlichkeit verwischt, sich das Unbewusste mit dem Bewussten zusammenschließt und tief aus dem Körper heraus spricht, dann ist das zweifellos ein einzigartiges Erlebnis, wie es einem im Leben nur sehr selten begegnet, es sei denn, man ist Psychologe. Im Alltag arbeiten wir alle mit einem erlernten Betriebssystem, das sich vor allem auf Erfahrungen und Ängste stützt. Wir haben gelernt, uns zu verhalten, sozialfähig zu sein und Vermeidungen Vermeidungen sein zu lassen, ohne sie konkret anzugehen. Hier, während der Geburt, ist das anders. Deine Partnerin wird zu einem Tier, zu einem Triebwesen, das so agiert, wie es ist, ohne nachzudenken! Die Persönlichkeit, die du im Lauf der vergangenen Jahre kennengelernt hast, ist wie weggespült. Die da auf der Trage ist pur, rein, klar. Geistig und körperlich. Letzteres fördert während eines unverfälschten Zustands auch visuelle Dinge zutage, die nur ein von Instinkten geleiteter Urmensch ohne Scham leisten kann.

Glücklicherweise konntest du dich in kleinen Schritten auf diese große Wahrheit einstellen. Mit jedem Gang zum Arzt, mit jeder kleinen, auch mal ungeplanten Untersuchung zwischendurch bist du bereits in den Genuss gekommen, deine Frau von der anderen Seite kennenzulernen. Und das meine ich durchaus so, wie ich es schreibe. Der eine oder andere von dir begleitete Arztbesuch oder gerade in der Phase direkt vor der Entbindung, wenn es zu einem harmlosen Fehlstart (»Was wollen Sie denn hier? Kein Blasensprung, keine Wehen – gehen Sie erst mal wieder nach Hause!«) kommt, konfrontiert dich weiches Geschöpf mit der Härte und den ungeschönten Auswüchsen des Lebens. Des femininen Lebens.

Da es während der Geburt im wahrsten Sinne für die Mutter kein Halten mehr gibt, kann dein kleines, feines, mittlerweile einige empfindliche Augenschmäuse zählendes Repertoire endlich um neue Augenzeugenleckereien erweitert werden. Darunter verzichtbare Eindrücke von echten Blutschwallen, amtlichen Kotabsetzungen und leichtem Harnlassen. Eine Augenweide und Erlösung, wenn du aus dem Augenwinkel dann schließlich dein herausflutschendes Kind siehst. Lass dir eins gesagt sein: Jeder Mann guckt da hin, also rede dir nichts ein. Vollkommen okay, wenn du später deine Partnerin anlügst und so tust, als hättest du nur sie angesehen und ganz bewusst weggeschaut. Das erspart dir lästige Gespräche, und den Anblick hast du eh recht fix verdrängt. Das kann der Mensch ja ganz gut. Für die Folgezeit, die dir in Form von vollen Windeln, ständigen Anurinierungen und vollgekoteten Bodys, bei denen der sämige Stuhl tatsächlich aus dem Halskragen und aus dem Ärmel quillt, begegnen wird, eine traumhafte, sehr intensive Vorbereitung. Wovor sollst du dich denn da in Zukunft noch ekeln?

Der große Augenblick, der dein Leben auf den Kopf stellt

Ist der Muttermund geöffnet, bitten die Geburtshelfer dich zum Kopf der Frau. Von dort aus schaust du dem bunten Treiben nun zu und kümmerst dich dabei um deine Partnerin. Die Hebammen geben die Atemtechniken während der Wehen vor – die machst du selbstverständlich mit. Die Kreißsaal-Crew wollte von uns den Rufnamen unserer Tochter wissen, damit wir ihn gemeinsam brüllen konnten, um sie zu uns zu rufen! Und so schrie der ganze Saal: Roooooooooooomyyyyyyyyyyy!!!

Und noch mal: Rooooooooomyyyyyyyyyyyyyyyyyyy!!!

Es war wunderbar. Das war Gänsehaut pur. So unwirklich.

Da stehen zwei Hebammen und ein Arzt, und die rufen zum ersten Mal laut den Namen eures Kindes, das körperlich noch gar nicht präsent ist. Mit jeder Wehe brüllten wir, meine Frau hingegen war zu schwach dazu. Und dann ließ sich mit den einzelnen Schüben schon der Haarflaum sehen. Eine der Hebammen bot meiner Frau an, den Kopf ihrer Tochter schon mal berühren zu können, indem sie sich zwischen die Beine fassen sollte. Absurd. Sie zögerte zunächst, da es für sie unvorstellbar und unfassbar war, die Haare des Menschen zu spüren, der da seit Monaten in ihrem Bauch hauste, mit dem sie natürlich körperlich nah verbunden war und der nun also ausziehen wollte. Ein ständiger unbekannter Gast, ein blinder Passagier auf einer ewig langen Reise – die erste Begegnung stand kurz bevor. Dann tat sie es, tastete sich langsam mit einer Hand vor, und plötzlich kullerten ihr Tränen die Wangen hinunter. Vermutlich ein Hebammentrick: Die Motivation, nun schnell zu Ende zu pressen, stieg ins Unermessliche, und so ging daraufhin alles ganz schnell.

Es passiert schließlich ganz plötzlich. Wie eine Wasserbombe platzt, du weißt, der mit Wasser gefüllte Ballon, flutscht in einem Rutsch dein Kind auf die Erde. Es gluckst und schnappt, schnäuzt und raunt, schmatzt, ächzt und stöhnt – in allem kurz, und dann, wenn alles normal läuft, wie es in jedem x-beliebigen Handbuch geschrieben steht, fängt es an, in einer Frequenz zu schreien, in der du nie wieder jemanden schreien hören wirst. Denn so schreit nur ein einziger Mensch auf der Welt, und das ist dein Kind!

Gekonnt legen es die Hebammen der erlösten Mutter auf den Bauch, ein erstes Beschnuppern wird euch ermöglicht, während alles für den obligatorischen Nabelschnurschnitt vorbereitet wird. Ich habe damals dieses Band zwischen Mutter und Kind durchschnitten und somit der Kleinen den Weg in ein selbstständiges

Leben eröffnet. Muss jeder Vater für sich selbst entscheiden. Kann ja sein, dass du luftpumpenmäßig unterwegs bist und dazu keine Traute hast.

Mütter sehen zu diesem Zeitpunkt wie einmal durch die gesamte Heckenlandschaft Deutschlands gezogen aus, die Babys nicht viel besser, sind sie doch noch von oben bis unten voll mit Käseschmiere bedeckt. Eine Art Paste, mit der das Baby überzogen ist, um es vor dem Fruchtwasser zu schützen. Daher ist eine kleine Fotosession jetzt durchaus reizvoll und ratsam. Achte bitte darauf, dass dein Blitz ausgeschaltet ist. Der Wurm erblindet ja sonst gleich, nachdem er die helle Welt gerade mal kurz erblickt und betreten hat …

Mit dem allgemein verbreiteten Fotohandy kannst du statt nur einer SMS zur Geburt (siehe »Die ideale SMS«, Seite 154) gleich eine MMS verschicken. Wenn du einen großen Speicher hast oder einen MP3-Rekorder oder ein anderes Aufnahmegerät, dann kannst du natürlich auch die gesamte Geburt auf Band aufzeichnen. Das sind unaufdringliche und wunderbare private Zeitdokumente. Für deine Partnerin und für dich. Irgendwie auch pervers. Aber ihr könnt ja mal darüber nachdenken. Nicht dass du nachher sagst, der Penner hätte das auch mal ruhig anregen können. Hiermit getan.

Das Baby auf dem Bauch der Mutter, die Nabelschnur durchtrennt, der Vater am SMS verschicken – diese neuartige Idylle wird jäh von der Kinderärztin durchbrochen, die den Zwerg einmal vermessen, wiegen und untersuchen möchte. Das passierte bei uns direkt im Kreißsaal. Du, als Vater, geh mit, sollte diese erste Untersuchung in einem anderen Raum stattfinden. Lass dein Kind niemals aus den Augen! Das ist Prinzip! Bei der sogenannten U1 werden Herz und Lunge abgehorcht, angeborene

Reflexe und die Muskelspannung überprüft, und durch die noch sehr dünne Haut kann der Arzt die Durchblutung sehen. Für die einzelnen Funktionskontrollen der in der Lieferung enthaltenen Facilitys erteilt der Kinderdoktor null bis zwei Punkte. Defekte Ware: null. Ein Spitzenprodukt: zwei. Abschließend addiert der Arzt die jeweils erreichten Punkte, die in einem Gesamtergebnis resultieren, das mit acht bis zehn Punkten »gesund« bedeutet und mit fünf bis sieben eher »beeinträchtigt« meint. Unter fünf ist der Arzt umgehend dabei, medizinische Maßnahmen zu treffen. Der Test wird noch zweimal nach fünf und zehn Minuten wiederholt, um sicherzustellen, dass der Zustand kein Zufallsprodukt war, sondern stabil ist.

Neben all diesen Untersuchungen, die wirklich nicht lange dauern, entnimmt der Arzt aus der Nabelschnur Blut, um dessen Sauerstoffgehalt zu messen. Zuletzt wird dem Frischling noch verschlucktes Fruchtwasser abgesaugt und kontrolliert, ob die Speiseröhre und die Nase frei sind. Vitamin-K-Tropfen gibt es gleich als erstes Goody, da somit unnötigen Blutgerinnungsstörungen der Garaus gemacht wird. Meine Tochter, die lediglich 2250 Gramm wog, als sie zur Welt kam, hat umgehend ein Aufbaupräparat bekommen, das voller Vitamine, Mineralstoffe und Kraft pur war. Das durfte ich ihr über eine kleine Spritze mit Plastikaufsatz verabreichen. Der erste Versorger: Papa! Knaller, oder? Wie auf dem Wochenmarkt wird dein Kind daraufhin gewogen, anschließend die Körperlänge ermittelt und der Kopfumfang erfasst. Das war's. Die erste Untersuchung ist im Kasten. U1 bestanden. Gratulation!

Unterdessen offenbart sich die Plazenta dem Fachpersonal, die wenige Minuten nach der Geburt als sogenannte Nachgeburt die Nachhut mimt. Wie geht es weiter? Ach ja, den Mutterkuchen dürft ihr mitnehmen. Das bieten sie euch im Hospital an, und einige machen davon auch tatsächlich Gebrauch. Ein Brauch ist es, die Plazenta im Garten zu vergraben. Wir haben dankend darauf verzichtet. Einmal kurz habe ich darüber nachgedacht, es unserem Hund mitzubringen, weil es irgendwie wie Pansen aussieht, den Gedanken habe ich zum Erhalt der allgemeinen Laune mit Tendenz zum Überschwang jedoch fallen gelassen. Bevor der Mutterkuchen freigegeben wird, untersucht die Hebamme die Nachgeburt auf Auffälligkeiten. Wenn nichts festgestellt wird, gibt es das Teil im Beutel mit nach Hause.

Jetzt sind wir fast durch mit der Geburt im klassischen Stil. Als Letztes werden etwaige Schäden beziehungsweise Verletzungen durch die Geburt behoben. Hier ist der Dammriss sehr gängig. Das heißt das Stück zwischen Po und Vagina, der Damm, reißt manchmal bei der Entbindung durch den Umfang beziehungsweise die Größe des Babys. Aus diesem Grund wird er meist vom Arzt während der Geburt eingeschnitten, damit es besser flutscht. Nun näht der euch betreuende Arzt das alles wieder zusammen. Unangenehm. Keine Frage.

Und danach, was passiert danach? Alles glattgegangen – dann könnt ihr euch noch entspannen und dann nach Hause oder auf die Station. Bei Komplikationen müsst ihr auf alle Fälle für eine Nacht auf die Station, bei einem Kaiserschnitt seid ihr bis zu einer Woche im Krankenhaus.

Die ersten Sekunden nach der Geburt

Wenn du dein Kind zum ersten Mal im Arm hältst, alles drin und dran ist, dann bedanke dich beim Universum oder beim Schöpfer oder bei Gott oder eben bei dem, der in deinen Augen einen bestimmten, von euch nicht beeinflussbaren Beitrag dazu geleistet hat, dass dein Sohn oder deine Tochter nun heil bei euch in der kleinen Familie gelandet ist. Eine große Dankbarkeit schließt das Projekt Geburt positiv ab. Denk nicht lange darüber nach: Mach es! Es gibt Dinge, die müssen nicht immer erklärbar sein. Und dass eine Prise Bestimmung hier mit von der Partie ist, würde ich nicht ausschließen. Wenn dir das zu esoterisch und spirituell daherkommt, weil du als studierter Physiker nur an den Urknall, den Darwinismus und an Zufälle glaubst, dann, hey, kein Problem, kannst du dich ja bei den Hebammen und Ärzten bedanken. Und wenn du eher zu den selbstverliebten Archetypenpinseln zählst, kannst du ja deinen sprintstarken Spermien einen Dank aussprechen: »Gut gemacht, Jungs.«

Der Kaiserschnitt

Nicht allen werdenden Eltern ist es gegönnt, ihr Kind auf natürlichem Weg zu gebären. Eine geburtshilfliche Methode zur Entbindung ist der Kaiserschnitt, bei dem die Bauchhöhle und die Gebärmutter zur Geburt aufgeschnitten werden.

Die Schnittentbindung wird durchgeführt, wenn eine natürliche Geburt unmöglich ist, ein Nabelschnurvorfall vorliegt (Not-Kaiserschnitt), die Plazenta vor dem Muttermund liegt, das Kind für das Becken der Mutter zu groß ist, ein Wachstumsstillstand entstanden ist, eine Frühgeburt naht, das Kind sich noch nicht in Schädellage befindet oder Mutter und Kind geschont werden müssen. Viele Frauen haben weder das eine noch das andere Problem in der Schwangerschaft, können aber getrost auf das schmerzhafte Erlebnis verzichten und entscheiden sich einfach so für den Kaiserschnitt.

Der Sectio caesarea auf Bestellung wird zumeist sieben bis

zehn Tage vor dem errechneten Geburtstermin angesetzt. Ihn gibt es in zwei Modellen. Einmal in vorteilhafter Lokalanästhesie, die eine direkte Begrüßung des frisch ausgepackten Gnoms durch die Mutter erlaubt, und die Geschenkvariante unter Vollnarkose (nicht so lustig, wenn es eine Not-OP ist), da kann sich dann erst mal Papa freuen – und Mama, wenn sie wieder wach ist.

Vorteil des Kaiserschnitts: kurz und schmerzlos.

Nachteil, aber das nur unter Vorbehalt: Vielen Müttern entgeht das befriedigende Gefühl, ein Kind zur Welt gebracht zu haben – das schreibt hier gerade ein Mann!

Und kurz mit einem hartnäckigen Gerücht aufgeräumt: Von wegen, die Kaiserschnitt-Mutter muss kein lästiges Beckenbodentraining in der Zeit nach der Geburt absolvieren, da ihre Muskulatur nicht wie bei einer Frau, die ihr Kind natürlich zur Welt gepresst hat, beansprucht wurde. Absoluter Käse! Der Beckenboden wird durch die Schwangerschaft insgesamt belastet. Ferner sollten sich alle frischen Mütter auf die wöchentliche Lektion Leibesübungen einstellen. Mehr dazu unter »Rückbildungsgymnastik« (siehe Seite 195).

Als Folge des Kaiserschnitts können de facto Atemstörungen des Neugeborenen auftreten, da hier nicht wie bei einer natürlichen Geburt das Fruchtwasser durch den Druck der engen Geburtswege aus den Lungen herausgepresst wird. In so einem Fall saugen die Ärzte das Fruchtwasser ab. Ebenfalls ist es nicht selten, dass das Kind in den ersten Stunden seines Daseins intensivmedizinisch beobachtet wird. Muss nicht. Kann.

Grundsätzlich ist Folgendes wichtig für dich zu beachten: Da es sich beim Kaiserschnitt um eine Operation handelt, muss deine Partnerin im Anschluss daran ruhen und darf nicht aufstehen.

Übersetzt heißt das: Du hast die Arbeit. Außer Stillen schmeißt du den Laden. Also, sag nicht, ich hätte dich nicht vorgewarnt.

Im Perinatalzentrum Hamburg-Altona werden mittlerweile bis zu 35 Prozent aller Babys auf diese Art und Weise zur Welt gebracht, in Deutschland insgesamt liegt die Quote bei etwa 30 Prozent.

Wirklich undankbar sind Not-Kaiserschnitte. Oftmals sind sie die Folge des Versuchs einer natürlichen Geburt. Die Mutter leidet Qualen unter den Wehen, doch die Werte des Kindes verschlechtern sich so rapide, dass der Arzt umgehend handeln muss. Not-Kaiserschnitte werden stets unter Vollnarkose vollzogen. Ein trauriges und enttäuschendes Ende der Schwangerschaft, denn wohl keine Mutter wünscht sich, ihrem Kind zum ersten Mal nach einer Vollnarkose in die Augen zu blicken. Hauptsache ist aber: Alle sind gesund. Und in fünf Jahren kräht kein Hahn mehr danach, ob Sohnemann per Kaiserschnitt oder natürlich zur Welt gekommen ist und wie die Mutter den Geburtsprozess empfand.

Zange und Saugglocke

In dem unwahrscheinlichen Fall (think positive, Freunde!), dass dein Sprössling im Becken stecken bleibt oder sich seine Werte während der Geburt arg verschlechtern, kann der erfahrene Arzt zur Zange greifen. Diese wird am Kopf angelegt und so der Lütte langsam hinausgezogen. Der noch erfahrenere Kollege lässt die Zange hingegen im Kasten und arbeitet mit der Saugglocke. Diese lässt per Unterdruck auf den Kopf gesetzt einen Sog entstehen, wodurch der Säugling sanft und schonend hinausbefördert wird!

Wie sage ich es der Welt?

Bei deinen Eltern war das noch anders. Garantiert. Da musste Papa schnell zum nächsten Münzfernsprecher rennen und die von deiner Mutter aufgelisteten Menschen abtelefonieren und allen bis ins Detail den genauen Geburtsverlauf schildern. Oder schnell eine Geburtsanzeige in der Lokalzeitung schalten, damit es alle erfahren.

Wollen wir uns nichts vormachen: Die Zeiten haben sich grundlegend geändert – heute gibt es eine SMS an alle oder an einen ausgewählten Verteiler und gut ist. Später dann noch einen Flyer als Grußkarte per Mail mit einem Familienfoto als Attachement und für die eine oder zwei Generationen vor uns sowie für einzelne Spezies das Ganze noch mal als Karte per Post, und die Sache ist gelaufen. Das ist insgesamt nicht minder liebevoll als früher und absolut zeitgemäß!

Cool ist auch ein Soundfile: Besser von den ersten Lauten deines Babys als von der gebärenden Mutter. Das lässt sich spielend leicht mit mittlerweile jedem herkömmlichen Handy aufzeichnen und verschicken. Eine MMS von dem Neuling bietet sich natürlich auch an – bitte den Geburtsvorgang auch hier ausklammern. Nicht so schön.

Wer dann aber wirklich meint, heute tatsächlich noch eine Geburtsanzeige in der Lokalzeitung schalten zu müssen, um es der Welt mitzuteilen, der hat nicht verstanden, dass er es damit eigentlich nur der Belegschaft des Zeitungsverlags mitteilt – nicht der Welt! Ergo: Die Kohle lässt sich herrlich sparen für

eine Wärmelampe, die über dem Wickeltisch angebracht wird
(siehe »Wichtige Anschaffungen im Allgemeinen, Kinderzimmer«, Seite 90).

Die SMS: Einführung und Beispiele

Diese SMS ist ein Debüt. Eine Weltpremiere. Sie beinhaltet den
ersten offiziellen Satz über dein eigenes Kind, der einer infor-
mationshungrigen Öffentlichkeit zugänglich gemacht wird –
also herrscht bei ihrer Ausarbeitung höchste Sorgfaltspflicht!
Und du glaubst gar nicht, wie groß der Rattenschwanz an Menschen ist, die euch später gratulieren, bestens informiert sind
und dabei nicht mal in deinem Verteiler waren. Also bitte hier
sehr genau arbeiten, damit die Fakten auch wasserdicht und
korrekt sind!

Die Kurzmitteilung muss mindestens folgende Grunddaten beinhalten:

**Name (bei ungewöhnlichen oder seltenen Namen bitte Zusatz
des Geschlechts), Größe, Gewicht und Uhrzeit.**

Ebenso dankbar sind weiterführende Informationen zum Gesundheitszustand und dem Allgemeinbefinden Einzelner oder der
gesamten Truppe. Diese lassen sich je nach künstlerischer Ausrichtung auch vernachlässigen, bestenfalls lässt sich das aber in-
tegrieren.

Folgend habe ich dir mal unterschiedliche SMS-Beispiele aufgelistet und analysiert, die mir zugesandt wurden. Alle sind mir
von Paaren geschickt worden, keine von alleinerziehenden El-
ternteilen.

SMS-Beispiel 1:

Tom-Bert hat heute um 12.10 Uhr mit 3450 Gramm und 52 cm das Licht der Welt erblickt. Alle sind wohlauf. Voller Glück, Tim und Nina

---

Insgesamt:
Okay! Damit wäre die Pflicht erfüllt. Alle nützlichen Infos sind enthalten, obendrein lassen die Eltern die Adressaten zwar nur ein bisschen, aber immerhin an ihren Gefühlen teilhaben, indem sie von »Glück« schreiben.

Bewertung/Fazit:
Gelesen und vergessen. Geht in Richtung »Komme fünf Minuten später«, oder: »Soll ich was vom Chinesen holen?« Nicht beschwingt genug. Nüchtern verpackte Informationen mit dem Versuch, am Ende Frohsinn zu versprühen. Vergeblich. Das säuft ab und kommt nicht an. Da geht mehr.

SMS-Beispiel 2:

Kim ist da! Willkommen. Lg Nicole

Insgesamt:
Minimalistisch und lässig, doch lieblos. Lässt zu viele Fragen offen. Keine Informationen zum Kind oder zur Geburt. Geschlecht muss erraten werden, Tendenz könnte Mädchen sein, aber definitiv zu uneindeutig. Wieso steht nur die Mutter im Absender? Da stimmt

doch was nicht. Möglichkeit der negativen Spekulation, wie zum Beispiel, das Paar hat sich während des Geburtsvorgangs getrennt.

Bewertung/Fazit:
Verheerend bis katastrophal. Beim ersten Kind ist diese Form der Gestaltung nicht zu raten. Null Information, null Emotion, keine Demut, keine Liebe. Der Moment wird nicht wertgeschätzt, das neugeborene Leben nicht hochgelobt. Außerdem ist die Geburt Gemeinschaftssache und keine Einzelleistung. Als SMS für Kind Nummer fünf durchaus künstlerisch vertretbar, da interessiert die meisten eh nur noch der Name.

SMS-Beispiel 3:

Heute Mittag ist unser kleiner Tim auf die Welt gekommen. Alle sind erschöpft, aber vor allem gesund und überglücklich. Tim + Heike und Rolf

---

Insgesamt:
Freundlich, aber belanglos. Dumm die unnütze Zeichenverschwendung: Das Adjektiv »kleiner« hätte hier besser mit einer Information getauscht werden sollen. Diese fehlen komplett. Name und Geschlecht sind klar, die Zeitschiene »Mittag« ist zu ungenau. Gerade Astronomie-Freunde sind heiß auf exakte Zeitangaben!

Bewertung/Fazit:
Grenzwertig. Klingt nach Vorlage, die aus Hast oder Phlegma nicht komplett mit den nötigen Informationen aufgefüllt wurde. Wärme und Liebe? Fehlanzeige. Verbesserungswürdig.

SMS-Beispiel 4:

Hallo, ich, Finn-Maximilian, hatte es doch gestern um 23.07 Uhr eilig, noch das Licht der Welt zu erblicken. Mit 2960 Gramm und 50 cm. Mama, Papa und mir geht es gut. Wie geht's?

Insgesamt:

Gut. Schöner Perspektivenwechsel und eine frische Forschheit am Schluss. Da geht jemand in die Offensive! Gelungen auch die indirekte Beschreibung der Geburt mit dem Attribut »eilig« – lässt dennoch Raum für Spekulationen. Frühgeburt? Kaiserschnitt? Beides? Die Zustandsbeschreibung wird über den Neuankömmling vermittelt, eine interessante Verschiebung der Verantwortung. Ganz gleich, was dieser SMS fehlt oder in ihr zu viel ist, die Eltern sind immun, denn die Botschaft erweckt ja den Anschein, vom Baby höchstpersönlich verfasst worden zu sein.

Bewertung:

Alles drin, alles dran. Ein klares Bekenntnis zum Glück oder zur Liebe wäre noch schön gewesen, aber die Idee, den Neugeborenen als Absender zu positionieren, macht das wieder wett.

Die ideale SMS

Die ideale SMS, die Freunde und Bekannte weitertragen und wiederum Freunden und Bekannten zeigen oder sogar irgendwann selbst für sich wählen werden, muss nicht zwingend lyrisch sein, aber einen kleinen Ausflug ins poetische Fach darf sie sich durchaus leisten. Ich halte das für sehr erstrebenswert und dem besonderen Moment im Leben entsprechend. Bedenke immer: An dieser SMS wird so viel gemessen, dass es sich eigentlich lohnen würde, hochtalentierte Texter aus der Werbung zurate zu ziehen. In 160 Zeichen kann man nämlich viel verpacken, aber auch viel verkacken. Hier zeigt sich, wer Worte schwenken, drehen und schütteln kann, bis sie einen wunderbaren, gar einzigartigen Inhalt transportieren, der Wärme, Liebe, Glück, Zukunft und Perspektive in sich birgt. Obendrein ist diese SMS auch ein Status quo deiner Beziehung! Ihr kann und sollte auch ein Stück weit eine Liebeserklärung innewohnen, die du vor Publikum abgibst – »Nur die Liebe zählt«, privat und im Kleinen.

Ich habe versucht, in meiner Geburts-SMS an den erlauchten Adressatenkreis sowohl all die grundsätzlichen Informationen zu liefern, verblümt den schneidigen Geburtsvorgang zu beschreiben, ein Kompliment an Mutter und Tochter auszusprechen als auch eine Generalansage zum Zustand des gesamten Teams einzubinden. Ich habe mir im Vorfeld der Geburt immer wieder vorgestellt, wie ich aus dem Kreißsaal voller Stolz die vorgeschriebene SMS verschicken werde, die mein Leben verändert. Ich habe mich dabei ertappt, schon Monate vorher über den Text nachzudenken, und kam da auf so brillante Ideen wie:

»Romy Cecilia ist geboren. Sie ist 28 Jahre alt, einmal geschieden, hat zwei Kinder und ist von Beruf Anwältin.«

ODER

»Kawummm! Zack! Booom! Da ist sie: Romy Cecilia is in da House of Love! Die Kleine plumpste um 12.19 Uhr auf den blauen

155

Planeten – alles easy-peasy. Die Facts: 2250 Gramm – 48 cm. Wir chillen und stillen ;-)«

ODER

»Tooooor! Um 12.19 Uhr wurde mit 2250 Gramm und 48 cm Romy Cecilia Marie eingewechselt, die nach grandiosem Zuspiel ihrer Mutter die gegnerische Mauer durchbrochen hat und sich somit fulminant ins Leben schießen konnte! Was für ein Spiel, meine Damen und Herren!«

Ja richtig, es gab einen Clown zum Frühstück! Beim Drübergrübeln wirst du selbst sehen, wie schnell die Pferde der Fantasie mit einem durchgehen. Und auch der leise Anflug von Geburtswahnsinn, einer Mischung aus Panik und Respekt vor der neuen Vaterrolle, ist plötzlich geistiger Beifahrer. Glücklicherweise habe ich meinen Mitteilungsdrang in dieser Hinsicht im Griff gehabt und diesen gequirlten Blödsinn nicht rausposaunt. Schlussendlich habe ich mich dafür entschieden, keinen Text vorzuformulieren. Zum einen hielt ich es für ein Gebot der Zeit, die Worte in dem Augenblick des Glücks zu wählen, wenn es uns übermannt und vor Freude taumeln lässt, und zum anderen hatte ich es vor lauter dringender Erledigungen kurz vor der Geburt vergessen! Das muss nicht der Weg sein. Es ist durchaus hilfreich, sich schon mal die Thematik zu vergegenwärtigen und ein paar Ideen, wenn auch nur fragmentarisch, niederzuschreiben oder direkt ins Handy zu tippen und abzuspeichern. Gerade diese einmaligen, genialen Geistesblitze haben eine Halbwertszeit von maximal zehn Minuten – dann verschwinden sie wieder im Niemandsland des Vergessens, dort, wo auch mein Hund in diesem

Zeitraum den Großteil meiner Belehrungen und Ermahnungen hinpackt!

Die ideale SMS habe ich nun also doch erst im Kreißsaal verfasst, nachdem die außerordentlich niedliche Kleine bei meiner Frau voller Käseschmiere auf den Bauch gelegt worden war und man uns liebenswürdigerweise für einen Moment ganz bewusst allein gelassen hatte. Der Text kam mir beim Wirkenlassen des zuvor Erlebten und beim Betrachten des sich vor mir abzeichnenden großen Moments: Mutter und Kind – beide am Rande der Erschöpfung – beschnuppern sich zum ersten Mal, schauen sich in die Augen (sofern da nicht auch Käseschmiere drin ist), und ein sanftes Lächeln der ramponierten, durch die Hecke gezogenen Mutter setzt den ersten, leisen Atem einer großen Liebe frei. Ach, das hat schon was von Ewigkeit, Unzerstörbarkeit und Wahrhaftigkeit. Und dir wird klar: Das hier gibt es nirgendwo sonst. Das gibt es nur in deinem Leben. So und nicht anders. Und daran wirst du dich für immer erinnern.

Genug geschwallt – das ist eben Kunst, und die muss jetzt in diese paar Zeichen verpackt werden. Wie sah sie also aus, die SMS? So:

Die ideale SMS:

Elegant, sportlich und gekonnt ist um 12.19 Uhr mit 48 cm und 2250 Gramm Fliegengewicht unsere Tochter Romy Cecilia Marie – gesegnet mit der Anmut und Schönheit ihrer Mutter – zur Welt gekommen. Alle sind gesund, müde, hungrig und vor allem glücklich. Kristy u. Christian

---

157

Brillant! Ich weiß. Da blitzt durchaus eine journalistische, zugleich poetische Seite auf, die beim Leser Entzücken hervorrufen kann. Wenn nicht, bitte eine E-Mail an:
christian.busemann@googlemail.com

Kurze Analyse

☐ Geburtsbeschreibung – voll des Lobes über die eigene Tochter

☐ Fakten – Name, Geschlecht, Größe, Gewicht

☐ Komplimente an Mutter und Tochter in einem

☐ Zustandsbeschreibung von allen ist für diese Situation schon sehr detailliert.

☐ Absender – bitte beachten: immer die Mutter zuerst.

SMS-Vorschläge für dich

Sollte dir nichts kongenial Gescheites einfallen, hier ein paar Vorschläge für unschlagbare, unvergessliche Kurzmitteilungen.

● **Vorlage 1:**

Sie ist bildhübsch. Sie ist blutjung. Und sie ist unsere Tochter. Ihr Name: Romy Cecilia Marie. Die Maße: 2250 Gramm auf 48 cm verteilt. Ihre Zeit: 12.19 Uhr. Sie ist ein Spiegelbild ihrer wunderschönen Mutter und jetzt schon der Traum ihres Vaters. Alle sind trotz Erschöpfung trunken vor Liebe und Glück. Kristy und Christian

● **Vorlage 2:**

Jetzt kann nichts mehr passieren: Der Stammhalter ist da! Tom hat um 12.19 Uhr mit 3300 Gramm und 52 cm sanft und schnell ein neues Kapitel unseres Lebens geöffnet. Die neue Zeitrechnung beginnt mit unendlicher Liebe und unendlichem Hunger. Die stolzen Eltern, Nina und Gustav

● **Vorlage 3:**

Definiert Superlative bitte neu – Rufus ist da! Er ist das Maß allen Lebens und haut uns einfach um: 3500 Gramm, 53 cm und ein Blick wie Marlon Brando! Die Geburt um 13.45 Uhr war ein Spaziergang, und jetzt sitzen wir nur noch fasziniert vor unserem Baby und fragen uns: Wie haben wir das nur gemacht? Voller Liebe, Imke und Ralf

● **Vorlage 4:**

John: zehn Minuten alt, 4500 Gramm, 52 cm, dunkle Haare und blaue Augen! Tanja: 31 Jahre, mind. 4500 Gramm leichter und zu Tränen gerührt. Sven: 34 Jahre, 4500 Gramm zu viel drauf, aber stolz wie Oscar! Wir sind hellauf begeistert, hungrig, müde und unendlich verliebt! Tanja und Sven

● **Vorlage 5:**

Seit 11.05 Uhr neu im Team: Lucia. Mit 47 cm und 2900 Gramm übernimmt sie ablösefrei die Kinderabteilung bei uns im Haus. Über den komplikationsfreien Wechsel in unsere Mannschaft freuen sich Steffi und Tim, die vor Freude jetzt am liebsten schon die Hüpfburg rausholen würden.

● **Vorlage 6:**

Kündigung. Hiermit haben wir um 13.45 Uhr Glenn, 50 cm, 3800 Gramm schwer, aus seiner Bude geworfen. Nach knapp neun Monaten hat uns sein ständiges Nachtreten echt genervt. Jetzt sind wir froh, dass der Kerl draußen ist, und wünschen ihm viel Glück. Ein Nachmieter ist erst mal nicht geplant. Alles Liebe, die Vermieter Nadja und Colin

Der Neustart

Wenn ihr euch jetzt noch in dem Irrtum befinden solltet, dass es sich um einen total verrückten Urlaub mit einer exotisch abgefahrenen Elternversuchsphase inklusive Rücktrittsgarantie handelt: Das ist falsch! Der da, dieser neue, kleine Erdenbürger, hat binnen weniger Stunden aus dir Schnarchlappen, der bis dahin noch nichts Vernünftiges auf die Beine gestellt hat (entschuldige, ziemlich vermessen von mir, aber Beleidigungen prägen sich beim Leser irgendwie immer besser ein, weil sie so herrlich dumpf emotionalisieren), und aus der Frau, von der du beim ersten Date gedacht hast, dass sie niemals Mutter deiner Kinder werden darf (unterstelle ich dir hier nur aus Unterhaltungszwecken), Mama und Papa gemacht. Heftig. Gemeinsam seid ihr jetzt Eltern, im Normalfall für ein Leben lang. Herzlich willkommen, kleiner Mensch! Und herzlich willkommen, Papa, im Club der Vorzeigeväter!

Die ersten Stunden nach der Geburt

Die ersten Stunden des neugeborenen Lebens verstreichen im Schlaf. Sowohl Mama als auch Sprössling sind erschöpft von der Anstrengung Geburt und brauchen Ruhe. Die ganze Aufregung wird auch an dir nicht spurlos vorübergehen. Die meisten Paare, die ich kenne, sind immer mindestens ein oder zwei Nächte im Krankenhaus geblieben, und dann sogar, falls möglich, noch für zwei weitere Tage in das betreute Krankenhaushotel gezogen. Ich kann das nur empfehlen, weil ihr dort langsam an den Umgang mit dem Baby herangeführt werdet und rund um die Uhr Hebammen um Rat fragen könnt. Sollte euer gewähltes Krankenhaus nicht über so eine Einrichtung verfügen, macht das auch nichts, da ihr ja eine Wochenbettbetreuung zu Hause habt, die sich täglich eurer annimmt. Bei Entbindungen per Kaiserschnitt oder mit Komplikationen behalten die Ärzte die Mutter und den Winzling gerne noch mal zur Kontrolle für zwei bis zehn Nächte da. Ein Kaiserschnitt ist eben eine ordentliche OP, die vollkommene Genesung verlangt.

Alle Krankenhäuser schmeißen den Papa irgendwann zu nächtlicher Uhrzeit raus, zumindest wenn deine Frau gesetzlich versichert ist und mit einer weiteren Frau im Zimmer liegt. Kulant indes zeigen sie sich, wenn deine Partnerin privat versichert ist und sie ohnehin allein ein Zimmer hat. Lässt sich immer irgendwie mit den Stationsschwestern dealen.

Das tust du: Deine kleine Familie ist eingeschlafen, dann kannst du mit letzter Kraft den unvergesslichen Tag Revue passieren lassen, dir eine Ecke suchen und all das Erlebte niederschreiben, und wenn es nur in Stichworten ist. Notiere dir die Namen der Hebammen, des Arztes, schreibe die Uhrzeiten auf, formuliere deine Gefühle – du wirst es jahrelang noch gerne lesen und vorlesen! Die SMS, die ihr zur Geburt bekommen werdet, würde ich notieren und archivieren, genauso wie die postalisch zugesandten Karten zur Geburt. Auch diese lieben Wünsche sind ein wunderschönes Dokument für euch, wenn ihr die Zeit Jahre später mal nachempfinden wollt.

Chillen und Stillen

Die erste Hürde ist das Stillen. Der kleine Pupser hat ja recht fix wieder Kohldampf, und dann heißt es: Ran an die Fleischtöpfe! Mutter Natur hat für die ersten Tage so eine Art Power-Muttermilch-Konzentrat angemischt namens Kolostrum. Da sind alle notwendigen Vitamine, Mineral- und Abwehrstoffe drin, um den Neugeborenen eine Menge Kraft zu verleihen und sie mit Schwung in die nächste Runde zu katapultieren. Nach etwa 24 bis 48 Stunden brechen die Dämme, und es kommt zum väterlicherseits lang ersehnten Muttermilcheinschuss! Das ist der Hammer. Per Fingerschnipsen siehst du die Brüste deiner Frau um ein Vielfaches größer als zuvor, und insgeheim betest du: »Lieber Gott, lass diesen Quell der Freude doch bitte niemals versiegen...« Nein, Quatsch. Der Muttermilcheinschuss spannt die Brust derart, dass die Mutter wirklich teilweise unter Schmerzen probiert, ihr Neugeborenes zum Trinken zu bewegen, damit der unangenehme Druck nachlässt. Gleich am ersten Tag wird euch von den Hebammen oder einer Stillberaterin (das ist ein Job!) gezeigt, wie ihr den kleinen Wurm am allerbesten anlegt. Da gibt es ganz unterschiedliche Positionen: im Sitzen, im Liegen, unter dem Arm oder den Klassiker, bei dem das Baby unterhalb der Brust drapiert wird.

Ist dein Kind per Kaiserschnitt zur Welt gekommen, musst du das Kind für die nächsten 24 bis 48 Stunden deiner Partnerin anlegen, da sie wegen des frischen operativen Eingriffs unbeweglich ist. Sorge beim Stillen für eine ruhige Atmosphäre und halte unangemeldete Besucher fern. Die können alle vorbeikommen, wenn ihr euch schon etwas sicherer fühlt.

Nicht jeder will oder kann stillen – pas de problème! Der hippe Kinderfuttermarkt hat von Startermilch bis Milchpulver alles, was den Babygaumen verwöhnt. Wenn deine Partnerin also nicht stillt, kannst du von Anfang an gleich mit das Fläschchen geben, was dir das Erleben großer Nähe ermöglicht und für dich ein besonderer Augenblick der ultimativen Fürsorge und Verantwortung sein wird.

Das aber hintangestellt: Jeder einigermaßen zurechnungsfähige Experte rät zum Stillen. Dafür will ich gerne eine Lanze brechen und dir gepflegtes Info-Futter für heiße und anregende Diskussionen mit Anti-Still-Paaren geben. Zunächst Wissenswertes über Muttermilch, dann über den eigentlichen Stillvorgang.

Pro Muttermilch:

- Muttermilch ist die Top-Nahrung in den ersten sechs Monaten. Nährstoffe, Vitamine und Mineralstoffe – alles, was der kleine Menschenorganismus benötigt, ist darin enthalten.
- Muttermilch fördert die Mekoniumausscheidung (Kindspech – schwarzer, pechähnlicher Kot), ist leicht verdaulich und gut verträglich.
- Muttermilch soll aufgrund ihrer Eiweißart Allergien verhindern.
- Muttermilch enthält Antikörper gegen Krankheiten, denen die Mutter ausgesetzt ist oder war, und bildet somit einen Schutz für das Baby.
- Muttermilch ist gratis.
- Muttermilch ist frisch.
- Muttermilch ist hygienisch.
- Muttermilch ist immer wohltemperiert.
- Muttermilch ist sofort servierfähig.
- Muttermilch ist immer dabei.

Pro Stillen:

- Bonding: Durch den engen Körperkontakt entsteht eine starke emotionale Bindung zwischen Mutter und Kind. Das Baby spürt in diesen intimen und sehr entspannten Momenten Geborgenheit und Sicherheit.

- Beim Stillen wird das Hormon Oxytocin ausgeschüttet, das die Kontraktionen der Gebärmutter verantwortet. Folglich wird die Rückbildung der Gebärmutter forciert, und Nachblutungen werden reduziert.
- Stillen ist sowohl ökonomisch als auch ökologisch.
- Studien behaupten, dass Frauen, die gestillt haben, seltener an Brustkrebs erkranken.
- Stillen ermöglicht eine normale Kieferentwicklung beim Säugling und lässt das Kind auf seine natürliche Art und Weise trinken.

Du siehst, für das Stillen lohnt es sich wahrlich zu kämpfen!

Das Wickeln

Wenn ihr einen Babypflegekurs besucht habt, dann kannst du bereits nach der Geburt mit einigem Fachwissen und gezielten Handgriffen beeindrucken. Wenn nicht, ist das auch völlig Latte, denn wieder einmal erweisen sich hier die Hebammen als Goldstücke! Sie werden euch in Ruhe erklären, wie das Windelnwechseln – auch Reifenwechsel genannt – funktioniert. Wickeln ist dank der modernen Windeltechnik so irre leicht, dass das binnen dreier Tage vom Lernen bis zur Perfektion kein Thema mehr ist, weder für Mama noch für Papa. Es empfiehlt sich, in den ersten Monaten keine Pflegemittel wie Cremes und derlei zu benutzen, um die sanfte Haut des Säuglings nicht daran zu gewöhnen. Also nur mit Wasser reinigen. Über Nacht, wenn das Baby sich denn gerne vollmacht, ist es aber sinnig, eine Kamillencreme, zum Beispiel Calendula von Weleda, zum Wundschutz aufzutragen. Irgendwann nimmt auch das nächtliche Schietern ab, so dass ihr diese Balsamierung ebenfalls einstellen könnt. Wund werden die Lütten allerdings immer mal wieder, also Calendula immer griffbereit auf der Wickelkommode stehen haben.

Nimm dir frei!

Halt! Zeitlich! Von der Geburt an nimm dir erst einmal frei. Drei Wochen empfehle ich dir. Diese Zeit ist so wertvoll, und sie bereichert dich so ungemein, deswegen gönne dir so lange wie möglich Ferien vom Job. Der Klassiker sind zwei Wochen, aber für mein Dafürhalten ist das zu wenig. Bis alles zumindest ein bisschen eingespielt ist und sich eine vorläufige Mini-Routine einstellt, sind 21 Tage genau richtig. Vieles bleibt jetzt an dir hängen: Einkaufen, Putzen, Behördengänge, Wickeln, Baden – und dabei nur wenig Schlaf! Glaub mir, das ist für alle Beteiligten echt ein schönes entspanntes Gefühl, den Papa für die Zeit fest zu Hause zu haben. Kleiner Tipp: Wenn es dir möglich ist, dann schaffe in der letzten freien Woche einen fließenden Übergang zurück zur Arbeit. Vielleicht, indem du morgens noch zu Hause bist und ab mittags arbeitest, bis du schließlich wieder fulltime verschwindest. Das schafft nach meiner Erfahrung für deine Partnerin ein Gefühl der Sicherheit, und die ist am Anfang alles!

Welcome On Planet Earth: Vom Cluburlaub in die Ein-Sterne-Bettenburg

Wie du im Kapitel »Pränatal« erfahren hast, begebt ihr euch beim Verlassen des Hospitals oder des Geburtshauses in die Hände einer Hebamme, welche die sogenannte Wochenbettbetreuung bei euch zu Hause übernimmt. Sie ist eure Stütze in den ersten Wochen, steht mit Rat und Tat zur Seite und erklärt euch den richtigen Umgang mit eurem Kind. Unsere Hebamme, die in den ersten Wochen mit ihrer unbeschreiblichen Professionalität, Wärme und Gelassenheit ein Segen für uns war, wurde nicht müde, auf die Außerordentlichkeit und Abstraktion des unversehens heftig veränderten Komfortzustands des Säuglings hinzuweisen. Und na klar, da war was dran. Sein Weg führte ihn aus dem luxuriösen, sehr exklusiven und beschützten Mutterleib mit All-inclusive-Verpflegung und 24-Stunden-Service am Platz in die kalte, schonungslose Welt der Zweibeiner, in der einem Nahrungsaufnahmemöglichkeiten und Druckbetankungen erst nach lautstarkem Krakeelen zuteilwerden und die billige, nicht mal Minijob-Reinigungskraft nur sporadisch in die Windel linst. Wie muss das also sein, wenn man sich als verwöhnter Superstar, als vermeintliche Hegemonialmacht plötzlich hinten anstellen soll, wie jeder andere auch? Das ist wie vom Cluburlaub in die Ein-Sterne-Bettenburg: zum Kotzen!

Dieses Nach-unten-durchgereicht-Werden muss die winzige Seele der noch winzigeren Person erst einmal verknusen. Dein Baby versteht nicht, wo es gelandet ist und was das alles soll. Es weiß nichts von »Deutschland sucht den Superstar«, Angela Merkel oder Elterngeld, nichts von Tag und Nacht oder Händen und Füßen, geschweige denn diese zu benutzen. Schwupps auf der Welt, und das Navi ist weg. Kein Wunder demnach, dass der Neuling regelmäßig von Weinkrämpfen geschüttelt wird oder einfach erst einmal in Ruhe ein paar Tage knacken will.

Postnatal – Nach der Geburt

Aller Anfang ist schwer

Hoffnungslos, viel zu hell und hungrig: Wie erobert dein Kind seine Welt?

So richtig cool finden die Kleinen die Erde mit all diesen fremden Zweibeinern mit diesen komischen Grinsegesichtern noch nicht. Und als sie sich gerade ans Krankenhaus gewöhnt haben, geht es auch schon ab nach Hause. Wie akklimatisiert sich dein Baby dort schnell?

Gerade in der Anfangsphase wird oft empfohlen, den Mutterleib zu simulieren. So bettest du das Baby stets sehr beschützt und bequem auf dem Stillkissen und mit einem eingerollten Tuch um den Kopf, so dass es eine Art Hülle um sich herum fühlt. Weint dein Kind, dann nimmst du es auf den Arm und drückst es ganz sanft an dich, dabei streichelst du es zärtlich über den Rücken, so dass auch hier das Gefühl des Beschütztseins entstehen kann. Ebenfalls ist das weiche, rhythmisch ganz einfühlsame Ausstreichen des Babys bei heftigen Weinkrämpfen eine Simulation der ganzkörperlichen Schutzatmosphäre der Zeit vor der Geburt. Nicht zu vergessen: Das »Pucken«, eine ausgetüftelte, sehr traditionelle Wickeltechnik, bei der das Baby mit wenigen Handgriffen ganz eng in ein Tuch eingewickelt wird. Diese Methode kopiert gleichermaßen virtuos den Mutterleib, ruft »heimatliche« Gefühle beim Baby hervor und spendet ihm Sicherheit und Geborgenheit.

Es ist ganz wichtig, sich dieses Gewöhnungsprozesses des eigenen Kindes gewahr zu werden und ein Verständnis für die aus Babys Sicht hoffnungslose Ausgangssituation, in der es dank des grellen Tageslichts viel zu hell ist und bei Hunger erst geschrien werden muss, zu entwickeln. Nur dann kannst du entsprechend sanftmütig, gelassen und liebevoll auf deinen Nachwuchs eingehen. Den Wurm an die Hand nehmen und ihn mit unserem Planeten vertraut machen – das wird in den kommenden Wochen und Monaten verstärkt deine Aufgabe sein. Du zeigst ihm den Weg, den du für gut erachtest, bis du schließlich irgendwann loslässt, wenn dein Kind sein eigener Reiseführer wird.

Wie halte ich mein Baby?

Da liegt es nun, in einem liebevoll drapierten Nest auf deinem italienischen Designersofa, und es überkommt dich das Bedürfnis, deinen Sohn oder deine Tochter an dich zu nehmen und zu küssen. Nur, wie gelingt es dir, die kleine runzelige Kartoffel unbeschadet und voll funktionsfähig in deine Arme zu nehmen?

Wie du dir (nicht) denken kannst, ist das Aufnehmen eines Babys aus seiner liegenden Position mit dem Hochheben einer kleinen goldenen, mit Diamanten verzierten Inkastatue zu vergleichen. Wie Indiana Jones folge lieber deinem Gefühl intuitiver Vorsicht, denn irgendwo aus der Ecke mag ein Giftpfeil geschossen kommen – oder ein kurzer Augenblick der Unbeherrschtheit oder Unachtsamkeit, und das kostbare Prachtexemplar kann einen Kratzer oder eine Delle davontragen. Welche Wertminderung. Nun denn, es versteht sich von selbst, dass du langsam und bedacht mit deinem Baby umgehst, niemals schnell, ungeduldig oder ruckartig waltest. In den ersten Wochen und Monaten haben die neuen Lebewesen in Menschengestalt keine Kontrolle über ihren Körper. Vor allem können sie den schweren Kopf nicht halten. Deshalb achte stets darauf, den Schädel deines Kindes zu stützen.

Um es nun hochzunehmen, schiebe deine Hände unter das auf dem Rücken liegende Kind. Die eine Hand unter den Po, die andere unter den oberen Rücken und Kopf (keine Bange, die sind ja alle noch so klein, deine Hand wird also groß genug sein). Ganz langsam kannst du es nun aufnehmen, dabei mit der Hand am Po den Rücken stützen und mit der Hand am Kopf den gesamten Oberkörper. Einwandfrei.

Die kleinen Knöterköppe sind gerne bei Mama oder Papa auf dem Arm in der Wiegehaltung. Hier liegt der Kopf in der Armbeuge und der Körper ruht auf dem Unterarm. Sitzt du dabei, kannst du deinem Kind, nachdem es abgestillt ist, in dieser Position auch fantastisch das Fläschchen reichen. Mütter stillen zumeist in dieser Haltung. Ein Bäuerchen aus der kleinen Flatulenzmaschine klopfst du am allerbesten heraus, wenn du dein Baby aufrecht hältst, eine Hand am Po, das Köpfchen lehnt an deiner Schulter, und mit der freien Hand tappst du leicht auf den Rücken. Buuurrrrps! Bei Bauchschmerzen oder Blähungen empfiehlt sich freundlich der Fliegergriff, der im Pups-Kapitel (»Das Furzen: Der stinkende Pupsberater«, Seite 207) noch genauer erläutert wird.

Mama stillt, du wickelst

Papa = Windeltaxi
Mama = Getränkestand

Ja, wir waren nicht zimperlich mit der ausgesprochen nüchternen Benennung, als wir uns damals zur Geburt unserer Tochter rollenspezifisch aufgeteilt haben. Die ersten Wochen bin ich das Windeltaxi gefahren, um meine Frau zu entlasten, später, nach der Rückkehr in den Job, hat sich das dann eher in ihre Richtung verschoben, und ich war nur morgens und abends im Dienst. Die Rolle und Funktion des Windeltaxis kann ich dir nur wärmstens ans Herz legen, und ich will dir auch erklären, warum. Als Vater hast du in den ersten Wochen und Monaten nach der Geburt neben einer stillenden Mutter den Job des Allrounders. Egal, was gemacht werden muss, es landet bei dir. Und trotzdem plagte mich das schlechte Gewissen, nicht mehr tun zu können als das. Teilweise haben Mütter Probleme beim Stillen, so dass sie Hilfe benötigen, um das Kind ordnungsgemäß anzulegen. Da bist du dabei, logo, aber zumeist guckst du doch nur doof zu. Um aus diesem Prozess also ein Maximum an Teilnahme und Beanspruchung zu generieren, besetze du das Windeltaxi und versuche darüber hinaus, den Dienstleister zu geben, der jederzeit ohne zu murren einsatzbereit ist. Du wirst sehen, das ist unendlich geil, und das Wickeln wird zu einer ungeahnten Passion!

Das Baby-Bepinkeln

Den sehr wertvollen, alten Brauch des »Baby-Bepinkelns« solltest du aufrechterhalten. So viel Zeit muss sein.

Das »Baby-Bepinkeln« bedeutet, dass du mit all deinen Freunden auf die Geburt deines Kindes anstößt. Als Highlight könnte deine Frau samt Baby kurz dazukommen, damit deine Kumpels euren Wonneproppen begutachten können. Eine etwas chauvinistische Veranstaltung, aber was soll's.

Es gibt auch die ersten Versuche, das »Baby-Bepinkeln« wie einen familiären Kaffeeklatsch für Freunde zu begehen. Das ist natürlich nur der halbe Spaß, wollen wir uns mal nichts vormachen.

Und auch dem müssen wir ins Auge sehen: Das »Baby-Bepinkeln« endet in einem großen Besäufnis mit Kopfschmerzfolge. Wirklich elementar wichtig ist das Timing. Es gibt Väter, die gehen saufen, obwohl Mama und Baby noch im Krankenhaus liegen. Die feinfühligeren Vertreter warten, bis sich der Alltag zu Hause zumindest schon mal ein bisschen gefunden hat, und gehen dann erst los. Letzteres empfehle ich, ich Warmduscher.

Stilldemenz: Vergiss es ... äh, was?

Vergiss es im wahrsten Sinne der Worte: Die tückische Stilldemenz greift mit dem ersten Schluck aus der Brust um sich. Das ist nämlich der Startschuss zu langen Tagen und kurzen Nächten, und das meine ich nicht düster prophezeiend, sondern rosig realistisch. Nicht nur die Mutter wird davon betroffen sein, du auch! Der Grund: Die regelmäßige Unterbrechung der Tiefschlafphasen von außen. Außen bedeutet in diesem Fall: das lebendige Knäuel neben euch im Bett! Das hat auch nachts mächtig großen Appetit, und um höflich darauf hinzuweisen, schlägt es an (alte Hundebesitzerbezeichnung für Köter, die bei Gefahr bellen)! Mittelfristig führt dieses Schlafen in kurzen Dosierungen zu herrlichen Konzentrationsstörungen und abnehmender Gedächtnisleistung. Aber keine Panik, alles im Rahmen! Du vergisst Dinge, die du erledigen wolltest, erkennst deine Freunde und Verwandten nicht mehr, lässt wichtige und regelmäßige Toilettengänge aus, guckst im Fernsehen apathisch das, was dir »HSE24« so bietet, und vergisst gerade ausgegebene Informationen, weil du dich eben auf dein Baby und dessen Bedürfnisse fokussierst. Und weil du einfach platt bist. Ich habe zudem bei intensiver Babypflege und -betreuung das Gefühl für die Wochentage und Uhrzeit verloren. Ist aber alles eher so ein individuelles Ding.

Allgemein gilt jedoch: Diese Zeit ist ein Befreiungsschlag! Wenn du wie ich zu der Sorte Mensch gehörst, die sich gerne auf Momente oder Situationen vorbereitet, kontrolliert bist und vorausdenkend, dann kann dieses Lebenskonstrukt herrlich durcheinandergewirbelt werden. Plötzlich ist nichts planbar, aber alles möglich! Du lernst eine neue Flexibilität und wirst von heute auf morgen zu einem extrem lässigen Coolheimer, der immer offen ist und den nichts mehr aus der Ruhe bringt. Wenn das kein Gewinn ist. Und es wird noch besser.

Diese Phase des Vaterseins verleiht dir eine natürliche Immunität. Ein ganz neues Spektrum an Ausreden eröffnet dir eine neue Dimension. Verpatzt du was im Job, hast du keine Lust auf das Business-Abendessen oder kotzt dich der Brunch bei Freunden extrem an – du hast ein Baby! Spiel die Trumpfkarte und setze es in den Mittelpunkt deiner feigen Absagen, miesen Ausreden und peinlichen Entschuldigungen. Du leistest zu Hause wahrlich Großes und gibst dem kleinen Wesen unendlich viel. So kann es dir auf diese Weise auch ein bisschen zurückgeben.

Das erste Mal: Mit Baby in der Öffentlichkeit

Da traust du dich endlich mal wieder in die Öffentlichkeit, sogar dorthin, wo sie alle sind, in Bars, Cafés oder Restaurants. Du hast Spaghetti mit Scampi bestellt, der Wohlgeruch des Montepulciano breitet sich wie schleichende Nebelschwaden allmählich aus, und du lehnst dich langsam entspannt zurück. Ach, so könnte es eigentlich immer sein.

Doch bevor die Spaghetti das Salzwasser auch nur ansatzweise gesehen haben, der Duft des Rotweins deine Nase erobert hat und du die Entspannungsposition auf der Sitzbank erreicht hast, bricht aus dem bis dato stummen Kinderwagen ein Geschrei aus, das nicht mal »Monster Magnet« wagen würden zu intonieren. Dein Herz rast, deine Gesichtsfarbe changiert von Käseblässe zu Pierre-Brice-Röte, Gelassenheit scheint ein schlechter Berater zu sein, und panisch versuchst du, den Schreihals zu beruhigen. Alle Tricks scheitern. Die ersten Gäste sehen sich nach dir um. Du nimmst kein Mitleid in ihren Mienen wahr, kein Verständnis, nur Hass, genervte Blicke, Giftpfeile aus stechenden Augen treffen dich im Schaltzentrum deines Eindämmungsdrangs. Raus hier. Nur noch raus hier, denkst du und stocherst Geld suchend in deinen Hosentaschen herum. Von deiner Nase perlt ein Schweißtropfen ab, dein Haaransatz ist schon nass, und in deinem olivfarbenen T-Shirt zeichnen sich apfelsinengroße Schweißflecken im Achselareal ab. Fuck, hätte ich doch ein weißes T-Shirt angezogen – auch das noch!

Der Slalom zum Ausgang. Wie vom Volk bespuckt und getreten gleicht dein Abtritt dem Verstoß eines Geächteten, der einen Bastard im Wagen vor sich rausschiebt. Es ist das Grauen. Aber es wird kommen und dir widerfahren. So lass mich dazu mal wieder tief in die Floskelkiste langen: Übung macht den Meister. Keine Scheu und rein da! Anfangs würde ich mal am Tag, während dein Baby im Kinderwagen schläft, einen Kaffee trinken gehen. Gleich bezahlen – ganz wichtig. So kommst du schon mal wieder rein ins normale Leben. Dann lässt sich darauf aufbauend mal ein Snack im Schnellrestaurant einnehmen. Geht auch gut? Na los. Aus Angst wird Vertrauen. Jetzt kann nichts mehr passieren. Und wenn es dir unangenehm ist, dass ihr in deinem Stammlokal immer die gleichen Leute malträtiert, dann fahrt doch für ein Wochenende in eine andere Stadt und trainiert dort. Tut dir und deiner Partnerin ohnehin mal gut, so ein Tapetenwechsel.

Stillen in der Öffentlichkeit

Wenn du dich mit deiner Partnerin in ein Lokal wagst, um eine Kleinigkeit zu essen oder zu trinken, dann denke daran, ein Tuch mitzunehmen. Dieses kannst du schnell aus der Tasche zaubern, wenn der Getränkestand den Muttermilchtank freilegen will, um zu stillen. Solltest du es irgendwie verhindern können, bitte nicht mitten im Lokal stillen lassen *ohne* einen Sichtschutz.

Mir ist folgende, wirklich schreckliche Geschichte widerfahren, die mir arge Seelenpein zugefügt hat. Als unsere Tochter ungefähr fünf Monate alt war, waren meine Frau und ich bei Freunden zum Sonntagmorgen-Brunch eingeladen. Eine illustre Runde trafen wir dort an, unter anderem eine Frau der Gastgeberin, die gerade vor vier Wochen zum zweiten Mal Mutter geworden war. Ich unterhielt mich angeregt mit ihr im Stehen, direkt vor dem Büfett. Ich hielt meine Tochter im Arm, sie ihr Neugeborenes. Plötzlich fing ihr kleines Paket gellend an zu schreien. Während sie rasend schnell, fast atemlos irgendeine furchtbar informative Geschichte herunterratterte, entblößte sie eine grässlich anzusehende, riesige bleiche Brust, die schwerfällig aus dem Still-BH-Korb plumpste, rammte ihr unschuldiges Kind mitten in das üppige, weiße Fleisch und redete ohne Unterlass weiter, in diesem nicht überholbaren, schnellen Tempo und immer noch mit diesen vielen Informationen. Krampfhaft versuchte ich bei diesem beängstigenden Vorgang, den Augenkontakt mit ihr zu halten, eben weil sie mit ihren großen, stierenden Augen meinen Blick wie im

Schwitzkasten hielt. Sie wollte mich offensichtlich dabei überprüfen, ob ich nicht irgend so ein Tittenspanner bin, der sich darum prügelt, als ständiger Gastgaffer mit zum wöchentlichen PEKIP-Kurs zu kommen, und nach der gemeinsamen Still-Runde giert. Na ja, das Potenzial wäre da gewesen, aber spätestens seit dieser Vergewaltigung des guten Geschmacks und des respektvollen Umgangs miteinander belasse ich meine voyeuristische Triebhaftigkeit in den eigenen vier Wänden.

Reisen mit Kind

Du tust der Welt einen ganz großen Gefallen, wenn du dir den Aufkleber »Baby an Bord« verkneifst. Ebenso bitte ich dich inständig, die übrige Menschheit nicht mit dem auf der Heckscheibe aufgeklebten, lustig illustrierten Namen deines Sohnes und/oder deiner Tochter zu penetrieren. Das ist ein Verbrechen, nur kurz vor der Gräueltat. Ähnlich stillos wirken diese bunten Sonnenrollos für die Rückbank-Seitenscheiben, erhältlich in Janosch/Diddl/Looney-Tunes/Balu-der-Bär- oder Winnie-Pooh-Design. Schlicht schwarz oder analog zur Fahrzeugfarbe geht okay. Das sind die Grundvoraussetzungen, an die du dich halten musst, bevor du einsteigst, wenn du mit dem Auto reist.

Ist dein Kind an Bord, gibt es eine Menge Dinge, an die du denken solltest. Die Grundausrüstung ist selbstverständlich: Windeln, Kleidung, Essen, Spielzeug, Schlafsack, vielleicht Reisebettchen, Kinderwagen, Tragetuch. Auch wenn es im Sommer gen Süden geht, für den Nachkömmling zwei bis drei warme Sachen mitnehmen, falls es abends abkühlt oder wider Erwarten doch mal das Wetter wechselhaft ist.

Die Reiseapotheke

- Hat irgendein Familienmitglied Allergien, die zum Beispiel durch Insektenstiche hervorgerufen werden, solltest du die Mittelchen immer bei dir haben.

- Fieberthermometer einpacken sowie Schmerz- und Fiebermittel. Diese solltest du je nach Alter des Kindes wählen und deshalb bitte Apotheker oder Arzt fragen, welches Medikament geeignet ist.

- Nasentropfen (Kochsalz oder Meersalz), die abschwellend wirken, sind sinnvoll bei Flugreisen. Bei Start und Landung verabreicht, verhindern sie Schmerzen im Mittelohr und sorgen durch die Befeuchtung der Schleimhaut für eine geringere Infektanfälligkeit im Flugzeug.

- Alle Medikamente, die dein Kind sowieso benötigt, sollte es welche regelmäßig einnehmen müssen, und natürlich Vitamin-D-Tabletten. Diese, wie auch die anderen existenziell wichtigen Medikamente, müsstest du bei Flugreisen im Handgepäck haben, falls es mal Schwierigkeiten mit dem Gepäck gibt.

- Heftpflaster, Schere, Pinzette, Mullbinden, Jod und Wundcreme, Mittel gegen Juckreiz, Sonnenmilch und eine Salbe bei Sonnenbrand, Elektrolytgetränke bei Durchfall, um die notwendigen Salze und Mineralstoffe dem Körper wieder zuzuführen, und eine Salbe für Prellungen sowie Paracetamol.

Hast du das alles am Start, bist du ein sehr vorbildlicher Vater – und komme, was da wolle, du kannst Hilfe leisten.

PEKIP

Berührungsängste, herrliche Anekdoten, Eingewöhnungsprobleme, Glanzleistungen, Startschwierigkeiten oder bahnbrechende Entwicklungsschritte – hier gehören sie alle hin: ins PEKIP. PEKIP bedeutet »Prager Eltern-Kind-Programm« und ist ein wöchentliches Come-Together von frischgebackenen Eltern und ihren Kindern. So etwas wie eine Krabbelgruppe im weiteren Sinn, genauer betrachtet handelt es sich beim PEKIP um eine gruppenpädagogische Arbeit spielerischer Art, bei der Eltern beim Prozess des näheren Kennenlernens ihres eigenen Kindes begleitet und unterstützt werden. Schöne Sache. Im Klartext bedeutet das: Mütter treffen sich zumeist einmal die Woche vormittags für eineinhalb Stunden in einem extrem aufgeheizten Raum, ziehen die Kleinen aus, setzen sich in einen Kreis und legen die Babys vor sich, die dann natürlich völlig verdutzt aus der Wäsche schauen und sich fragen, warum ganz ähnliche, fast baugleiche Modelle neben und vor ihnen liegen. Sodann werden alle Sinne in Gang gebracht, und es wird gesungen, gespielt, getanzt, getastet und so weiter.

Lässige Infos zum Prahlen: Jaroslav Koch, seines Zeichens Prager Psychologe, entwickelte einst Spiel-, Sinnes- und Bewegungsanregungen für Babys im ersten Lebensjahr. Die Psychologin Christa Ruppelt und der Sozialwissenschaftler Hans Ruppelt erarbeiteten für dieses Konzept das sozialpädagogische Gruppenprogramm. Beim Spielen lernen sich Eltern und Kind besser kennen, lernen miteinander zu interagieren. PEKIP wird von zertifizierten PEKIP-Gruppenleiterinnen durchgeführt, die auch Hebammen sein können oder im Bereich des Familienwesens tätig sind. Mit PEKIP lässt sich bereits zwischen der vierten und

177

sechsten Lebenswoche beginnen, die Gruppenzahl liegt bei etwa acht Erwachsenen und ihren Kindern.

PEKIP ist auch eine Art Austausch mit anderen Eltern. Erfahrungen, Befindlichkeiten, Ängste, alles, was die neue Elternschaft mit sich bringt, wird in dieser Runde besprochen. Die Moderation erfolgt durch die Leiterin, die allgemeinverständlich Entwicklungsprozesse und -stadien erklärt, Eltern-Kind-übergreifend Verständigung herstellt und individuell anleitet und unterstützt.

Kurztrip: Dein Umzug vom Schlafzimmer ins Wohnzimmer

Wird der Lärm in den ersten Wochen und Monaten des Nachts zu groß, ziehen die meisten Herren aus dem gemeinsamen Schlafzimmer aus. Abflug in Richtung Wohnzimmercouch. Treu dem modernen Gesellschaftsbild und der dazugehörigen Beziehung lässt sich nur eine Devise ausgeben: Bitte sauber mit der Leidensgenossin kommunizieren! Als Freund der Harmonie und des emanzipierten Miteinanders, wissend, dass ich mir mit dieser Aussage keine (männlichen) Freunde mache, sage ich dennoch: Ich würde lieber in den sauren Apfel beißen und im sachten Kampf mit dem Schreihals meiner Partnerin beistehen! Ihr gehört zusammen, seid ein Team, da ist es nicht fair, den anderen die ganze Nacht in der Verantwortung zu lassen und sich eine Solo-Mütze voll Schlaf zu gönnen. Und wer kann wirklich in Ruhe schlafen, wenn er merkt, dass nebenan die Hölle los ist? Und kannst nicht auch du versuchen, dein Kind in den Schlaf zu schaukeln?

Wenn du indes im Job zu 150 Prozent gefordert bist, Präsentationen vor Kunden halten oder Vergleichbares bewerkstelligen musst, dann ist ein Rückzug durchaus gerechtfertigt.

Ratschlag-Gefahr: Die Großeltern

Vorsicht, das Ding ist in bunten, geschenkpapiergleichen Worthülsen verpackt, ein verbales trojanisches Pferd, getarnt als fürsorglicher Ratschlag in bester Familienmanier.

Täter: »Ooch, wie niedlich sie ist und so rund. Aber ein bisschen blass, die Kleine. Wir haben dir ja immer in diesem Alter ein Gläschen Karotte gegeben, aber das macht ihr ja sicherlich auch …???«

Lässt du, unglücklicherweise hier nun das Opfer, den Satz jetzt auslaufen und reagierst von stoisch oder lethargisch bis überhaupt nicht, hängt der dann plötzlich skeptische Täter noch ein forsches, gar prüfendes »… oder?« an.

Verhaltensregeln für dich:

Eine sportlich-dynamische Balance zwischen Zulassen und Zusperren ist hier angebracht. Grundvoraussetzung ist ein klares und aufgeräumtes Verhältnis zu deinen Eltern, will heißen: Die Eltern funktionieren als Freunde, nicht mehr und nie wieder als Erziehungsberechtigte! Du hast losgelassen (und im besten Fall erst recht deine Eltern), und es gibt keine unterschwelligen, lebenslänglichen Dankbarkeitsansprüche, die dein Gewissen verunreinigen. Der Drops ist gelutscht.

Haben deine Eltern ihre neue Rolle verstanden, werden sie später geniale Großeltern sein, die sich nicht aufdrängen und dieser Raffinesse zum Dank öfter von dir in Anspruch genommen werden als im Normalfall. Ist deine Beziehung zu deinen Eltern immer noch sehr von Abhängigkeiten geprägt, kann möglicherweise die Neu-Existenz deines Babys Anlass sein, dich auf deine »eigene kleine Familie« zu besinnen, die alten, verkrusteten Strukturen aufzubrechen und dieses den Eltern gegenüber zu kommunizieren.

Auf der einen Seite nerven Eltern gehörig mit ihren wirklich von Herzen gut gemeinten, leider des Öfteren ungebetenen Ratschlägen, auf der anderen Seite ist es ein besänftigendes Gefühl der Sicherheit im Sturm der frischen Elternschaft, so erfahrene, wetterfeste Haudegen neben sich auf der Brücke der schlingernden Familienbarke zu wissen. Eine Art Family-ADAC mit der Plus-Mitgliedschaft. Jederzeit einsatzbereit, Abschleppen inklusive.

Mütter zaubern bei Krankheiten gerne mal längst vergessene Klassiker aus Omas Rezeptküche oder aus dem Zylinder und beherrschen ohne Hinweis und Vorab-Briefing ad hoc den sanften Umgang mit dem Winzling. Es ist etwas Besonderes, das zu beobachten, denn es erlaubt die Vorstellung, sich selbst in den Armen dieser Frau zu sehen, und man hat die Chance, einen Einblick in seine persönliche Vergangenheit visualisiert zu bekommen. Du wirst es sehen.

Einige Mütter sind indes auch eine Gefahr für die neugeborene Menschheit, wenn sie mit längst ausgetretenen Old-School-Tipps deine frisch-väterliche Unerfahrenheit zertrampeln, die von »Kind, der Schnuller sorgt für Kieferdeformationen« bis zu »Lasst sie doch schreien, die wird schon irgendwann müde« reichen. Für diese Mütter ist das Großmutter-Dasein eine Art Zeitmaschine, eine Neuauflage ihrer eigenen Regentschaft als »la Mama«, nur dieses Mal kennen sie schon den Ablauf und können zu jedem Schrei, Furz oder Pickel ihr etwas aus der Mode gekommenes Fachwissen ausspielen. Schrecklich. Fachidioten, wie die in der Schule, die beim Melden mit den Fingern schnipsten, um ihrem Übereifer Ausdruck zu verleihen. Also: Obacht. Alarm. Gleich im Keim ersticken. Keinen Platz zum Atmen geben. Das heißt, du musst deiner Mutter sagen, dass dich die Überdosis an Tipps nervt und du sie schon fragst, wenn du irgendetwas wissen willst. Wichtig, denn das ist respektvoller Umgang miteinander. Und siehe da – dit läuft!

Wieder zurück zur harmlosen Ausgabe der Superübermega-großmutter, die sich als in die Jahre gekommene Freundin gebärdet und auf dein Bitten hin lupenreine Chef-Tipps austeilt, die in der Anwendung den anderen Vätern beim PEKIP das Lächeln gefrieren lassen. Diese ebenfalls weitverbreitete Version ist Gold wert. Zusätzlich einsetzbar als Babysitter (siehe auch Abschnitt »Lebenshilfe für Daddys – Zeit für euch«, Seite 227), muss diese Spezies gepflegt und mit kulinarischen Leckereien bestochen werden, um dir beziehungsweise euch wohlgesinnt zu bleiben. Leitspruch: Kleine Geschenke erhalten die Freundschaft!

Der Ordnung halber noch ein paar verschwendete Worte über die Großväter. In der Regel halten sie sich eher zurück, da sie a) fern eines modernen Paars der Gegenwart einst durch den Job bedingt nur die Hälfte mitbekamen und b) das meiste schon wieder ausgeblendet haben, erst recht, wenn du damals ein Schreihals warst. Ausnahmen, klar, die gibt's, aber zeig mir mal den Großvater, der auf Anhieb wickeln kann…

Ratschlag-Gefahr: Die beste Freundin

Die größte Ratschlag-Gefahrenquelle ist eine oder die »beste Freundin«, die, wer hätte das gedacht, auch schon Mutter ist, aber eben ein halbes, wenn nicht gar ein ganzes Jahr in Führung liegt. Daran wird sich dann auch nichts mehr ändern, genauso wenig wie an dem Große-Schwester-Verhalten, das sie somit entwickelt und im Gespräch mit deiner besseren Hälfte täglich auslebt. Gefahr im Verzug, denn das heißt: Was die beste Freundin sagt, das ist Gesetz! Sehr schwierig zu unterwandern und zu manipulieren, ich sag es gleich. Da treffen wir uns jetzt in der Königsklasse.

Gut, im Allgemeinen sind die Tipps der besten Freundin immer auf Augenhöhe und erfolgen zumeist auf Anfrage, somit völlig okay. Hier dazwischenzufunken hat keinen Sinn, da du ja selbst Nutznießer bist. Die Tücke tritt dann auf, wenn der Ratschlag von deinem Empfinden der Situation abweicht. Ein proaktiver Umgang mit dem Dissens empfiehlt sich. Und so musst du dich in die Recherche (Internet, Bücher, Expertenbefragung) stürzen, um dir Infos zum Widerlegen und Gegenargumentieren zu besorgen.

Beispiel: Die beste Freundin moniert das tägliche Baden deines Babys als Bestandteil des Schlafrituals, da die Haut dadurch austrocknen soll. Papperlapapp, denkst du und plädierst für die Beibehaltung der einstudierten Waschung. Deine Freundin oder Frau ist verunsichert und rutscht in den Sumpf des Gewissenskonflikts ab, da sie gerne die offensichtlich funktionierende Methode erhalten möchte, dir also inhaltlich folgt, ihrer Freundin jedoch in Sachen Babypflege hundertprozentig glaubt und ihr das Vertrauen nur ungern in diesem brisanten Richtungsstreit entzieht. Zeit, aufzurüsten und nicht immer nur das Internet zu bemühen. Ein Nachfragen zum Beispiel bei der behandelnden Kinderärztin gibt Aufschluss und enthüllt: Tägliches Baden geht völlig in Ordnung! Derart untermauerte Fachinformationen durchbrechen jedes Manifest, die Proklamation indes verlangt Fingerspitzengefühl und Weltgewandtheit. Ein zartes Einfließen dieser Nachricht in die Alltagssituation Abendessen bietet sich an. Ähnlich verhält es sich, wenn du die Rechercheergebnisse schwarz auf weiß vorliegen hast, kopiert aus Fachbüchern oder aus dem Internet mit mehrfachem Quellenhinweis. Momente der Stille und Zweisamkeit, so selten sie sind, solltest du dafür wählen und mit ruhiger Stimme deine Meinung vortragen und begründen. Du wirst sehen, bei so viel Aktionismus kannst du nur reüssieren, und dein Stern als Vater strahlt heller denn je.

Schnuller rein und Ruhe

Meine Mutter schrie am Telefon besorgt auf, als ich ihr von unserer Neueroberung, dem Schnuller, berichtete: »Das gibt doch Kieferdeformationen, Junge.« Darauf gab ich nur resigniert zurück: »Das ist uns in diesem Augenblick auch egal!« Wochenlang hatte unsere Tochter durchgeschrien, und nun hatten wir zum ersten Mal etappenweise die (Schrei-)Lage wieder im Griff. Was sorgte uns da das Geschwätz von morgen?!

Der Schnuller ist ein Geschenk! Eine Rettungsinsel in der tosenden See der 24-Stunden-Nonstop-Beschallung. Lass dich nicht beirren, kauf so ein Ding, wenn du zu Hause mal für Ruhe im Karton sorgen willst, um durchzuatmen.

Anwendbar ist die Topinnovation bei mürrischem Geknöter, lästigem, schleichend ansteigendem Quengeln oder bei leichtem bis mittlerem Schreien. Hier muss jedoch der Schnuller zusammen mit Wippen zur Musik oder Ähnlichem gereicht werden, sonst nimmt dein Säugling nicht mal ansatzweise Notiz davon, lehnt den Schnuller ab, saugt ihn einfach nicht an oder spuckt ihn sofort wieder aus. Daher sorge dich nicht, solltest du den Eindruck gewinnen, dein Kind zu etwas zu zwingen.

Du offerierst den Latexnuckler – fürs triviale Halbwissen: Die

alten Ägypter zum Beispiel reichten ihren Babys mit Honig gefüllte Tonfiguren –, indem du ihn sanft in den plärrend geöffneten Mund schiebst. Will der kleine Scheißer den Gummipenökel
in seinem Schreiwahn nicht annehmen, startest du die Extended
Version: Dafür musst du den Saugnuckel ganz sanft rhythmisch
im leicht geöffneten Mund kreisen lassen. Zumeist springen die
Radaubrüder jetzt an. Sollte das nicht der Fall sein, dann kannst
du einpacken.

Nun zu meiner Mutter. Ja und nein. In erster Linie: nein. Bis
zum zweiten Lebensjahr kannst du den Schnuller einsetzen, wie
du magst, so gesehen hast du da eine 24-Monate-Schnullerflat-
rate. Dann, nach zwei Jahren, kommen die Experten, vorrangig
Zahnärzte, ins Spiel. Sie konstatieren: Durch das ständige Nuckeln kommt es zu kieferorthopädischen Problemen und Zahn-
fehlstellungen, da der Oberkiefer beim Saugen nach vorne ge-
schoben wird und somit den Unterkiefer im Wachstum hemmt.
Dabei sind es nicht nur die Stöpsel-Bösewichte in Latex, die
Schimpf und Schande, Tod und Verderben über das Gesicht und
seinen Mundraum verbreiten, sondern wieder mal die extremen
Parteien am äußeren Rand, die für Ärger sorgen: der linke und
der rechte Daumen. Das Daumenlutschen ist nämlich laut anderer Koryphäen weitaus gefährlicher als das Nuckeln am Gummi.
Der Schnuller ist weich und ergonomisch kiefergerecht geformt.
Ganz anders als der schäbige Däumling.

Während durch den Neuzeitschnuller entstehende Schiefstellun-
gen der Zähne offensichtlich minimal und dadurch leicht zu behe-
ben sind, gilt das bequeme Fingersaugen als der Heilsbringer eines
jeden Kieferorthopäden, der sich mit dem randvollen Kinderwar-
tezimmer seine Großstadtvilla von außen mit Echtgold überziehen
lässt. Auch wenn dieses Traktat sich nicht mit Kindern im Alter

von über einem Jahr beschäftigt, hier ein Tipp unter Freunden: Mit zwei Jahren hat es sich de facto ausgeschnullert, dann gibt es den Nuckel nur noch zum Einschlafen. Natürlich siehst du als Vater beziehungsweise Mutter besser, wann sich der geeignete Augenblick zum Absprung offenbart, doch da solltest du ab dem zweiten Geburtstag auf jeden Fall ein Auge drauf haben.

Schwieriger wird es indes, den Daumen abzugewöhnen. Auch hier ein alter Landser-Trick: Daumen rausnehmen und Schnuller reinschieben. Immer wieder, auch wenn es 50 Mal am Tag ist. Wenn dein Kind dich schließlich verbal klar versteht, dann kannst du ihm auch einfach die Folgen des Nuckelns erklären, und du wirst sehen: Es klappt. Auf jeden Fall brauchst du viel Liebe und Geduld und möglicherweise ein Leinensäckchen, in das die Hand ganz lose eingebunden wird, damit der Gnom sich nicht wieder den Schnuller oder den Finger in den Mund schiebt. Sei dir gewiss, irgendwann hat dein kleines Monster keinen Bock mehr auf einen Schnuller, denn der wird auch uncool. Das soll genügen.

Babylounge – Für dein Baby

Spielzeug

In den entsprechenden Geschäften findest du für jedes Alter tolles Spielzeug. Beißringe aus Plastik, Spielstationen wie Mobile-Bogen zum Drunterliegen, Bauklötze, Plastikhandys, bunte Plüschtierchen mit Beißringen, Gummiringen und Knisterflügeln, Knisterbücher, Fühlbücher und so weiter. Im Laden beraten sie dich sehr gerne und kompetent. Sei dir sicher, ihr werdet zur Geburt unzählige Sachen geschenkt bekommen, darunter auch Plüschtiere und Spielzeug. Schon früh interessieren die Kleinen sich für ganz banale Gegenstände, die knistern oder rascheln oder keine der beiden Eigenschaften mit sich bringen. Sobald die Babys greifen können, sind die herkömmlichen Gebrauchsdinge des Alltags extrem attraktiv. Sie wollen sie sich unbedingt in den Mund stecken, um sie auf ihre Art zu ertasten.

Tolles Spielzeug:
Bonbonpapier, aufgeblasener Frühstücksbeutel, aufgeblasene Luftballons, Duplo-Steine, altes Handy, leeres Actimelfläschchen, Silberlöffel, Plastiklöffel, Holzlöffel, Tuben aller Art, Cremetöpfchen, Strohhalme, Spielzeugautos, Fläschchen oder Beutel mit losem Reis darin, Schlüssel, Metalldeckel, Seifenablage-Noppenpad, Tüten- und Geschenkpapier, Teebeutelpapiertütchen, Teepappverpackungen, Taschentücherpackung u.v.m.

Bitte achte darauf, dass alle Gegenstände, die du deinem kleinen Kind anbietest, keine scharfen Kanten haben und sauber sind. Ebenfalls musst du immer damit rechnen, dass sich beim Spielen etwas löst, beispielsweise von den Taschentüchern oder vom Raschelpapier, was im Ernstfall zu Erstickung führen kann. Also, wie ein Wachhund daneben sitzen und aufpassen. So kannst du im Notfall zur Tat schreiten.

BABY 4.0: Fotos – Filme – Bücher – Social Networks – E-Mail-Adresse

Setze alle euch verfügbaren technischen Mittel ein, um das neue Leben von der Geburt an im Wachstum zu dokumentieren. Fotokamera, DV-Kamera, Aufnahmegeräte, Handy und vieles mehr. Kleine Filmchen lassen sich mittlerweile mit ganz einfachen Schnittprogrammen für jede Art von Rechner herrlich zusammenschneiden. Wem das technisch zu anspruchsvoll erscheint, für den gibt es auch Haptischeres:

Beispielsweise kannst du Fotoalben ähnliche Bücher mit solch romantisch-kitschigen Titeln wie »Das bist du« erwerben, in denen du in vorgegebenen Feldern alle wichtigen Daten einfügen kannst und Fotos einklebst. Ein bisschen wie »Malen nach Zahlen«. Ist aber wirklich süß und ein tolles Präsent für dein Kind später mal, wenn es älter ist. Oder du behältst das alles für euer Familienarchiv.

Es gibt auch Eltern, die für ihr Baby einen eigenen Weblog führen oder über Facebook und wie die ganzen Network-Plattformen heißen oder über Fotoseiten wie Flickr ihre Freunde und Familienangehörigen auf dem Laufenden halten. Tja, mittlerweile kannst du die ganze Welt dran partizipieren lassen, wie dein kleiner Augenstern zu Hause wächst und gedeiht. Wir haben damals begonnen, ein Tagebuch für unsere Tochter zu führen, in dem wir unsere Emotionen niederschrieben, gemeinsame Erlebnisse oder ihre neu erlernten Fähigkeiten festhielten. Später wird sie das von uns geschenkt bekommen. Außerdem habe ich bereits nach drei Monaten eine E-Mail-Adresse für sie eingerichtet. A) hat sie somit die Adresse sicher, und b) verschicken wir von ihrem Account stets Fotos und die selbst gedrehten Mini-Movies für die übrigen Familienmitglieder und Freunde in der ganzen Welt.

Der Daddy-Soundtrack

CD Nummer eins – für dich

Für deine Erinnerungskiste: Stelle eine CD oder iTunes-Wiedergabeliste mit den Liedern zusammen, die du um und während der Schwangerschaft und Geburt gehört hast. Musik holt einen oft gedanklich und emotional ganz konkret an Plätze und in Momente zurück, die man ohne sie vergessen würde.

CD Nummer zwei – für dein Kind

Damit dein Kind später einmal erfährt, welche Musik deine Ohren um seine Geburt herum so umzüngelt hat, kannst du ihm ja deine CD Nummer eins kurz brennen. Der kleine Racker freut sich bestimmt wie ein Schnitzel. Aber das ist Musik von morgen! Jetzt unterhalten wir uns lieber erst einmal über die alles entscheidende CD Nummer drei – für dein Baby.

CD Nummer drei – für dein Baby

Nach der großen Mütze voll Schlaf, die das neue Familienmitglied in den ersten Wochen doch sehr bevorzugt, gibt es immer wieder Phasen, in denen die Kleinen wach sind und dann je nach Typ ab und an auch mal gerne schreien.

Old-School-Tipp: Den Zwerg in die Arme nehmen, hin und her wiegen und dazu die Musik aufdrehen. Musik beruhigt! Für diesen ständig wiederkehrenden Fall brauchst du ein knackiges Line-up!

Stelle eine CD mit nicht zu harten Sounds (wenn hart, dann nicht zu laut aufdrehen) zusammen, die du gerne magst. Nur dann kannst du auch eine positive Schwingung an den kleinen Knödel in deinen Armen weitergeben. Bei uns half ein Best-of-Album der Pet Shop Boys, das mit »Go West« startet. Schon bei dem den Titel eröffnenden Meeresrauschen vor der ersten Note gab unsere Süße ihren Protest auf. Bei längeren Klageattacken habe ich die CD dann einfach weiterlaufen lassen. Perfekt. Die Pet Shop Boys eignen sich tausendprozentig für Babys, da sie ausschließlich harmonische Melodien kreieren, die sich ständig wiederholen – das löst Ängste und lässt positive Gefühle entstehen. Hinzu stießen das von den Pet Shop Boys produzierte Album »Results« von Liza Minelli und Michael Jacksons »Thriller«.

Musik besänftigt Babys, lenkt oftmals auch vom eigentlichen Grund des Schreiens ab, der so in der Komposition versickert. Außerdem liegt dein Nachfahre in deinen Armen und erhält so eine riesige Portion Liebe, Zuneigung und Sicherheit. Aber das ist nicht alles!

Kleiner Exkurs: Emotionale Erfahrungen durch sinnliche Wahrnehmungen wie Musik regen die Gehirnzellen an und verknüpfen sie. Das emotionale Gedächtnis ist für Kreativität und Intelligenz zuständig, und daher schaffst du dir einen kleinen Intelligenzbolzen, wenn du ihn von Anfang an mit Musik konfrontierst. Kein Schnack! Förderst du die emotionalen und kreativen Erfahrungen deines Babys, dann gibst du der Entwicklung eine positive Note! Bereits im Mutterleib nehmen Babys die Musik von außen wahr. Wenn ihr wollt, könnt ihr die Leibesfrucht also schon im Bauch täglich mit einer ausgesuchten Spieluhrenmelodie beschallen oder ihr etwas vorsingen. Wenn euer Kind auf der Welt ist, wird es sich dann an dieses Stück erinnern und eine gewisse Geborgenheit und Sicherheit verspüren. Dieses Lied wird euer Kind beruhigen und kann somit zum Einschlafen verhelfen. Beim Spielen kann Musik ebenfalls kreative Impulse setzen – einfach mal ausprobieren.

Bei uns läuft bis heute im Hintergrund Klassik, Pop, Soul, Crossover und Minimal Electro – für Babys wird allenthalben Mozart empfohlen, ebenso eignen sich Kinderlieder oder ganz banal das Radioprogramm. Echte Vorzeigepapas singen natürlich selbst gerne, keine Scheu also, wenn du live performst – ein Fan ist dir ja gewiss: dein Baby!

Deine Frau

Wochenbettdepression

Miese Stimmung in der Bude? Kein Witz ein Lacher? Du zweifelst an deinem privaten Stand-up-Programm und somit an deiner Gabe, deine Frau wirklich vollends unterhalten zu können? Alles klar. Die Diagnose ist eindeutig: Sie leidet an der Wochenbettdepression oder wie der Amerikaner es niedlich zu formulieren weiß: Baby-Blues. Statt mütterlichem Glück und großer Freude bis in die Haarspitzen herrscht eine bittere Endzeit- und Untergangsstimmung à la carte. Alles ist grau, grässlich, und es gibt keinen Grund mehr, das Leben in irgendeiner Weise fortzusetzen. Tatsächlich ist die Bandbreite der Symptome ziemlich umfangreich: Die eine leidet unter fix vorübergehender Traurigkeit oder Verstimmung, während die andere sich mit Selbstmordgedanken beschäftigt. Kein Witz. Kein Lacher!

Die Möglichkeit, psychisch einen Knacks zu bekommen, steigt bei Neu-Müttern in der ersten Zeit nach der Geburt rigoros an. Und auch wenn wir Super-Daddys von all den Schwangerschaftsratgebern nicht erfasst werden und unsere Tage als Probanden längst gezählt sind: Auch wir sind anfällig für eine große Tristesse, Niedergeschlagenheit und Schwermut. Zwar nicht bewiesen, wie beim zarten Geschlecht, ist aber so.

Während das beschwerliche Ungeheuer Wochenbettdepression trübselig wütet, ist das junge Verhältnis der Mutter zum Kind, na ja, nennen wir es mal: angespannt. Mama kann oder will ihr kleines Baby nicht so richtig lieben, weshalb quälende Schuldgefühle in ihr hochsteigen und sie gegenüber ihrem Partner und ihrem Kind ein schlechtes Gewissen hat. Sie hat zumeist Schwierigkeiten, dies zu artikulieren, hält daher lieber den Schnabel und ist traurig. Hier bist du gefragt. Als Vorzeigepapa und Prachtexemplar eines Gatten bist du auf eine einfühlsame Art und Weise für deine Frau da, betüdelst sie von vorne bis hinten und wagst den ersten Schritt: Sprecht darüber! Warum auch nicht? Hier steht es geschrieben, jeder weiß es, warum also totschweigen? Schwer zu prognostizieren, was dabei rauskommt, aber ich halte es immer für besser und geradliniger, die Dinge beim Namen zu nennen und sich darüber auszutauschen. Sei dir gewiss, deine Partnerin wird dir das hoch anrechnen, und du steigerst somit locker deinen Marktwert als Supertyp. Außerdem, rein egoistisch gesehen, auch dich beschäftigt das Vatersein sehr, und es ist nicht zwingend gleich ein Supergefühl. Du wirst auch jede Menge Redebedarf haben – hier, im Kampf mit der Melancholie, bietet sich euch beiden eine tolle Gelegenheit dafür.

Die Wochenbettdepression ist in drei unterschiedlichen Qualitätsstufen erhältlich: das postpartale Stimmungstief (Grundtenor: traurig, unsicher), die postpartale Depression (Grundtenor: alles Mist, das bringt doch nichts mehr!) und die postpartale Psychose (Grundtenor: Hast du Shining gesehen?).

Das postpartale Stimmungstief

Eine beliebte Phase der Traurigkeit innerhalb der ersten zehn Tage nach der Entbindung, wie sie bei mehr als der Hälfte der frischen Mamas auftritt. Deine Partnerin ist dann beispielsweise weinerlich, traurig, rastlos, erschöpft, schlaflos, reizbar, unkonzentriert, ängstlich und sehr empfindsam.

Bitte Samthandschuhe anziehen, nicht widersprechen (kennst du ja noch aus der Schwangerschaft) und immer mal wieder einen lustigen Spruch bringen. Die Welt ist wunderschön – formuliere das!

Die postpartale Depression

Davon sind ungefähr zehn bis 20 Prozent der Mütter betroffen. Diese Form der Depression kann im ersten Jahr nach der Geburt auftreten, in unterschiedlicher Intensität. Sie schleicht sich zumeist in den Alltag der Mutter ein und zeigt dann ihr böses Gesicht. Wie böse, das gilt es auf jeden Fall von einem Psychologen herausfinden zu lassen, wenn diese mental schwierige Phase verkürzt werden soll. Zu den bekannten Kennzeichen des Stimmungstiefs gesellen sich hier noch solche schrecklichen Symptome wie Suizidgedanken, Panikattacken, Kopfschmerzen, Herzbeschwerden, Appetitlosigkeit, sexuelle Lustlosigkeit, Antriebslosigkeit und psychosomatische Beschwerden. Innerlich zerrissen kann die depressive Mutter keine eindeutigen Gefühle für ihr Kind definieren.

Hier haben wir es schon mit einem echten Psychohammer zu tun, der, sobald die leisesten Anzeichen erkannt wurden, sofort behandelt werden muss. Lass dich da nicht lumpen und halte die Augen auf. Wenn Portishead in Dauerschleife aus den Boxen schallt und deine Frau die langsam herunterkullernden Regentropfen an der Glasscheibe interessanter findet als euer schreiendes Kind, ist definitiv was faul in der Bude.

Die postpartale Psychose

Die anderen beiden Unlaunen sind schon nicht lustig, die hier erst recht nicht. Nur wenige frischgebackene Mütter leiden unter der schwersten Form der Wochenbettdepression, die während der Wehen oder aber innerhalb der ersten zwei Wochen nach der Entbindung auftreten kann. Bei einer solchen Psychose leidet deine Frau regelrecht an einer Persönlichkeitsveränderung. Sie verliert förmlich den Kontakt zur Wirklichkeit, zu realen Welt, zu dir und eurem gemeinsamen Kind. Zögere nicht, deine Frau darauf anzusprechen, wenn sich bei dir der Eindruck verhärtet, bei ihr stimme was nicht. Kommt dir danach noch etwas spanisch vor im Verhalten deiner Partnerin, dann zögere auch nicht, die euch betreuende Hebamme, den Frauenarzt oder die entsprechende Klinik um die Ecke zu kontaktieren. Es herrscht Alarm, und du solltest dich um einen Experten kümmern, der sich deiner Frau annimmt – ambulant oder stationär – und ihr das verlorene Lachen zurückgibt. Das muss angepackt werden!

Auch die postpartale Psychose ist in drei Geschmacksrichtungen erhältlich:

- **Manisch:**
  Starker Antrieb, Unruhe, Verworrenheit und Wahnvorstellungen
- **Schizophren:**
  Antriebsarmut, Halluzinationen und Wahnvorstellungen
- **Depressiv:**
  Angstzustände, Antriebs-, Bewegungs- und Teilnahmslosigkeit

Das labile Launensystem bei euch zu Hause ist das Resultat eines ganz individuell abgeschmeckten Gebräus aus psychischen, biologischen (eben hormonell bedingten), sozialen und gesellschaftlichen Ursachen. Ebenso kann zum Beispiel eine PDA als Nebenwirkung eine Verstärkung der Wochenbettdepression mit sich bringen. Daran siehst du, aus welchen ganz unterschiedlichen Richtungen sich die Grundzutaten für die verstopfte Stimmungskanone anschleichen können.

Wenn du deine Frau behandeln lassen musst, geht das dauerhaft im Krankenhaus oder nur mal zwischendurch, es funktioniert je nach Schwere mit Tabletten oder nur mit Gequatsche. Bei nahezu 100 Prozent der Mütter kann aber im Lauf der Zeit wieder Rohr frei vermeldet werden, die Kanone kann wieder durchladen, und das Stimmungstief ist vergangen.

Rückbildungsgymnastik

Das ist für dich als Vater gut zu wissen, du hast damit jedoch nichts am Hut. Zehn Stunden stehen jeder Frau zu, getragen wird der Kurs, der überwiegend von Hebammen durchgeführt wird, von den gesetzlichen Krankenkassen, ebenso von den meisten Privaten. Nicht von allen, also lieber noch mal nachfragen.

Bei der Rückbildungsgymnastik wird neben Bauch, Beinen und Po hauptsächlich der Beckenboden, das ist die Muskelplatte, die das Becken nach unten hin abschließt, trainiert. Diese stabilisiert eigentlich den Sitz der inneren Organe, wie der Harnblase oder der Gebärmutter, doch durch das Gewicht des Kindes in der Schwangerschaft und die absolvierte Geburt ist der Beckenboden arg strapaziert, gedehnt und oft auch beschädigt. Dem gilt es Abhilfe zu schaffen, da neben einer Absenkung der Organe als Folge auch Inkontinenz droht. Und das muss ja nicht sein. Die Beckenbodenhebamme meiner Frau antwortete auf ihre Frage, wie lange man denn dieses Training noch zu Hause fortsetzen solle: Ein Leben lang. Na dann.

Meine Frau ist wieder ein Mensch

Die Verantwortung liegt da in Teilen schon auch bei dir, um aus dem arg überstrapazierten, durch den Fleischwolf gezogenen, vermutlich weiblichen Lebewesen, mit dem du ein echtes Menschenkind gezeugt hast, wieder eine ansehnliche, halbwegs passable Person mit Tageslichttauglichkeit zu basteln.

Mit dem Verlassen des massigen Körpers deiner Frau hat dir dein süßer, um die 50 Zentimeter kleiner Fratz gleich einen Mordsgefallen getan: Die Neu-Mutter ist durch die Räumung etwa sieben Kilo leichter geworden! Das variiert und ist abhängig von den Wassereinlagerungen und den kleinen, ernst zu nehmenden Fettpölsterchen, die sich da am Bäuchlein liebevoll einrollen. Gute Startvoraussetzungen, jetzt mit einer Fat-Explosion, einem Fett verbrennenden Extremtraining um die Ecke zu kommen, solltest du eine Entourage aus Hauspersonal, Nanny, Koch und Personal Fitnesstrainer finanzieren können. Denn nur so kann sich deine Frau tatsächlich auf das Abnehmen konzentrieren. Für alle anderen gilt: Erst mal den Alltag auf die Reihe bekommen, bevor so ein sonnenbankgebräunter Bodypump-Affe vor der Tür grunzt und deine Frau zum Jogging entführen möchte. Arbeitet sie also weder in der Film-, Fernseh- noch Modebranche, kannst du dir die neumodische Truppe an schmierigen Aktivitätsclowns und grinsenden Alles-super-Gesundheitsaposteln locker schenken.

In der Stillzeit verliert deine Beste ohnehin massig an Gewicht, da das Nuckeln an der Brustwarze durch Dritte eine sehr schlauchende, kalorienverschlingende Passiv-Handlung ist. Von daher ist in dieser Zeit keine Diät nötig. Und sinnvoll auch nicht: Die doppelte Getränkekanistereinheit braucht viel Power, und die ist durch eine gesunde, ausgewogene Ernährung mit allerhand Vitaminen und Nährstoffen gewährleistet.

Die unaufgeregte Rückbildungsgymnastik ist der erste Schritt auf dem Weg zurück in die alte Gewichtsklasse. Dabei verbraucht deine Süße zwar nicht wirklich Kalorien, aber mit diesen Übungen bringt sie den müden und schlaffen Körper wieder in Schwung. Ermuntere sie ruhig dazu. Hat sie erst mal wieder angefangen, läuft's von selbst. Nach drei Monaten startet sie dann schon von allein das Sportprogramm, das zunächst gedrosselt nach und nach gesteigert werden darf. Nach einem halben Jahr redet niemand mehr von Übergewicht, und dein einst so explodierter Kugelfisch meldet sich zurück als Eins-A-Geschoss mit Gardemaß.

Das Schreien: Der laute Schreiberater

Wie aus deiner Freizeit plötzlich Schreizeit wird

Ein Baby zu haben, das ist wie bereits mehrfach erwähnt etwas ganz Besonderes, das ist wie Sonne satt, Drinks for free, Coffee to go, immer ein freier Parkplatz vorm Haus oder stets an der richtigen Kasse im Supermarkt angestellt, das ist wie ein dicker fetter Regenbogen, den vor lauter Grau niemand sonst außer dir sieht, die größte Portion beim Mittagstisch im Stammlokal, weil du als Letzter bestellst, oder eine ständige Grünphase, wenn du es eilig zum Handyshop hast, um dir das neue iPhone zu kaufen – das alles zusammen und nicht nur an einem, sondern an jedem Tag. Ja, das ist das Vatersein!

Schwülstiger formuliert: Von der Geburt deines Kindes an erstreckt sich ein ewiges Band der Liebe durch dein Leben, und es wird dich bis zu deinem Ableben begleiten und dich für immer mit deinem Kind verbinden.

Genug geseiert: Nicht alles ist ein großer Baby-Traum, nicht jeder Tag wie Ringelpiez mit Anfassen, und erst recht nicht erinnert die erste Phase an das obligatorische Ende einer Folge der »Waltons«, wenn sich alle höflich, voller Liebe Gute Nacht wünschen und sukzessive die Lichter, die die Fenster erleuchten, verlöschen. Nein. Das ist nicht das wahre Leben, und erst recht nicht mit einem Neugeborenen.

Ein frischgeschlüpftes Baby schreit im ersten Monat durchschnittlich etwa eineinhalb Stunden pro Tag – das ist schon Erste

Bundesliga –, steigert seine Leistung im zweiten Monat auf saftige zweieinhalb Stunden – das ist die Champions League, mein Freund – und pendelt sich im dritten oder vierten Monat bei einer Wohlfühlschreizeit gegen späten Nachmittag oder Abend von einer Stunde ein – Abstiegskandidat in die Zweite Bundesliga. Am besten wird der kleine Knödel dann nach unten durchgereicht, bis das Weinen nur noch eine Seltenheit ist.

Beliebte Gründe für das Schreien

- Hunger
- Volle Windel
- Bedarf an Zuneigung/Nähe
- Blähungen oder sonstige Schmerzen
- Hitze oder Kälte
- Langeweile
- Reizüberflutung durch viel Programm (Besuch, Autoverkehr, Supermarkt, grelle Lichter, starke Düfte etc.)
- Müdigkeit
- Zahnen
- Wachstumsschub

Das sind die Klassiker. Die müssen es aber nicht zwingend sein. Teilweise ist es für einen schlichtweg unerklärlich, warum urplötzlich aus dem Nichts eine Schreiattacke von dem Wurm ausgeht. Hier das Schreien entschlüsseln zu können wäre Gold wert. Wie soll man das aber als frischgebackener Vater sofort aufdröseln?

Wenn ein Baby schreit, dann gibt es ein Problem. Nicht nur für das Baby, auch für dich. Das Schreien ist für den Säugling die einzige Möglichkeit zu kommunizieren. In der kräftigen Stimme eines Neugeborenen steckt förmlich der Drang zum Überleben, es ist ein greller Hilfeschrei und ein lautstarkes Einfordern von Zuneigung, Nähe und Verständnis zugleich.

Hörst du dein Baby schreien, gehst du natürlich zu ihm und hältst es fest in deinen Armen. Komm ja nicht erst auf den Gedanken, deine Tochter oder deinen Sohn einfach unbeachtet schreien zu lassen. Es sendet einen Hilferuf, also tu was!

Tust du nichts, wird es lauter schreien. Und wenn du nach 20 Minuten immer noch nichts getan hast, du dich dann aber erweichen lässt, hat es etwas ganz Fantastisches gelernt: Ich muss eben ganz lange und ganz laut schreien, bis einer kommt! Super! Darauf lässt sich wunderbar aufbauen. Reagierst du gar nicht, dann wird der kleine Mensch irgendwann vor Erschöpfung einschlafen – alleine, ungetröstet, traurig und enttäuscht. Ein verwerfliches Verhalten, mein Freund. So geht das nicht. (Siehe auch »Schlafen nach Professor Ferbers ›Freiburger Methode‹«, Seite 225.)

Mit dem einfachen Auf-den-Arm-Nehmen spendest du deinem Kind Trost, schenkst ihm Aufmerksamkeit und gibst ihm das beruhigende Gefühl, dass immer einer da ist. Daraus entwickelt sich seelische Stabilität und später ein positives Vertrauen in das Leben. Achtung: Wir reden hier vom Schreien, Weinen und Brüllen, nicht von leisem Quengeln.

Ganz wichtig ist es, nicht bei jedem Pups den Wonneproppen wieder aus der Wiege zu hieven. Das muss nicht sein. Manche nörgeln sich eben gerne in den Schlaf. Ohr dran- und Auge draufhalten, und wenn es zu lange rumnölt, doch noch mal gucken, was das Problem sein kann.

Die Kunst des Schreiens und ihre Gattungen

Das Schreien deines Babys lässt sich nach einiger zusammen verbrachter Zeit von dir besser analysieren. Hunger, Schmerz, Zorn oder ganz banale Langeweile – das jeweilige dazugehörende Schreien klingt immer unterschiedlich.

Ist es ein leises Quengeln, das in ein Meckern mündet, das dann zu einem genervten Schimpfen heranwächst, reicht es oft schon aus, einfach das Spielzeug, die Position oder den Spielort zu wechseln oder den Winzling umherzutragen – Blickwinkelveränderung sozusagen.

Schmerzschreie sind gerne lang gezogen und so kreischend, schrill und hoch, dass sie regelrecht im Ohr dröhnen. Diese Schreie lösen selbst in dir Schmerzen aus. Ist das so, handelt es sich möglicherweise um Wehwehs, die durch eine Erkrankung wie zum Beispiel eine Mittelohrentzündung hervorgerufen werden. Wenn dir das Leiden des Kleinen auch die Tränen in die Augen treibt oder es unbeschreiblich schrecklich kläglich klingt, dann würde ich auf jeden Fall einen Arzt konsultieren. Keine Scheu, wenn es um dein Baby geht! Wenn der Medicus nichts diagnostizieren kann, ist es doch gut. Bedenke: Es gibt immer einen Grund, warum Babys schreien.

Kolikschreie passieren gellend in Wellen, kurz und stakkatohaft, bis sie schließlich langsam verebben. Diese abzugrenzen von herkömmlichen Schmerzensschreien, die zum Beispiel auch durch ganz banale, aber immens peinigende Blähungen ausgelöst werden, ist sehr schwierig, fällt dir aber zunehmend leichter, je mehr Zeit du mit deinem Kind verbringst.

Ein nicht unerheblicher Schreifaktor ist ferner der Hunger. Dieser taucht etwa in den ersten Wochen und Monaten alle zwei bis drei Stunden auf, und je nach Veranlagung, Appetit und Bedarf kann dein kleines Mäulchen da schon mal auf die Barrikaden gehen, wenn sich ein leiser Anflug abzeichnet. Liegt die letzte Mahlzeit ungefähr zwei Stunden zurück, dann empfehle ich zunächst mal die Brust oder das Fläschchen zu servieren. (Mit steigendem Alter aber darauf achten, dass die oder der Kleine nicht im Zweistundentakt gestillt werden muss – die Zeitabstände sollten größer werden, damit das Kind allmählich durchzuschlafen lernt, siehe Abschnitt »Das Schlafen: Der müde Schlafberater«, Seite 212.) Folgt der Speisung keine Besserung, würde ich intensiv den nächsten Abschnitt (»Der letzte Schrei?«, Seite 203) studieren.

Zusammengefasst: Es gibt viele Gründe, warum Babys schreien, doch mitunter ist die Ursache ein Rätsel, das von dir nicht gelöst werden kann, nur ertragen und akzeptiert. Geht das nicht mehr, bist du dazu rein seelisch nicht mehr in der Lage, dann lege den Schreihals ab, sorge dafür, dass er sicher liegt, zum Beispiel im Bett oder im Stubenwagen, und verlasse den Raum. Geh in die Küche und trink ein Glas Wasser. Schau dabei aus dem Fenster und versuche für zwei Minuten irgendwie abzuschalten. Probier es, du musst dich beruhigen, sonst wirst du nicht mehr für einen behutsamen Umgang mit deinem Kind garantieren können, denn das Genervt-Sein sorgt in der nächsten Stufe für Aggression, und diese musst du im Keim ersticken.

Ist das Schreien nur noch Psychoterror und artet völlig aus, könnt ihr euch Hilfe bei eurer Hebamme, bei städtischen oder örtlichen Beratungsstellen oder Mütterzentren holen.

Und noch was, unter uns Vater-Tieren und Vorzeigevätern: Als meine Tochter etwa fünf Monate alt war, habe ich als bekennender Spätzünder erst in meinem Tagebuch für mich konstatiert:

»Das Vatersein ist eine Annäherung an sich selbst. Romy hat in mir ungeahnte, nie bis dahin gelebte Emotionen ausgelöst, die von vollkommener Liebe bis zu ganz ursprünglicher Aggressivität reichen, ich lerne gnadenlose Geduld im Konzert mit dem Einmaleins des Altruismus, fern jeglicher Regenerationsmöglichkeiten. Schicht für Schicht blättert mir das kleine Wesen meine Persönlichkeit auf und ist Spiegel meines Ichs. Dafür bin ich unendlich dankbar, bedenke ich darüber hinaus, wie vielen eine solche Erkenntnis für immer verborgen bleibt.«

Zugegeben, klingt ein wenig schwülstig, doch das trifft es auf den Punkt!

Das reicht jetzt aber auch. Vielleicht hilft dir ja dieser von mir formulierte Gedanke beim Akzeptieren des Schreiens deines Kindes. Kannst ja mal darüber nachdenken. Wenn nun aber gar nichts von dir akzeptiert wird und du dir auch keine Gedanken machen willst – dann geht es hier weiter …

Der letzte Schrei?
So bekommst du Ruhe in den Karton

Als Papa stehst du da. Stunden später. Machtlos und immer noch mit dem plärrenden, hochrot angelaufenen Wonneproppen im Arm. Du stehst vor einem Spiegel, blickst dir tief in die blutunterlaufenen Augen und fragst dich: »Was will ES?«

Die oben genannten Gründe könnten es sein, aber auch ein Wachstumsschub. Und natürlich ist eine wirklich schmerzhafte Erkrankung nicht unbedingt die erste, aber auch eine Option. Sind die Basics abgeklopft – volle Windel? Hunger? Langeweile? –, dann startet das Beruhigungsprogramm.

In erster Linie gilt, und das ist immer so im Umgang mit Babys und Kindern: Ruhe bewahren. Nicht hektisch werden und nicht von dem Schreihals emotional negativ anpeitschen lassen. Spende Trost, richte warme und liebe Worte an ihn und streichle das Köpfchen. Nimm dein Baby in die Arme und gib ihm Geborgenheit und Zuneigung – das ist schon mal die halbe Miete! Nun würde ich darauf etwa 15 Minuten verwenden. Wenn es für dich unerträglich ist, steck dir Oropax ins Ohr – habe ich auch gemacht und prompt war ich viel entspannter. Ist nach der Zeit nicht wirklich eine Besserung eingetreten, müssen andere Maßnahmen ergriffen werden.

Folgende Methoden sind persönlich getestet und für durchaus erfolgreich erachtet worden:

Musik aufdrehen und tanzen

Das geht immer. Selbst wenn der Wonneproppen aufgedreht ist, sorgt das Gewippe für eine Beruhigung und führt früher oder später zum Einschlafen. Die Musikauswahl wird er dir mit Anerkennung (Schweigen) oder Protest (noch lauterem Geschrei) quittieren.

Fliegergriff

Das Baby liegt bäuchlings auf deinem Unterarm, Arme und Beine hängen wie bei einem schlafenden Murmeltier auf dem Ast links und rechts schlaff herunter, und der Kopf wird vom Übergang Unterarm/Oberarm gestützt. Die Hand hält das Baby zwischen den Beinen fest, so dass es nicht rutschen kann. Diese Position ist herrlich für den Papa, da er somit zumindest einarmig einsatzfähig ist. Für den Säugling ist der Fliegergriff insofern spitze, als er entblähend wirkt, da ein leichter Druck auf den Bauch ausgelöst wird. Und bequem ist diese Position allemal.

Gymnastikball

Auch das kann passieren: Es ist Sonntagnachmittag. Ihr habt geladen zu Kaffee und Kuchen. Die Atmosphäre geht von gelassen bis ausgelassen und munter wird geplaudert. Dann bist da du im Raum, auf einem überdimensionalen Hüpfball. Du hältst dein Kind in deinen Armen und hüpfst dabei auf der Stelle. Niemand spricht mit dir, denn niemand kann sich mit dir unterhalten, da du einen ganz wahnsinnig machst mit diesem Gespringe und Gehüpfe. Jedem, der versucht, mit dir auch nur einen einfachen Satz zu wechseln, wird schlecht, da die Augen dir bei diesem ständigen Auf- und Abgewackel nicht lange folgen können. Aber das macht alles nichts, denn dein Baby schläft, und das ist auch gut so. Also, so ein Ball geht immer, zu jeder Tages- und Nachtzeit. Die Investition lohnt sich.

Die Feder

Kryptisch, so ein Gerät. Eine riesige – sieht aus wie eine Lkw-Feder – Spirale mit einem Haken am oberen Ende. Der Haken kommt an den Türrahmen, und an der Feder baumelt der Kinderwagenkorb. Und so schwebt und baumelt der Schreihals in seinem ihm bekannten Bettchen und beruhigt sich durch das sanfte, ihn wiegende Auf und Ab. Bei uns hat es nicht geklappt, andere schwören darauf.

Spritztour local

Vergiss die Uhrzeit, die spielt jetzt auch keine Rolle mehr. Den Schreier wettergemäß verpacken, ab in den Kinderwagen und nun einmal um den Block eiern. Ich verspreche dir, er hält es nicht mal mehr 100 Meter durch und es herrscht Ruhe im Karton.

Spritztour

Vergiss die Uhrzeit, die spielt jetzt auch keine Rolle mehr. Den Schreier verpacken, ab in dein Auto und nun ein bisschen Cruisen. Spätestens bei der Überlandfahrt gibt er auf!

Die Schleuder

Ich halte es für ein Klischee, aber nur, weil wir das nie gemacht haben. Du stellst den Radaubruder in seinem Maxi Cosi auf die durch das Schleudern vibrierende Waschmaschine. Es soll funktionieren.

Tragetuch

Du bindest dir das bitte schön in dezenten Farben gehaltene Tragetuch um, stopfst den Störenfried hinein und läufst eine Weile durch die Wohnung, das Haus, den Garten oder sonst wie durch die Welt und siehe da: Er schläft. Tief und fest.

Gute Nacht!

Das Furzen: Der stinkende Pupsberater

Blähungen

Die haben sie alle. Der eine mehr, die andere weniger, aber das kommt wirklich in den besten Familien vor. Und mit Verlaub: Die Monster stinken bestialisch. Aufwind erhalten die fiesen Giftgasanschläge erst recht, wenn die zünftige Muttermilch köstlichen Babybrei weicht. Dann wäre eine ständige Allwetter-Open-Air-Wickelstation ideal.

Wie du schon bei »Der laute Schreiberater« (Seite 198–206) gelesen hast, sind Blähungen oft Ursache für Schreiattacken. Blähungen sind daher ein eigenes Kapitel für sich, weswegen ich mir hier die Zeit nehmen will, das Thema ein wenig genauer zu erläutern.

Zahlreiche Babys leiden in ihren ersten drei Lebensmonaten an schmerzhaften Blähungen, den sogenannten Drei-Monats-Koliken. Was ist da los?

Trinken und Schreien lassen Babys neben der Muttermilch gerne zusätzlich jede Menge Luft schlucken. Dadurch entsteht in dem noch gänzlich unfertigen Verdauungstrakt eine Art sämiger Schaum. Diese feinen Blasen verabschieden sich in den Darm und beginnen dort Druck auf die Darmwand auszulösen, der schlussendlich diese grässlichen Schmerzen verursacht. Die Folge: stundenlanges Schreien.

Baby-Fürze erkennen leicht gemacht!

Die Symptome deines Babys:

- Schreiangriff etwa 30 Minuten nach der letzten Mahlzeit (Brust oder Flasche)
- aufgeblähter, gespannter, harter Bauch
- schrille Schreie und hochroter Kopf oder aber bleiche Gesichtsfarbe und Schweißperlen auf Nase und Stirn
- extrem verspannte und gestreckte Körperhaltung, teilweise mit angewinkelten Beinen und ruckartigen Streckversuchen
- Abklingen der Beschwerden nach Bäuerchen, Furz oder Haufen

So, du Chefanalytiker, so geht das. Problem erkannt, Gefahr gebannt. Um den miesen Haushaltsklimaverpestungen jedoch gleich im Vorfeld die Luft abzudrehen, gebe ich dir jetzt noch Tipps zur Vorbeugung an die Hand. Die kannst du natürlich nicht alleine durchziehen, sondern musst sie deiner Partnerin näherbringen.

- Gegessen wird in ruhiger Atmosphäre, heißt: Das Baby nicht vor Aale-Dieters Fischrampe stillen oder füttern, sondern in entspanntem Umfeld.
- Richtig trinken: Was du schon lange beherrschst und teilweise übertreibst, kann dein Nachwuchs leider noch nicht. Wie so oft im Leben gilt auch hier der knackige Mottosatz: Auf die Technik kommt es an. Um also das Luftschlucken zu vermeiden, sollte der Säugling nicht nur die Warze in den Mund nehmen, sondern ebenfalls den gesamten Warzenhof. Bei Flaschenfütterung achte darauf, dass das Saugloch nicht zu groß ist. Nach der Zubereitung der Flasche diese noch mal

abstellen und warten, bis sich die durch den Herstellungspro-
zess entstandenen Luftbläschen darin aufgelöst haben.

- Warten aufs Bäuerchen – die überschüssige Luft entflieht dem
  Magen. Teilweise dauert dieser Prozess des Aufstoßens länger,
  aber nimm das in Kauf!
- Zwiebelsuppenorgien, Wirsingkohlschnittenvöllerei oder Chili-
  con-Carne-Schlachten kann die stillende Mutter wagen, könnten aber zu Blähungen führen. Daher: Einfach ausprobieren!
  Jede Frau tickt nämlich anders in der Verarbeitung von blä-
  henden Lebensmitteln.

Bleibt nur noch die Frage zu beantworten: Was kann ich denn bitte
schön tun, wenn mein Baby nun akut unter Blähungen leidet?

Die Evergreens zur Bekämpfung von Baby-Pupsis

- Der Fliegergriff (wir erinnern uns, das Kind liegt bäuchlings
  auf dem Unterarm) bewirkt oft Wunder. Den Säugling also auf
  den Arm, Musik an und tanzen!
- Die Massage. Mit Fenchel-Kümmel-Öl im Uhrzeigersinn um
  den Bauchnabel herum zärtlich kreisen.
- Das Kissen. Es gibt diese Kirschkernkissen für Babys, gerne in
  irgendwelchen Plüschtieren verarbeitet. Heiß machen und auf
  den Bauch legen. Ist auch gut. Aber Vorsicht vor Überhitzung
  des Kindes.
- Nicht gut, wenn deine Frau stillt, jedoch für alle anderen: Tee
  aus Fenchel-Anis-Kümmel. Das ist die Gewinner-Mixtur, die
  jedem Blähversuch den Garaus macht. Lässt sich wohl schon
  in den ersten Lebenswochen verabreichen – wir haben das nie
  gemacht.

- Das Zäpfchen. Diese basieren auch gerne auf Kümmel-Basis und werden in den ersten vier Monaten eher verabreicht als Tee, da es a) leichter ist, eben mal ein Zäpfchen in den Mors zu schieben, als den Säugling mit nicht zu heißem Tee zu erquicken, und b) Tee von Babys in den ersten Monaten oft abgelehnt wird.

- Für die Schulmediziner unter uns: Es gibt unzählige entblähende Mittelchen wie Lefax oder Sab Simplex und wie sie alle heißen. Die gibt es in der Apotheke, und sie werden beim Stillen mit verabreicht. Manche meinen, das wären reine Placebos, andere schwören darauf und sind schon aus dem psychologischen Grund, diese verabreicht zu haben, beruhigt, was sich dann wiederum positiv auf das Kind auswirken kann. Who knows?

Brandneu: Die Pupspumpe

Von meiner besten Freundin entwickelt. Dafür wird der kleine Furzer rücklings auf die Wickelkommode gelegt. Dann greifst du die Oberschenkel und drückst diese langsam, sanft und nur ohne Widerstand zum Oberkörper, als wolltest du per Hebelbewegung die Stinkbomben rauspressen. So lösen sich sukzessive die schmerzhaften Furzenklaven. Diese Übung kannst du ein paar Mal wiederholen, bis der Pupsknoten keine Lust mehr hat und die Beine anspannt.

Bitte niemals gegen den Willen und die Muskelbewegung des Kindes arbeiten – da muss eine Bereitschaft vorhanden sein, oder du musst es lassen.

Im ersten Teil des Buches habe ich ja bereits aufgelistet, auf welche Speisen die schwangere Frau verzichten muss. Die stillende Frau ist nicht viel besser dran, wenn sie Blähungen vermeiden beziehungsweise arg reduzieren möchte.

Kurze, beispielhafte Auflistung von gutem und bösem Essen

Gutes Essen und somit bläharm:
Kartoffeln, Karotten, Pastinaken, Auberginen, Spinat, Blattsalat, Tomaten

Böses Essen und somit blähend:
Steinobst (wie Pflaumen und Kirschen), frisches Brot, Hülsenfrüchte (wie Bohnen, Erbsen und Linsen), Lauchgemüse (wie Zwiebeln, Porree, Knoblauch) und Kohlgemüse (wie Blumenkohl, Brokkoli, Kohlrabi, Weißkraut und Sauerkraut)

Ja, ja, jetzt nicht mit den Augen rollen. Ich will hier gar nicht den ökotrophologischen Moralapostel mimen, das ist lediglich eine reine Infodienstleistung. Es gibt eine sprachlich sensationell ausformulierte Faustregel, nach der es sich zu verfahren lohnt: »Alles mal ausprobieren und gucken, was bläht.« Natürlich unter Einhaltung der Generalverbote (kein Alkohol, nix Kaffee und so).

Das Schlafen: Der müde Schlafberater

Schlafen im Allgemeinen

Im Bauch hat deine Tochter oder dein Sohn abends ab 20 Uhr 30 angefangen, erste Boxtrainingseinheiten zu fahren? Oder früh morgens um vier Uhr prügelt sich dein Sohn mit dem Magen deiner Frau? Oder mitten bei (entkoffeiniertem) Kaffee und Kuchen am Nachmittag probiert deine Tochter ihren ersten Salto zwischen Leber und Enddarm?

Na klasse, dann wird dein Kind zumindest die ersten vier Wochen den vorgeburtlichen Rhythmus beibehalten, umherirrend auf der Suche nach dem Takt, der seinen Tag und seine Nacht angibt. Den wirst du ihm spätestens bis zum dritten oder vierten Monat gezeigt haben – mach dir keine Sorgen, aber das dauert mitunter seine Zeit, bis die jungen Gehirne ihre Schlafmuster finden. Bis dahin ratzen die frischen Säuglinge jedoch in den ersten Wochen ihres Lebens gerade mal bis zu zwei Stunden, wenn es richtig gut für dich läuft sogar vier Stunden, am Stück. Mehr wird nicht drin sein. Der Schlaf ist leicht und unruhig, was dir recht schnell an den permanenten Zuckungen, Grimassen und Augenbewegungen auffällt. Teilweise öffnen die Kleinen währenddessen ihre Augen, weil sie sich durch das Gehampel selbst aufwecken – dann heißt es: abwarten und nicht gleich ansprechen oder berühren. Denn es kann gut sein, dass sie sofort wieder einschlafen. Erst bei Gequengel oder Weinen aktiv werden. Dieser leichte Schlaf ist typisch für Babys, während die sogenannte REM-Phase bei Erwachsenen nur noch ein Viertel des Schlafs einnimmt. In der besagten Leichtschlafzeit sind Babys sehr anfällig für äußere Einflüsse: Licht- oder Temperaturveränderungen oder Geräusche reißen den schlummernden Nachwuchs gerne mal schnell aus den sich anbahnenden Träumen. Da können deine gut gewählten, warmen Worte des Zuredens und Beschwörens gefragt sein, um Beruhigung zu schaffen. Übrigens auch im zweiten Lebensjahr, parallel zur steigenden Fähigkeit, noch mehr Eindrücke wahrzunehmen und zu verarbeiten, bleibt die REM-Phase noch sehr großzügig angesetzt, will heißen: Die verbalen Trostpflaster des Nachts haben durchaus Dauerbrennerqualitäten.

Dein Baby soll schlafen

Damit du nicht vor lauter Monomanie ganzheitlich in den Strudel des Wahnsinns gezogen wirst, weil du von der Idee besessen bist, dein Kind sofort zum Schlummern zu bringen, kannst du den drei folgenden Blöcken entnehmen, was du in welchem Alter zu tun hast. Kreativität ist vorausgesetzt, da die Entwicklung der kleinen Bastarde von Typ zu Mädel und vice versa immer verschieden ist, aber das leiere ich ja schon das gesamte Buch über runter… Probiere einfach alle möglichen Varianten aus – deine wird dabei sein!

Schlafen von frisch bis drei Monate alt
Durchschlafen bitte schnell streichen in deinem Köpfchen. Zwar knackt der kleine Randalebruder unentwegt, doch immer nur in Zwei- bis Vier-Stunden-Zyklen, dann drängt es ihn schnell wieder gen Milchbar. Insgesamt kommt der Säugling auf etwa 17 bis 18 Stunden Schlaf, die verbleibenden sechs Stunden sind belegt

213

mit Wickeln, Spielen, Trinken. C'est ça! Teilweise sind die neuen kleinen Menschen so verpennt, dass du sie wecken musst, um sie zu füttern oder zu stillen. Verrückte Welt.

Dein Baby schläft in den ersten sechs Monaten bei dir und deiner Partnerin im Bett, in einem Beistellbett, wie zum Beispiel dem Babybay, einer Art Bettbalkon, oder in einer Wiege, die sich in unmittelbarer Nähe zu eurer Schlafstelle befinden sollte, damit ihr direkten Zugriff habt. Wenn dein Nachwuchs mit in eurem Bett liegt, dazu auch noch zwischen euch, da Mama nachts flott die Brust reichen möchte, solltest du eine Art Schutzschild um es ziehen. Das funktioniert ganz wunderbar mit einem Stillkissen oder mit einer zu einer Wurst gerollten Decke. Ebenfalls lässt sich aus dem Stillkissen ein Podest formen, auf das ihr nachts den kleinen Mitschläfer bequem betten könnt.

Das eine oder andere Baby wagt es tatsächlich schon, in den ersten acht Wochen durchzuschlafen. Durchzuschlafen? Tja, was recht irreführend klingt, ist auch so. Wie lebenslänglich nur 15 Jahre bedeutet und nicht ein Leben lang, heißt Durchschlafen übersetzt zehn bis zwölf Stunden. Aber immerhin. Eine gute Startvoraussetzung, das kleine Menschenkind früh an einen selbstständigen Schlaf zu gewöhnen. Die Mehrzahl der Kinder bevorzugt es indes, den eigenen Vater und die dazugehörige Frau, ihre Mutter, an den Rand des Normalverträglichen zu schmettern und sie, ohne ein nervliches Sicherungsseil zu spannen, die gierig um sich schlagenden Klauen des Schlafentzugs spüren zu lassen. Dieser morbiden Leidenschaft folgen sie sechs Monate lang, teilweise sogar noch länger. Learning by doing. Wenn dein Baby schon im Alter von sechs bis acht Wochen Schlafen lernen soll, dann will ich dir hier ein paar Tipps von Experten geben:

- **Müdigkeit erkennen!**

Wie bereits erwähnt, sind die Wachzeiten deines Kindes in den Wochen sechs bis acht sehr kurz. Zwei Stunden sind das Maximum. Das Kind wendet dann den Blick ab und stiert zur Seite oder es reibt sich die Augen und/oder es treten leichte Augenringe auf. Auch das allseits bekannte Gähnen beherrschen die Kleinen schon. Bei diesen Vorboten solltest du aktiv werden und dein Kind ins Bett bringen. Agierst du nicht rechtzeitig, verwandelt sich das banale Signal in ein Menetekel, denn es besteht die Möglichkeit der Übermüdung, die, gleichwohl sie ein Schlafbedürfnis darstellt, ins Gegensätzliche umschlagen kann. Ohrenbetäubend laut und vernichtend, wenn diese kleinen Zeitgenossen völlig überdrehen!

- **Tag und Nacht herausarbeiten**

Ist es Tag, dann wirken viele Einflüsse auf das Baby ein. Wechselndes Licht, Telefon, Handy, Radio, Fernseher, Autolärm, Menschen etc. Das ist okay. Lass es hell, spiel mit deinem Kind, stell nichts extrem leise oder gar aus, weck es auf, wenn es beim Füttern oder Stillen einschläft, und dein Baby versteht Helligkeit als Leben, Lautstärke und Aktivität.

Schleicht sich der Abend an, reduziere allmählich den Aktionsradius, dämpfe das Licht, stelle Musik und Fernseher aus, das Spielen ein und das Telefon leise. Es ist Zeit, zu Bett zu gehen und nicht eine orgiastische Thrash-Metal-Party zu feiern. Dunkle den Schlafraum ab und versuche, weniger und leise mit deinem Kind zu kommunizieren.

- **Konsequent sein**

Lege es im müden, aber wachen Zustand ins Bett und gib ihm die Möglichkeit, alleine einzuschlafen. Du kannst dabei sein oder aber den Raum verlassen. Schreit es, geh wieder dazu und spreche tröstende Worte, ohne den kleinen Schlafeleven hochzunehmen.

Du kannst es natürlich auch auf den Arm nehmen und in den Schlaf schaukeln oder aber es in den Schlaf füttern, deine Frau entsprechend stillen. Bei einigen Kindern funktioniert es auf diese Art am besten, und wenn das für euch die entspannteste Lösung ist, dann schenkt euch jeden Expertenrat. Ihr wisst selbst, was für euer Kind das Beste ist, nicht Ratgeber oder Experten. Wenn ihr euch für eine Methode entschieden habt, dann ist es unabdingbar, diese konsequent durchzuziehen. Klar könnt ihr sie auch modifizieren oder austauschen, bedenke nur, dass ein Baby Zeit braucht, sich umzustellen.

Meine Frau ist von der vierten Woche an bis zum fünften Monat jeden Abend mit unserer Tochter ins Bett gegangen, weil sie sie in den Schlaf gestillt hat. Mal konnte sie den Raum anschließend verlassen, mal ist die Kleine sofort wieder aufgewacht, weshalb sie schließlich bei ihr blieb und sie zusammen eingeschlafen sind. Es wäre für uns undenkbar gewesen, sie mit sechs Wochen in ihr Bettchen zu legen und sie alleine einschlafen zu lassen. Mit dem Abendfläschchen ab dem fünften Monat rückte sich unsere Welt wieder gerade. Nach dem Verzehr schlief unsere Tochter den Schlaf der Gerechten und meldete sich für mindestens drei bis vier Stunden ab. Allmählich gewannen wir den Abend zurück und somit auch ein Stück unserer Freiheit.

Drei Monate bis sechs Monate

Wir bleiben in der Welt der Durchschnittswerte und der Verallgemeinerungen. Da sieht es wie folgt aus: Im Alter von drei bis vier Monaten schlafen die kleinen Bagaluten etwa 15 Stunden insgesamt. Zehn Stunden in der Nacht, fünf Stunden am Tag. Diese verteilen sich wiederum auf zwei bis drei Nickerchen. Ein bis zwei Mal wollen Babys in diesem Alter nachts noch gefüttert werden, im sechsten Monat sind sie dann rein physiologisch in der Lage, ohne eine Mahlzeit in der Nacht auszukommen.

Während du deinen Nachwuchs in den ersten Wochen gebettet hast, wenn er es dir signalisierte, führst du spätestens jetzt feste Schlafenszeiten ein. Mach es dir einfach und klar. Morgens vielleicht ein Stündchen, mittags zwei bis drei und abends geht es dann um 20 Uhr ins Bett. Punkt. Aus. Dazwischen ist dein Stammhalter wach, und es wird gespielt, geguckt, getastet und gegessen. Größtenteils sind die Winzlinge gen Mittag völlig k.o. und schlafen von alleine ein. Hier bietet sich ansonsten auch ein herrlicher Spaziergang mit Kinderwagen an.

Um den Abend einzuläuten, entwickle ein Ritual, das du routiniert tagein, tagaus abspulst. Stereotyp. Kinder sehnen sich nach diesen Gewohnheiten, sie geben ihnen Halt und Vertrauen. Lies dazu bitte auch »Das Schlafritual« (Seite 223). Einige Experten raten dazu, das Kind morgens zu wecken, nachdem es zehn Stunden geschlafen hat. Ich würde das eher undogmatisch betrachten, solange das Schlafpensum keinen extremen Schwankungen unterliegt. Es gibt Tage, da kannst du mit deinem Baby ab 18 Uhr nichts mehr anfangen, weil es völlig erschöpft ist. Wenn es nicht mehr geht, dann plädiere ich immer dafür, das Kind ins Bett zu bringen. Einige Zeit nimmt ja ohnehin das Ritual in Anspruch, so dass es dann vielleicht nur eine Stunde früher schlafen geht. Das Gleiche gilt für das Wachbleiben. Wenn der Wurm einfach topfit, also nicht übermüdet ist, dann soll er doch eine Stunde länger aufbleiben. Ist doch cool. Daran scheitert nicht das System, und der Umsturz des mühsam antrainierten Schlaftaktes steht auch nicht unmittelbar bevor.

Tendenziell wird der Familienneuling morgens gegen sechs oder sieben Uhr wach, wenn du den 20-Uhr-Slot bedienst. Sollte er mehrfach wider Erwarten länger schlafen wollen und das zu einem neuen Hobby entwickeln, würde ich auch so weit gehen und ihn wecken. Ebenfalls würde ich das Kind aufwecken, wenn es mittags länger schlafen will oder es dir nachmittags ungewollt einpennt. Das kann sich am Abend böse rächen, wenn es nämlich nicht müde wird. In der Sache sei also strikt, aber nicht oberpenibel. Eine Stunde Karenz ist drin.

Nun liegt es da, in seinem Bett, in seiner Wiege oder im Beistellbett, kann nicht schlafen und beginnt zu schreien. Oder es wacht auf, knötert und fängt dann an zu wimmern. Das kommt gelegentlich vor und nimmt selbst mit steigendem Alter nicht ab. Was tust du in diesen Momenten? Nicht sofort ins Zimmer stürmen! Prüfe erst, ob der Weinflash eher die Tendenz zu einem kurzen Intermezzo – weil aufgewacht – hat oder hier ganz originär ein Missstand lautstark angeprangert wird. Im ersteren Fall mach es dir ruhig wieder auf der Couch bequem und widme dich weiter konzentriert deinem Becher Caro-Kaffee. Beim letzteren Sachverhalt lass ein paar Sekunden verstreichen, bevor du den Raum betrittst, und tröste dein Kind, ohne es aufzunehmen. Hat sich eine Beruhigung eingestellt, kannst du dich getrost davonschleichen und leise die Tür schließen. Geht das Szenario noch mal von vorne los, heißt es abermals Dr. Trostpflaster spielen.

Sollte die dammbrechende Hysterie ungebändigt bleiben, nimm dein Kind auf den Arm und drücke es behutsam an dich, erzähle ihm leise eine Geschichte und streichle das Köpfchen. Eine Runde wird das schon dauern, aber dann entschwindet dem kleinen Bomber allmählich das Bewusstsein, und er schläft ein. Ach, und nein, das Licht bitte immer ausgeschaltet lassen.

Sechs bis neun Monate

14 Stunden Schlaf werden insgesamt von deinem neuen Mitbewohner benötigt, teilweise packt er es, sieben am Stück zu schlafen! Ein Geschenk für beide Seiten!

Möglicherweise wacht er auch mal auf und schläft von alleine wieder ein. Am Tag schläft er morgens und nachmittags noch mal ein bis zwei Stunden und den Rest in der Nacht. Der Schlafrhythmus müsste so weit eingerichtet sein, so dass dieser auch keine Probleme mehr aufweist. Da die Kleinen in diesem Alter an der Schwelle zur Mobilität (Krabbeln, Rollen, Sitzen) sind und die unzähligen Eindrücke noch besser und stärker wahrnehmen als zuvor, kann das Verarbeiten der Reize zu ruckartigen Schlafunterbrechungen und zu plötzlichen Weinattacken führen. Was zu tun ist, weißt du bereits durch die vorigen Kapitel.

Neun bis zwölf Monate

Jetzt schläft dein Baby nur noch zehn bis zwölf Stunden. Der Tagesschlaf wird weniger, während die Nacht konstant bleibt. Alles unter Vorbehalt. Es kommt eben auf die Taktung an, die du deinem Kind angewöhnt hast.

Wie in der beschriebenen Zeit von sechs bis neun Monaten erlernen die Kleinen auch im letzten Viertel ihres ersten Lebensjahres eine Menge, was sie erst einmal verarbeiten müssen. Darunter einen der Meilensteine: das Aufrichten und Laufen. Das Spektrum ihrer Fähigkeiten nimmt also in großen und kleinen Schritten täglich zu – diese Schübe sorgen natürlich auch weiterhin gelegentlich für Schlafprobleme. Und wie die Probleme bleiben, so bleibt auch die Handhabe. Ist das nicht schön ...

Plötzlicher Kindstod

Schlafen und plötzlicher Kindstod sind ein schreckliches Paar, das per se geschieden werden sollte. Leider ist es nicht immer so. Deshalb hier ein paar Zeilen zu diesem Thema. Dem plötzlichen Kindstod sind die Experten bis heute nicht wirklich auf die Schliche gekommen, und somit existiert auch noch keine abschließende und zufriedenstellende Erklärung dafür. Einige Fakten sind indes sehr wissenswert: Der Kindstod tritt zu 90 Prozent im Alter zwischen dem dritten und vierten Monat auf. Meistens im Winter zwischen zehn Uhr abends und zehn Uhr morgens. Der plötzliche Kindstod kann auftreten bei Kindern, die zu früh geboren wurden, deren Eltern rauchen, deren Mütter unter 20 Jahre alt sind oder während der Schwangerschaft Drogen genommen haben, bei Kindern, die ausschließlich Milch aus der Flasche bekommen, Kindern, die auf dem Bauch schlafen oder deren Geschwister bereits am plötzlichen Kindstod gestorben sind, und bei allen anderen Kindern auch!

Ich reiche hier ein paar Empfehlungen von Profis an dich weiter, die an Studien darüber arbeiten. Ausmerzen wirst du das Problem damit nicht, aber so tust du etwas dagegen.

- Das Baby zwölf Monate bei den Eltern schlafen lassen, jedoch nicht im Elternbett (niemals im Wasserbett!), wenn du – oder deine bessere Hälfte – Alkohol, Nikotin oder andere Drogen konsumiert hast.
- Das Baby soll auf dem Rücken schlafen.

- Die Zimmertemperatur bei 18 Grad halten.
- Dem Kind darf nicht zu heiß sein. Um den Wärmezustand zu ermitteln, bitte nicht die Hände und Füße anfassen, da die immer kalt sind, sondern lieber den Bauch oder den Nacken. Fühlt sich der kleine Fratz zu warm an, dann eine Decke weniger nehmen, bei zu kalt eine Decke mehr.
- Als Bettzeug bitte keine mächtigen Daunendecken nehmen, sondern besser mit Steppdecken arbeiten. Am besten ist ein Schlafsack mit einem Stoff-Inlay. Also erst den leichten Untersack um, dann den Steppschlafsack an und fertig.

Das Schlafprotokoll

Das Beispiel eines Schlafprotokolls ist auf Seite 222 zu sehen.

Wir haben das länger als ein halbes Jahr durchgezogen: Akribisch führten wir von der dritten Woche an ein Schlafprotokoll, um den Wach-Schlaf-Still-Schrei-Rhythmus unserer Tochter zu diagnostizieren und diesen später zu unseren Gunsten zu manipulieren. In einem 24-Stunden-Raster haben wir farbig unterschiedlich jede Mahlzeit, jede Schlaf- und Wachphase sowie jede Schreiattacke eingezeichnet. So stellten wir fest, dass die Kleine Ende des dritten Monats tagsüber viel zu lange schlief, um am Abend anständig müde zu sein. Ergo begannen wir den Rhythmus zu diktieren, sie also nachmittags ab 15 Uhr 30 wach zu halten, um sie gegen 19 Uhr 30 völlig k.o. ins Bett tragen zu können. Und das ist leichter gesagt als getan, denn ein müder Mensch, so klein er auch ist, wird maulig und will nur noch eins: in Ruhe gelassen werden.

Angefügt sei hier noch: Das ist nicht die Normalität. Viele nutzen das Schlafprotokoll, um den natürlichen Rhythmus ih-

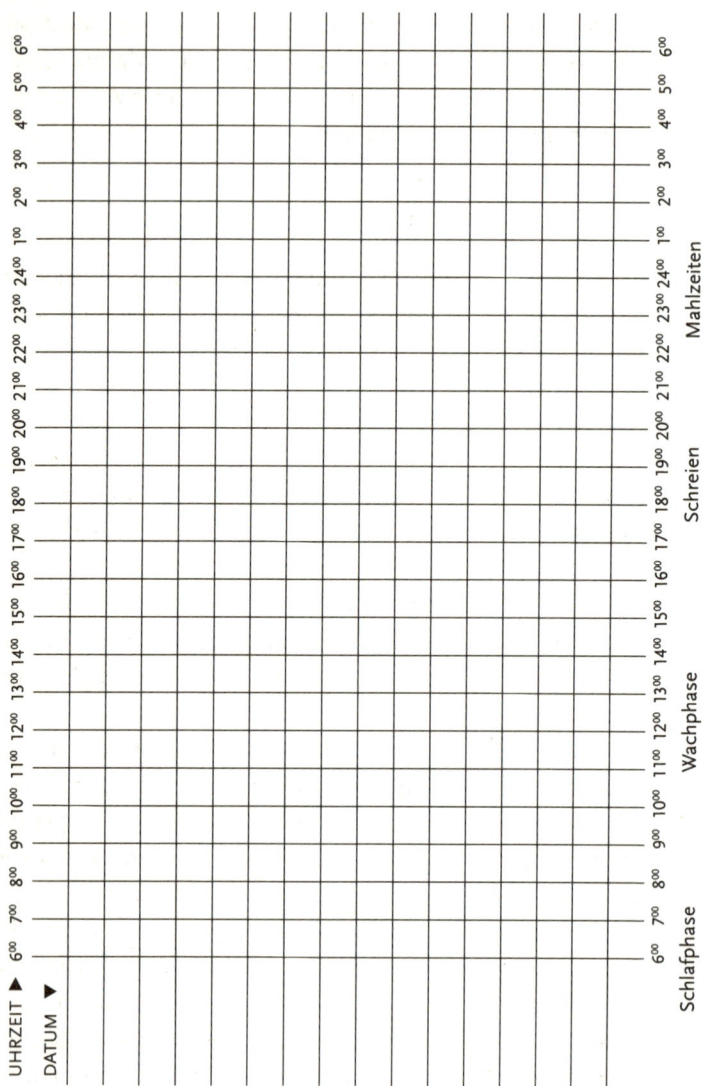

res Kindes zu orten und darauf aufzubauen. Wenn der jedoch so verquer sitzt, wie es bei uns der Fall war, so kannst du ihn »korrigieren«, um mit deiner Partnerin auch wieder eine Art Privat-Lebensrhythmus entwickeln zu können.

Das Schlafritual

Teilweise wirken Babys völlig verdutzt, wenn man sie zu Bett bringt, noch ein paar Minuten kuschelt, ihnen einen Kuss aufdrückt, das Licht löscht und den Raum verlässt! Ein Eins-A-Tag mit atemberaubenden Eindrücken, jeder Menge Abwechslung, Spiel und Spaß soll so zu Ende gehen?

Abgeschoben, alleine und frustriert droht die Konsequenz: erst Irritation, dann leichtes Geknörze mündend in ein breites Geheule. Diese gellende Empörung hängt mit dem mangelnden Verständnis der Babys von Tag und Nacht zusammen. In ihren Augen ist das eine feige Freveltat, eine bodenlose Frechheit sondergleichen, die den treulosen Vater-Täter an den quietschenden, glöckchenbehangenen Plüsch-Babypranger bringen sollte, aber nicht in ihr Leben.

Doch davon lässt du dich nicht unterkriegen. Du probst den Aufstand und beginnst, dem kleinen Wesen vorsichtig einen Tagesrhythmus unterzuschummeln, den du mit der Einführung eines Schlafrituals einläutest. Das bringt Ordnung ins Leben. Die beste Zeit dafür: zwischen dem dritten und sechsten Monat!

Der Weg zum Schlafen muss einer organisierten Zeremonie gleichen, ein stereotyper Ablauf von Aktionen sowie Spiel- und Kuscheleinheiten werden. Schlafen mausert sich somit von der vermeintlichen Einzelhaft im dunklen Kellerloch zum freudig erwarteten Spaßruhen mit Trostspender in Reichweite. Dabei musst du dir ordentlich viel Zeit nehmen und nicht hektisch die einzelnen Programmpunkte abfrühstücken. Alles ganz sachte, mit Muße und Geduld führst du dein Kind so behutsam zum Schlaf. Die große Zuwendung, die es erfährt, wird es genießen und sich von Tag zu Tag mehr auf die Schlafenszeit freuen. Und diese ist nicht nur für dich wichtig – auch der Stoppelhopser regeneriert Körper und Seele mit einer anständigen Mütze voll Schlaf. Die Rituale wählt jeder individuell aus. Generell sind das Singen, Spielen, Erzählen und Baden/Waschen, dazu noch einen Reifenwechsel und den auf der Heizung vorgewärmten Schlafanzug anziehen.

Vorschlag für einen ritualisierten Ablauf nach dem sechsten Monat

Das Ritual beginnt immer mit einem Bad oder mit einer Waschung auf dem Wickeltisch. Anschließend kommt das große Abtrocknen, bestehend aus trockenrubbeln, föhnen, Nägel schneiden (wenn nötig) und spielen. Es folgt eine frische Windel, das Anziehen des Schlafanzugs und das dazugehörige Zutexten. Empfehlenswert ist hier aus erweiterten Entertainmentgründen ein lustiges Mobile über der Wickelkommode – grandiose Ablenkung! Ist der kleine Knopf bettfertig und müde, und das wird er sein, wenn das Ritual sich etwa eine halbe Stunde hinzieht, dann nimm ihn auf den Arm und verabschiedet euch von jedem einzelnen Raum der Wohnung oder eures Hauses mit den Worten »Gute Nacht, mein Zimmer!«, »Gute Nacht, Küche!« etc. Nun geht es zur Schlafstelle, die nur indirekt beleuchtet sein sollte. Du drehst das Mobile über dem Bettchen auf und lässt die Kleine – verpackt im Schlafsack – bei eingeschaltetem, aber dämmrigem Licht die kreisenden Figuren genießen, während du das Fläschchen zubereitest. Ist die Flasche dann servierfertig, könnte dein Baby schon eingeschlafen sein.

Oft werden die Kleinen nach einem Zeitraum von etwa 30 bis 60 Minuten noch mal wach und beginnen zu schreien. Nun hast du leichtes Spiel. Das volle Fläschchen lauwarmer Prä-Milch, das du auf einer Heizung warm gehalten hast, im Anschlag betrittst du den Tatort und wirst diesen erfolgreich verlassen. Schluck für Schluck trinkt sich dein Kind nämlich zurück in den Schlaf, bis es schließlich schlaff in deinen Armen hängt und du es vorsichtig in sein Bett verfrachtest. Die erste Einheit, etwa sechs Stunden sind cool, kann es nun da pennen, bis du es dann rüberholst in euer Bett, damit deine Frau es in der Nacht stillen kann.

Schlafen nach Professor Ferbers »Freiburger Methode«

Ich kenne diese Methode aus der Hundeerziehung, wenn es darum geht, den haarigen Vierbeiner zu lehren, alleine zu Hause zu bleiben. Im Groben läuft das wie folgt ab: Das Herrchen verlässt für nur wenige Minuten die Wohnung und belohnt den Hund bei der Rückkehr, wenn er nicht gebellt und treu abgewartet hat. Daraufhin werden die Zeitintervalle verlängert, bis der Hund schließlich verstanden hat, dass es durchaus akzeptabel sein kann, wenn das fürsorgliche Herrchen das Bollwerk der Mensch-Tier-Partnerschaft durchbricht und ab und an mal auf Solopfaden unterwegs ist. Umgekehrt wohl nicht so ganz vorstellbar.

Die »Freiburger Methode«, um Kinder zum Schlafen zu bewegen, funktioniert ganz ähnlich. Zunächst wird das Ritual abgeschlossen, bevor der Sprössling danach im wachen Zustand zu Bett gebracht und das Licht gelöscht wird. Beginnt er zu schreien, dann müssen die Eltern zunächst drei Minuten warten, bevor sie wieder zu ihm gehen und ihn beruhigen dürfen. Dieser Prozess unterliegt allerdings auch strengen Regularien: Der Elternteil oder die Eltern dürfen maximal zwei Minuten trösten, ohne das schlaflose Kind unterdessen hochzunehmen oder andere Hilfsmittel wie Schnuller oder ein Fläschchen zu verwenden. Danach wird es wieder alleine gelassen. Bestenfalls schläft das Baby nun ein, wenn nicht, folgen fünf harte Minuten des Verharrens, bevor Mama oder Papa wieder zum Trösten kommen können. Und so geht das Spielchen weiter, bis die längste Zeitspanne schließlich den erhofften Schlaf-Erfolg herbeiführt. Das muss aber nicht gleich klappen. Der Brutalität sind keine Grenzen gesetzt: Von 3-5-7-9 bis 3-3-6-6, was schließlich nach mehr als acht Wochen in einem 9-9-9-9-Intervall endet – für den kreativen Graus gibt es kein Limit.

Der Ordnung halber noch der Verweis auf eine Streitschrift mit dem Titel *Jedes Kind kann Schlafen lernen*. Es ist von Annette Kast-Zahn und Dr. Hartmut Morgenroth verfasst. Wenn du diese Lernmethode ausprobieren willst, dann bitte auf keinen Fall vor dem siebten Lebensmonat.

Lebenshilfe für Daddys:
Was sie dir nicht erzählen

Das Schreien abstellen wollen, Schlafen lernen sowie die Bewältigung des katastrophal zerplatzten Alltags in deinem völlig neuen, nun augenscheinlich verkorksten Leben kosten sehr viel Kraft. Das wird auch dir nicht immer leicht von der Hand gehen. In diesem Kapitel kannst du dich ausheulen, deinen Emotionen das Tor öffnen und einmal kurz alles zusammenbrüllen, was sich nicht wehren kann, denn hier gibt es keine Ungerechtigkeit, nein, hier halte ich einen vollen Kübel Motivation für dich parat, den du dir bei Bedarf gerne über den Kopf schütten kannst. Daneben geht es um deine neue Positionierung innerhalb des Familienkonglomerats und wie du durch pfiffiges Augenaufhalten und Beobachten der Lage mit rigorosen Schritten und Unterstützung durch Dritte den optimalen Nutzen für dich und Frau und Kind ziehen kannst.

Hol dir dein Kind!

Es besteht, selbst wenn du es jetzt noch nicht für möglich hältst, die große Wahrscheinlichkeit, dass auch in deiner Partnerin ein echtes Muttertier schlummert. Keine Sorge, ein wahrlich gängiges Symptom unter Erstgebärenden. Selbst aus der eigenständigsten, selbstbewusstesten und resolutesten Macher-Frau kann eine empathische, fürsorgliche und für dich vielleicht schwierig wiederzuerkennende Über-Mama werden, die vor inbrünstiger Liebe für ihr Kind nur so brodelt. Nicht despektierlich gemeint, und außerdem ist das ja eben alles auch eine Typfrage.

Zwischen der stillenden Mutter und dem stets durstigen, müden oder gelangweilten Kind erwächst im Lauf der Wochen ein zunächst vorsichtig beschnupperndes, später dann sehr inniges, intensives Verhältnis, das nur schwer zu durchschauen ist. Geheime Absprachen, dämliches Getuschelgekicher, dich ausschließende Insiderwitze oder Präsentationen einstudierter Kunststückchen lassen bitteren Neid und abgrundtiefen Argwohn in dir zu einem ekligen, dich zersetzenden Gebräu namens Eifersucht aufbrodeln. Trink nicht aus diesem bauchigen Kelch!

Damit du als Vater also nicht nur zum Zusehen verdonnert am Spielfeldrand sitzt und zum völlig selbstlosen Dienstleister auf Lebenszeit avancierst, ist es deine männliche Pflicht, sich in dieses verschwörerische Verhältnis zwischen Mama und Sohn oder Tochter positiv einzuschalten: Hol dir dein Kind! Genieße das Größte in deinem Leben, solange es noch nicht laufen und sprechen kann und allmählich zu einem verdammt ernst zu nehmenden Fress- und Fragegegner am Tisch wird! Versuche einerseits, deine Partnerin zu entlasten (siehe Abschnitt »Zeit für euch«, Seite 235), und andererseits eine vertraute Beziehung zu deinem Nachfahren auf- und auszubauen. An deine Stimme kann sich dein Baby zum Beispiel noch aus der Bauchzeit sofort erinnern. Später verbindet es den Klang deiner Stimme, deinen Geruch, nach kurzer Zeit auch dein Aussehen zu dem abstrakten Konstrukt »Papa«. Der Punchline zufolge: »Das ist ja der Typ, der immer morgens und abends da ist, aber was macht der bloß am Tag?!«

Ja, das bist du: der Vater. Ich habe versucht, so viel Zeit wie möglich für meine Tochter abzuzwacken, und tue es logischerweise immer noch. Gerade als Selbstständiger ist es gut möglich, sich Freiräume zu schaffen und diese wertvollen Momente dann mit dem eigenen Kind zu verbringen. Anders gestaltet es sich für einen Festangestellten, der seinen Job zeitlich nicht frei einteilen kann und die Zeit am Platz abzuarbeiten hat. Da bleibt dann entweder der Morgen oder der Abend oder beides und schließlich das Wochenende. Der Augenblick der Zweisamkeit mit deinem Kind ist von dessen Rhythmus abhängig. Feste Still- oder Esszeiten sowie Schlafzeiten geben die Zeitspanne vor, in der du an deinem Verhältnis zu deinem Kind feilen kannst. Ein Spaziergang, während es schläft, und nach dem Aufwachen ein bisschen spielen, das ist absolut drin, wenn die Intervalle zwischen den Mahlzeiten beides zulassen.

Neben den Frei-Zeiten für dich sei, wenn du zu Hause bist, ebenso präsent für deinen Sprössling wie die Mutter. Übernimm den lütten Schieter am Wickeltisch, verabreiche bereits Breis und Prä-Milch, füttere du es, geh mit dem kleinen Wurm baden, bring dein Baby zu Bett. Du wirst sehen, das macht unendlich viel Spaß, und wenn du dich wirklich darauf einlässt, wird es dich erfüllen. Deiner Partnerin solltest du unterdessen nicht mit einem unbremsbaren Übereifer begegnen, sondern ihr deinen Standpunkt klar zu verstehen geben. Es gibt keine Frau, die sich nicht darüber freuen würde.

Langweilig: Spielen mit einem Säugling

In den ersten Wochen im Zusammenleben mit dem Neuankömmling ist in Sachen gemeinsames Spielen überhaupt kein Blumentopf zu gewinnen. Hier hält Langeweile pur Einzug. Zum einen können die kleinen Schmarotzer noch gar nicht richtig sehen, geschweige denn herzhaft zupacken oder greifen, und zum anderen sind sie null mobil, können also noch nicht mal auf dem Bauch liegen. Die Wende kündigt sich etwa ab Monat Nummer vier an, je nach Entwicklungsstand des kleinen Diktators. Bis dahin ist das Spielen eher ein Spielen mit dir selbst und mit einem noch sehr teilnahmslosen Zuschauer. Was tun?

Spazieren gehen, greifen üben, eine Handpuppe kaufen und dir selbst lustige Geschichten erzählen, Musik hören, ein Bilderbuch zeigen, Baby in bestehende Deko drapieren und Fotos davon machen, für dein Baby schon mal Spielzeuge basteln, wie zum Beispiel Mobiles, bei denen das Baby aus seiner Perspektive auch etwas wirklich Interessantes sieht, die Wohnung gemeinsam erkunden (gähn…), Baby durchkitzeln, auf einem Vorleger vorsichtig über das Parkett ziehen, Baby unter eine Spielstation legen, an die du schöne Dinge hängst, die rascheln oder knistern (wie Bonbonpapier), Baby unter Spielstation legen, Baby unter Spielstation legen und Baby unter Spielstation… und so weiter. Ich war immer froh, spazieren gehen zu können.

Doch dann plötzlich, als würde das Menschenkind nun vollends erwachen, kommen Greifen, Lächeln und Drehen dazu, und schwupps hast du einen Spielpartner auf Augenhöhe. Die Kommunikation kommt allmählich in Schwung, kleine Hände fassen dir gezielt in den Mund und ins Auge, deine Nase wird zerkratzt sein, und jetzt heißt es: Dein Bauklotz ist mein Bauklotz und andersherum. Hier schenkt sich keiner mehr was, endlich also erbittertes Premium-Spielen der Oberklasse. Damit wirst du von nun an Stunden verbringen. Endlich hast du einen echten Freund durch dick und dünn auf Lebenszeit gefunden, dem du nun mit der Handpuppe deine Perfect-Daddy-Show vorspielen kannst, der dir applaudiert, wenn du völlig beknackt in der Unterhose vor ihm tanzt, der nicht die Nase rümpft, wenn du Körperausdünstungen des niederträchtigsten Kalibers hast, und der dich nicht verpfeift, wenn du ihn achtlos mal zwei Minuten hast schreien lassen, weil du samstagnachmittags am Fußball-Live-Ticker online mitgefiebert hast. Blut ist dicker als Wasser – das deutet sich jetzt bereits an! Viel Spaß.

Bist du bereit für die Vaterrolle?

Du kannst ein völliger Klappspaten und ein totaler Vollpfosten in einem sein und heute trotzdem dank unzähliger TV-Castings zum Gesangssuperstar, Mentalisten oder Topmodel avancieren. Ob dich der Job dann erfüllt oder sich der wahr gewordene Traum als ein unbekümmerter Freizeittrip in die Folterkammer des Showbusiness herausstellt, das tritt zumeist erst im Nachhinein zutage. Dennoch: Knebel- und Seelenverkaufsverträge mal ausgeklammert, du kannst aus der Nummer wieder aussteigen, wenn du willst.

Beim bestandenen Casting für die Vaterrolle sieht das ein bisschen anders aus. Und um dir das schmackhaft zu machen, wollen wir mal persönlich werden.

Nicht alles ist lustig, und uns Vätern geht der Umgang mit dem eigenen Kind nicht immer leicht von der Hand. Ganz im Gegenteil. Zum stressigen Job erwartet einen abends oftmals ein Kriegsschauplatz der ganz besonderen Art. Der Alltag ist noch nicht zurück, die Bude ist unaufgeräumt und schmutzig, die Mutter erschöpft und am Rande des Nervenzusammenbruchs, und der Stammhalter holt gerade tief Luft für die nächste weltliche Brüll-Protestkundgebung. Ach, ein Traum, sein Leben so in Fetzen zerbombt mit ansehen zu müssen. Kein Sorge: Das wird später, wenn der kleine Wonneproppen aus dem Gröbsten raus ist, viel, viel einfacher!

Blöd nur, dass dieses Gesabbel recht wenig Trost spendet, wenn dein Kind acht Wochen alt ist, den No-Future-Punker in sich entdeckt und die Bude aus den Angeln hebt. Die Zeit verfliegt im Nu, aber nicht, wenn es die Hölle ist. Dann ist jeder Augenblick eine Qual. Heul dich mal kräftig aus, lass den Druck ab, schreib es nieder, teil es dir nahestehenden oder dir fernen Personen mit, treibe Sport oder geh Holz hacken. Ich habe zum ersten Mal in meinem Leben beim Joggen geweint. Einfach so. Ich war völlig erschöpft, übermüdet und von den ganzen Eindrücken des Vaterseins überwältigt. Nichts ging mehr. Und so brach es, während ich mich körperlich vollends verausgabte, einfach aus mir heraus. Das tat verdammt gut.

In der Vaterrolle habe ich mich anfangs regelmäßig völlig überfordert gefühlt. Ich habe wirklich kapituliert und mir mein altes Leben in Unabhängigkeit zurückgewünscht. »Das habe ich mir so nicht vorgestellt«, klagte ich in alter Voll-Lappenmanier meiner Frau, und in das von uns für unsere Tochter geführte Tagebuch trug ich pure Emotionen ein, wie: »Was willst du von uns? Warum machst du uns das Leben so schwer?«

Ich empfand diese Phase teilweise als die Hölle auf Erden. Doch dann wurde mir mein ständiges Selbstmitleid zuwider. Ich hatte keine Lust mehr auf diese mir selbst zugeteilte Opferrolle! Ich musste und wollte akzeptieren, dass mein Leben von nun an mit Kind verlaufen wird und dass das Vatersein ein Geschenk ist und keine Strafe! Alle Anzeichen des eigenen Leids und meines übergroßen Frusts führten nur in eine Richtung: zu meiner Persönlichkeit!

Mir wurde Folgendes klar: Vatersein, das bedeutet Verantwortung zu tragen, das heißt Entscheidungen für einen Dritten zu treffen, ihn zu ernähren, zu schützen, auszubilden und irgendwann in sein ganz eigenes Leben zu entlassen. Um diese Aufgabe angemessen erfüllen zu können, musst du selbst erst einmal Verantwortung für dein eigenes Leben übernehmen, und das setzt ein Erwachsensein, also ein Aus-sich-selbst-Erwachsen voraus. War ich zur Geburt meiner Tochter so weit? Heute weiß ich es: Nein!

Meine Tochter setzte in mir einen Prozess in Gang, der einem sehr intensiven Selbsterfahrungstrip ähnelt. Die einen nehmen LSD, die anderen werden Vater. Hier geht es um Wert, um Selbstwert. Ich musste lernen, meinen eigenen Wert anzunehmen, zu verstehen, es wert zu sein, ein Vater sein zu dürfen. Wie in meinem Tagebucheintrag (siehe »Der laute Schreiberater«, Seite 203) beschrieben: Meine Tochter blätterte meine Persönlichkeit auf und legte sukzessive Stück für Stück davon frei. Was ich bis dahin getan hatte, war ein Ankämpfen gegen mich selbst, gegen meine neue Rolle, gegen mein eigenes Kind: genervt, ungeduldig und zornig, dazu dieses unendliche Selbstmitleid, ich war voller Mängel, weil ich nicht akzeptieren wollte, dass ich es wert bin, ein Vater zu sein und Verantwortung zu tragen.

Diese Erkenntnisse hatte ich nicht von heute auf morgen. Dafür sind sicherlich einige Wochen ins Land gegangen, doch dann habe ich mich schlagartig besser gefühlt. Viel besser. Ich wollte mich anders positionieren, endlich so, wie ich meinte, es zu spüren. Kein Vater ist je vom Himmel gefallen, und so realisierte ich neben meiner ganz persönlichen Aufräumarbeit, dass ich den Vater-Job erst nach und nach erlernen würde. Viel intensiver widmete ich mich nun also meinem Baby. Ich legte das Gefühl, aus der Situation flüchten zu wollen, gänzlich ab und trat meiner Tochter mit viel Geduld, Wärme und Verständnis gegenüber. Ich bezog ihr Schreien nicht mehr auf mich, unterstellte ihr auch keine Absicht mehr, sondern verstand es als einen Ausdruck ihres Schmerzes. Das Verhältnis zwischen uns änderte sich schlagartig.

Ich war kein Opfer mehr, bereit und offen für die Vaterrolle, dazu voller Enthusiasmus, mit ihr zu reifen, und sie bestätigte mir das zusehends mit steigender Zutraulichkeit und großer Liebe. Heute haben wir regelrecht einen Sensor füreinander, der uns beide jede kleine Veränderung beim anderen spüren lässt, selbst wenn wir meilenweit voneinander entfernt sind. Also: Schalte das Licht an auf der dunklen Seite der Macht!

All die beschriebenen Empfindungen und Erfahrungen sind eine ganz individuelle Sicht der Dinge, eine subjektive Sensibilität, die nicht unbedingt für jeden nachvollziehbar ist. Ich bin als Vater gebrandmarkt, was das Schreien betrifft. Wem es ähnlich ergeht oder erging, fühlt sich sicherlich durch diese Zeilen verstanden, und vielleicht kann er ja neuen Mut fassen oder den Prozess in Gang setzen...

Ebenfalls ist mir wichtig, dass du verstehst, dass dieser Prozess nicht immer schleichend und still ist. So wie er nicht bei jedem auftritt, so kann auch seine Intensität unterschiedlicher Natur sein. Ich war immer Herr der Lage, hatte meine Emotionen im Umgang mit unserem Kind im Griff. Wenn ich fühlte, in mir steigt Wut auf, habe ich meine Kleine abgelegt und den Raum verlassen. Solltest du das nicht gewährleisten können, bitte ich dich, das im Gespräch mit deiner Partnerin zu artikulieren und professionelle Hilfe in Anspruch zu nehmen.

Zeit für euch!

Dass das Vatersein zunächst durchaus schwerfallen kann, hast du ja soeben gelesen, und dass du oder ihr im Fall einer Totalverzweiflung Experten zurate ziehen solltet, ist ja mittlerweile wohl auch klar geworden. Von der Psychogrütze jedoch mal weg, ist die ganze Nummer natürlich schon echt ein Brett! Große Wachstumssprünge werden abgelöst von kleinen Lern-Rückschlägen. Gestern lustiges Hin-und-her-Rollen plus Brabbeln, heute regiert Heulen, Schreien und Ungnade, da nichts mehr von dem Neuerlernten gelingt.

Du wirst dir fix eine konkrete Erwartungshaltung abgewöhnen. Jeder Tag ist neu und selten berechenbar. Glaube nicht dem Gesetz der logischen Folge, und du bist auf der sicheren Seite. Das ist großartig, da es einen lehrt, die Tage so anzunehmen, wie sie sind und verlaufen, und jeden einzelnen Augenblick intensiv zu genießen, lassen sie es denn zu.

Vom idealen Zeitmanagement seid ihr demnach gerade in der Anfangsphase der ersten zwei bis drei Monate so weit entfernt wie George W. Bush von Osama bin Laden. Ständiges Re-Agieren auf den kleinen Erdenbürger, sich den permanenten Veränderungen anpassen, den Haushalt auf Trab halten, Behördenkram wie Elterngeld, Kindergeld etc. erledigen und eben die alltäglichen Dinge des Lebens organisieren verlangt einen großen Kraftaufwand, der natürlich am allerbesten zu zweit zu bewerkstelligen ist. Intelligente Teamarbeit ist das A und O. Wenn ihr euch gegenseitig den Rücken freihaltet, euch unterstützt und intensiv miteinander kommuniziert, dann werdet ihr alles mit einer faszinierenden Leichtigkeit ausführen.

Bei all den konstruktiven Dialogen, dem wunderbaren Miteinander und dem ersten großen Gefühl von eigener Familie ist es auf Dauer jedoch für beide Elternteile, vor allem aber für deine Partnerin, psychisch und physisch sehr kräftezehrend, den Rund-um-die-Uhr-Dienst lückenlos aufrechtzuerhalten. Die sich möglicherweise leise einschleichenden selbstlosen Züge deiner Frau, immer für den Säugling da zu sein und alles für ihn tun zu wollen, sollten, wenn nicht von ihr selbst, dann von dir sofort erkannt und gebannt werden, in der Vornahme notwendiger Gegenmaßnahmen. Beobachtest du also, dass deine Lebensgefährtin keinerlei Zeit mehr für sich hat, immer mit dem Baby rumgluckt und, wenn es schläft, anstehende Aufgaben im Haushalt erledigt, dann schreite ein und setze sie vor die Tür – natürlich freundlich gemeint.

Teilt euch auf, denn jeder von euch braucht Zeit zum Auftanken, Zeit für sich, Zeit fern von eurem Baby. Gerade sensible, sehr aufmerksamkeitsbedürftige Kinder, die oft an die Brust wollen, ständig schreien und nicht mal für eine halbe Stunde abgelegt werden können, neigen dazu, ihre Eltern komplett auszusaugen und ihnen die gesamte Energie zu entziehen, bis deren Nerven blank liegen und diese selbst von Weinkrämpfen geschüttelt werden, weil sie sich nicht mehr spüren. Elternsein ist eine große Inanspruchnahme, aber keine Selbstaufgabe. Nicht in einem einzigen Moment. Bedenkt das immer wieder.

Das Vorgehen ist simpel. Fühlt sich einer völlig genervt, kraftlos oder überbeansprucht, übernimmt der andere. So weit muss es natürlich nicht kommen, jeder hat eine persönliche Schmerzgrenze, und so reicht ein Nicht-mehr-geben-Können völlig aus, damit der andere Elternteil einspringt. Deine Partnerin sollte den Säugling vorher noch einmal stillen und dann verschwindet sie, oder du verfrachtest den Familienneuling in den Kinderwagen und düst mal für zwei bis drei Stunden davon. Ihr werdet sehen, das setzt ungeahnt neue Kräfte frei. Oder einfach mal eine halbe Stunde Solo-Ruhephasen schaffen, damit Mama ein Bad nehmen oder auch mal ein paar E-Mails schreiben kann. Genauso andersherum. Auch du musst Zeit für dich haben, folglich musst du das mit deiner Partnerin besprechen, und ihr werdet garantiert eine Lösung finden, die alle glücklich macht.

Habt ihr euch erst einmal in die neuen Rollen eingelebt, könnt ihr recht schnell feste Zeiten einführen, etwa jeden Montagabend und Freitagnachmittag übernimmt Papa und so weiter. Es ist ein grandioses Gefühl, wieder mal mit sich selbst zu sein und sich auf die eigene Freizeit, auch wenn diese zeitlich beschränkt ist, zu freuen. Die nächste Stufe dieser sukzessiv neu zurückzuerobernden Freizeit ist die Zeit miteinander. Extrem wichtig. Zwar hat nun jeder mal ein kleines Fenster zum Durchatmen für sich, doch was ist mit euch?

Lerne: Eltern brauchen die Dritten! Zumeist sind das Familienangehörige, Freunde oder Babysitter, die hier ins Spiel kommen. Gerade wenn euer Nachwuchs noch nicht durchschläft und regelmäßig an die Brust muss, beschränkt sich die Party auf zwei bis fünf Stunden, gemessen am Entwicklungsstand eures Babys. Aber das ist schon cool und tut gut!

Für diesen Zeitraum jemanden ein- bis zweimal im Monat zu engagieren dürfte für niemanden ein Problem darstellen. Die Aufsichtsperson muss euer Kind erst kennenlernen, bevor ihr ihr euer Kind anvertraut. Dafür sollte der Babysitter in spe ein paar Mal tagsüber bei euch gewesen sein, damit das Kleine auch weiß, wer da plötzlich des Nächtens am Bett sitzt und es zu beruhigen versucht.

Die Zeit miteinander ist ein kostbares Gut, das absolut schützenswert ist und bleiben muss. Ihr müsst mit aller Kraft und rigorosem Paaregoismus diese Phasen durchsetzen, um euch so nicht im alltäglichen Sumpf des Geschehens rund um das Baby zu verlieren. Ein gutes, gemütliches Essen zu zweit, ein Kinobesuch oder mal für zwei bis drei Stunden Wellness – hey, das ist kein großer Aufwand und für jeden drin! Eure Beziehung wird es euch danken, denn vieles bleibt zwischen Baby, Job und Haushalt einfach liegen, unausgesprochen oder vergessen. In der Zeit für euch könnt ihr euch auf all das wieder besinnen und verliebte und glückliche Momente miteinander verbringen.

Das neue Geduldsspiel: Sex nach der Geburt

Ein weiteres heißes Thema. So heiß wie die regelmäßigen bundesweiten Palmers-, Calida-, C & A- oder H & M-Wäsche-Werbungen an allen Haltestellen der öffentlichen Verkehrsmittel. Doch darüber spricht man immerhin – über Sex nach der Geburt eher weniger. Ungern auch. Träger von Konfliktpotenzial. Geeignetes Thema also für einen Vorzeigepapa.

Der noch unverbrauchte Erdenbürger, mit großen Ehren und noch viel größerer Aufregung empfangen, platzt mitten in eure zärtliche Zweisamkeit und fordert euch bis aufs Letzte. Rund um die Uhr verlangt er Aufmerksamkeit, Zuneigung, Geborgenheit, Liebe und Speisen. Vornehmlich wickelt das die neu in den Dienst gestellte Mutter ab, während du dich zwischen den Funktionen eines Dienstleisters, Ernährers und Vorzeigepapas zerreißt. Grenzgang. Wochen vergehen, gar Monate, um einen eigenen neuen familiären Tagestakt zu entwickeln, der alle befriedigt. Doch die Zeit des Alltags kommt schneller, als du denkst, und mit jedem nachfolgenden Tag spielt sich die Truppe weiter ein, wie ein bunt zusammengewürfeltes Fußballteam, dessen Spieler sich zuvor nie gesehen haben. Etwas mehr Zeit kann hingegen die Wiederentdeckung der Intimität zwischen dir und deiner Frau brauchen. Irgendwann in der Schwangerschaft endet die früher so problemfreie Knatterei, weil es entweder nicht mehr richtig funktioniert, deine Frau, du oder ihr zusammen lustlos seid, oder du es psychisch nicht verkraftest, mit deiner Frau zu schlafen, weil dein Kind in ihr wächst. Alles und noch vieles mehr ist denkbar und gültig.

Mit der Geburt beginnt dann sowieso eine Phase, in der sich deine Libido so rar macht wie der entspannte und kuschelige Abend zu zweit. Das Fehlen ebensolcher lässt das gemeinsame Schäferstündchen gnadenlos in die Ferne rücken, doch das juckt zunächst keinen von euch. Bis, ja, bis sich dein Sexualtrieb zurückmeldet und dich nach und nach wieder in den guten alten Testosteronbullen verwandelt, der dir schon den kleinen Schreihals eingebrockt hat und nun zu neuen Schandtaten bereit ist.

Jetzt heißt es: Obacht! Zwar kannst du wie ein Urzeitmensch mit aufgestelltem Klappmesser in der Pyjamahose um deine Partnerin eklig balzend herumscharwenzeln und Brunftlaute von dir geben – führen wird die peinliche Performance allerdings zu überhaupt nichts. Eine astreine Win-Win-Situation provozierst du nur über vornehme Zurückhaltung. Setze die Herzensdame niemals unter Druck und nimm ihr das Gefühl, dass sie sich dir gefälligst mal wieder hingeben sollte! Lass sie kommen! Lass sie den Zeitpunkt des ersten schlüpfrigen Kontakts bestimmen, und das erste zärtliche Petting (was für ein geiles Wort, oder?) kehrt in die Schlafstube zurück.

Geduld ist hier die spielbestimmende Charaktereigenschaft, die dich, wenn sie dir nicht eigen ist, vor eine neue Herausforderung stellt. Es wächst also nicht nur das Hörnchen in der Hose, sondern auch der ganze Mensch dahinter. Welch hohe menschliche Qualitäten mit der Geburt geweckt werden und doch auf niedrigstem, instinktivem Niveau gründen.

Gedankliches Überbrückungskabel

Geduld – mmh! Wie oben beschrieben ist das der Schlüssel zum Erfolg, nur was machst du mit all dem ganzen Sperma, das du im Normalfall, ich sehe jetzt hier mal von der Vielweiberei ab und bleibe im monogamen Abendland, an deine Frau weitergeben würdest?

In diesem Fall empfiehlt sich Selbstbefriedigung. Heimlich oder mit Erlaubnis, je nachdem, welch offenes Verhältnis du zu deiner Partnerin pflegst. Das macht dich auf alle Fälle entspannt und verschont dich vor unverhältnismäßigen Ausrastern und zeitweiligen Kontrollverlusten.

Bei all den kruden Verbotsschildern im undurchsichtigen Lustdschungel willst du jetzt natürlich erst recht wissen, wieso du das Sechs-Mann-Zelt lieber in der Campingabteilung lassen solltest.

Eine Erklärung: Durch die außerordentliche und bis dahin völlig ungewohnte Inanspruchnahme deiner Partnerin durch das Kind ist ihr Bedarf nach Körperlichkeit, Berührung und Zuneigung vollends gedeckt. Zusätzlich sorgt der neu errungene 24-Stunden-Mutter-Job dafür, dass sich deine Frau abends oft müde, ausgelaugt und völlig erschöpft fühlt, was nicht gerade spitzenmäßige Voraussetzungen sind, um die große Fummelei zu starten. Das eitle Geschlecht nimmt sich selbst in dieser Zeit als Frau nur vermin-

dert wahr, einige unter ihnen hadern dabei häufig mit ihrem körperlichen Erscheinungsbild, weshalb kein Lustgefühl bei ihnen entsteht. Andere indes fühlen sich, als hätten sie bei Miraculix aus
dem Druidenbottich genascht, energievoll und enthusiastisch, sie
wollen und genießen den Sex, vielleicht sogar intensiver und lust-
voller als zuvor. Läuft alles nach Plan, wird sich die Gebärmutter
deiner Partnerin etwa innerhalb von sechs bis acht Wochen nach
der Geburt zu der alten Größe und früheren Form zusammenzie-
hen, währenddessen Blut und Schleim, sogenannter Wochenfluss,
ausgeschieden werden. Schnitte und Wunden, die eventuell vorgenommen wurden oder entstanden, verheilen, der Hormonhaushalt
akklimatisiert sich. Nach der Geburt kommt es oft zu einer hormonell bedingten Störung der Lubrikation, bedeutet, die Scheide
wird nicht feucht. Hilfe leistet hier Gleitmittel oder Speichel.

Wann gibt es wieder kostenfreien Sex? Das hängt von der Frau
ab und den inneren und äußeren Faktoren, die auf sie einwirken.
Faustformel ist hier: Wenn der Spaß zurück ist und keine Beschwerden mehr vorhanden sind! Tauchen zuvor erste zierliche
Knospen der Lust auf, dann ist ein vorsichtiges Herantasten, ein
langsames Sich-wieder-Annähern ein guter Schritt, um die bis dahin lange schlummernde Intimität wieder zu wecken und somit
neu zu entfalten. Sexualität hat viele Facetten: Im Arm halten,
Kuscheln, Schmusen, Küssen, Streicheln, sich gegenseitig Spüren,
Petting (da ist es wieder), all das gehört dazu und führt sukzessive zu einem gegenseitigen Neuentdecken, ein gemeinschaft-
liches Neuschreiben des Kapitels Sexualität beginnt, eine neue
spannende Phase in deiner Beziehung.

Und dann ist es wieder so weit: Sex! Da das Stillen nicht vor einer weiteren Schwangerschaft schützt, solltest du mit deiner Frau
über das Thema Verhütung sprechen. Gerne werden anfangs Kon-

dome benutzt. Nicht stillende Mütter können nach Einsatz der Menstruation wieder mit der Einnahme der Pille beginnen, wenn sie denn wollen. Viel Spaß.

Freundesfilter

Wassereinbruch allenthalben – kein Sex, Schlafentzug, sporadisches Cocooning, da sukzessive Akklimatisierung als Elternteil, und dann auch noch das: Abschied! Ade, Au revoir und tschüss. Einen guten Weg wünsche ich. Freunde kommen und gehen, und das ist erst recht der Fall, wenn ihr Eltern geworden seid. Der harte Kern an Freunden bleibt ganz gewiss, wenn es denn echte Freunde sind, und auf die, die gehen wollen, kannst du ohnehin verzichten.

Vieles erübrigt sich plötzlich. Das macht Platz im Schrank und bringt frische Luft in den vermufften Freundesapparat. Neue werden dir dann spätestens über die Leidensgenossenschaft des Elterndaseins wieder reingespült. Schlimmer wiegt eine familiäre Erweiterung indes bei den Frauen, da sich hier die gemeinsame Schnittmenge des Interessenkreises der frohen Mutter und der kinderlosen Singleblondine gen null neigt. Da werden feierliche Beisetzungen jahrelanger Freundschaftsbande zelebriert. Das ist nicht schön, musst du dir als Privattherapeut doch abermals den Kittel überziehen.

Fitness-Studio ade

Und auch die Zeiten sind vorbei, mein Freund, in denen du stundenlang an den brutalen Foltergeräten in den klinisch reinen Fitness-Studios, in denen du früher den kleinen Sportkäfern auf den Hintern und die Hupen geglotzt hast, die Eisen gestemmt hast.

Jetzt heißt es kleckern und nicht glotzen. Du hast ein Kind, und das lässt dein Hemd nicht nur vor Stolz geschwellter Brust platzen!

Die Zuneigung macht's! Als liebevoller Daddy trägst du deinen Sprössling ja permanent durch die Gegend. Von der Wickelstation ins Beistellbett, vom Beistellbett ins Wohnzimmer auf die Spieldecke, von der Spieldecke zur Erkundungsfahrt durch die gesamte Wohnung und so weiter. Als würdest du dein Hantelset ständig erweitern, bringt der kleine Pupser jede Woche wieder ein paar Gramm mehr auf die Waage – das trainiert. Und wie sogar. Im Handumdrehen bekommst du analog zu deinem absolut gerechtfertigten Papabauch kräftige Popeye-Oberarme und Troja-Brad-Pitt-eske Brustmuskeln. Fett!

Die Kehrseite der Medaille lässt sich an anderen Körperregionen finden. Mangelnder Schlaf auf hohem Stresslevel lässt leider die Furchen in deinem Gesicht noch tiefer graben, hier gerne rund um die Augen. Außerdem weicht der lässige Teint eines promisken Tennistrainers dem des treudoofen Nachtarbeiters, changierend zwischen Asphaltgrau, Kartonbeige und Kalkweiß. Begleitend zu diesen schrecklichen physiologischen Auswirkungen der Vaterschaft treten vermehrt eine Vergrauung des Deckhaars sowie leichter Haarausfall auf. Könnte also durchaus sein, dass in zwei Jahren das Schiebedach offen ist. Elton John hat sich Kunsthaare einpflanzen lassen…

Wachstum und Entwicklung

Wachstumsschübe im Allgemeinen

Die ersten Wochen verstreichen wie im Flug, und allmählich gewöhnt ihr euch an den kleinen Erdenbürger so wie er sich an euch. Er verlangt die Brust oder das Fläschchen bei jedem leisesten Hungergefühl und schläft ein, wenn ihn eine große Müdigkeit überkommt. Zwischendurch entledigt er sich seines Darminhalts, der sich in der Windel wiederfindet, die ihr sorgfältig wechselt, und das ist ja im Idealfall auch schon alles im Alltag der Anfangszeit. In einem Abstand von mehreren Wochen (etwa vier bis sechs) durchlebt euer Baby unterschiedlich lange und schmerzhafte Schübe, die Quintessenz des Reifungs- und Wachstumsprozesses.

Je nach Sensibilität eures Kindes nimmt es diese Sprünge von intensiv bis beiläufig wahr. Oft sind diese Phasen daher von Unruhe, Quengeln und Schreien sowie einem großen Bedarf an Zuneigung geprägt. Am Ende der Strapazen für alle Beteiligten offenbart sich jedoch eine Belohnung: die frische und knackige Frucht des Neuerlernten. Jedem noch so langwierigen Schub folgen nämlich neue Fähigkeiten, Eigenschaften und Funktionen des Säuglings. Prima ist diese Facility mit den regelmäßigen Updates deines Macs zu vergleichen. Konnte iTunes gerade noch nicht die Cover der CD-Alben laden, beherrscht es diese Funktion nach dem Update! Und genauso verhält es sich auch bei Babys, nur dass dummerweise der Prozess der Funktionserweiterung nicht per Knopfdruck und in weniger als fünf Minuten inklusive des Neustarts abgeschlossen ist.

Die Reflexe

Den Greifreflex unserer Tochter haben wir wie viele andere ihrer Durchbrüche in allen Formen pedantisch genau dokumentiert: per Wort in ihrem Tagebuch, in Bewegung gebannt auf Zelluloid und als Digitaldatei per Fotokamera. Das Greifen haben die kleinen unbehaarten Unruhestifter recht fix auf dem Kasten, wie sie ohnehin in regelmäßigen Abständen mit etwas Neuem glänzen können. Auf dem Gebiet der Akquirierung bislang nie dagewesener Fähigkeiten weisen diese unschuldigen Menschenkinder bereits in diesem Stadium erste Anzeichen von Konkurrenzverhalten auf. Hier wird sich mit Kalkül ausschließlich auf die individuelle Leistungskraft konzentriert. Jedes Baby kümmert sich ohne Seitenblick um seine eigene Angebotspalette, um die persönliche Erweiterung des Portfolios, um schließlich im Wettbewerb mit den Gleichaltrigen nicht das Nachsehen zu haben.

Und so kann das im ersten Jahr bedeuten, dass dein kleiner Tyrann vielleicht mit sechs Monaten schon sitzt und mit zehn Monaten zum ersten Stepptanz lädt, dafür aber spärlichen Zahnwuchs aufweist und somit nur langweilige Leichtkaukost einsaugen darf. Ein anderes, gleichaltriges Kind verspeist hingegen Brot und Würstchen, hockt jedoch wie Buddha nur an einem Ort und denkt nicht mal dran, sich zu bewegen. Da haben wir es wieder: Jedes Kind ist anders. Und da haben wir es wieder »wieder«: Übe dich in Geduld! Wenn dein Kind erst mit zehn Monaten sitzt und erst im zweiten Lebensjahr loswandert, dann ist das eben so. Dafür hat es vielleicht schon Interesse am Durchblättern von bunten Kinderbüchern, während das andere lediglich am Bobbycar kratzt. Für die kleinen Wirbelwinde und Sitzsäcke gilt es die Welt geistig und körperlich zu erobern. Der eine konzentriert sich dabei zunächst mehr auf die körperliche Ebene, der andere auf die intellektuelle. Anfangs folgen die neuen Menschen dabei ausschließlich ihren Reflexen.

Der angeborene Saugreflex (einfach mal den Finger in den Mund deines Kindes stecken – saugt es?) und der Suchreflex sichern das Überleben. Nahrung kann dadurch gefunden und aufgenommen werden. Der Greifreflex (streichle deinem Nachwuchs mal die Handinnenfläche – es greift!) geht mit ungefähr sechs Monaten über ins konkrete Greifen. Auch dieser Reflex sichert das Überleben und ermöglicht eine Anpassung an die Umgebung. Aus dieser unbewussten Fähigkeit wird schließlich das konkrete Fassen, mit dem das Kind dann später in der Lage sein wird, aktiv und selbstständig zu handeln. Und zuletzt der Schreitreflex, der das Kind zum Aufstehen motiviert – was anfangs nicht klappt, sondern nur mit jeder Menge Training – und aus dem hilflosen kleinen Geschöpf eine mobile Ein-Mann/Frau-Kapelle macht, die dir die Bude auseinandernimmt.

Den Kopf halten und heben, sich drehen, sich setzen, krabbeln, greifen, sich hochziehen, stehen und laufen – was die kleinen süßen Windelpopos für ein Pensum absolvieren, ist zweifellos atemberaubend. Unterstütze dein Kind, wo du kannst, fange es aber nicht ständig vor dem Fall auf. Bedränge es nicht, irgendwelche Fähigkeiten schneller zu lernen, es wählt selbst den Zeitpunkt dazu. Und wenn es so weit ist, leiste Unterstützung. Weniger Hilfestellung ist jedoch mehr für die Selbstständigkeit.

Die Erweiterung der Fähigkeiten

Welche Entwicklungsstufe ein Kind in welchem Monat erreicht haben soll, entscheidet ein Kind selbst und sagt kein Kinderarzt oder Kinderpsychologe voraus. Daher lass dich nicht irritieren, wenn gewisse Buchautoren, Experten und Fachnasen meinen, dein Sprössling müsse mit sechs Monaten von dir abgegebene, einfache Laute nachbrabbeln. Ja, natürlich ist das möglich, aber die Norm? Niemals. Meine Tochter hat mit sechs Monaten schief geguckt und war vom Lauteimitieren so weit weg wie Hamburg-Blankenese von der Armut. Mit zwölf Monaten hat sie weder Tendenzen gezeigt, das Aufstehen für sich neu dazuzugewinnen, noch Lust gehabt, auf Gesten von uns zu reagieren oder diese nachzuäffen. Nix da! Also, noch mal: Nicht verrückt machen lassen – alles ist im Lot, bleib cool!

Dennoch, keine Frage, musst du mit einem Auge darauf achten, welche Fähigkeiten dein Kind beherrscht und welche nicht. Wenn du dich sorgst, dann haue einen Experten an, aber ich kann dir nur den Tipp geben, gelassen zu bleiben. Meine Frau war damals tief deprimiert, als die gesamte PEKIP-Crew bereits sitzen oder sich später gar hinstellen konnte, während unsere Tochter als Einzige erst nur rumlag und dann gerade mal zufrieden saß, als die anderen schon fast Hürdenlauf trainiert haben. Na und?

Ein nicht unerheblicher Druckfaktor sind dämliche und dreiste Kommentare anderer Mütter oder Väter, die einen von dezent bis direkt auf die vermeintliche Faulheit des eigenen Kindes ansprechen. Ein latenter Vorwurf der Unterentwicklung ist da mitunter auch schon mal rauszuhören, dem es angemessen entgegenzutreten gilt. Hier kann ich dir nur wieder raten, euch gegenseitig zu beruhigen und starkzureden, damit ihr die unbarmherzige Wucht der großkotzigen Verachtung anderer und die offenkundige Kritik an eurem Kind mit Bravour und Raffinesse in eure Stärke ummünzen könnt. Schlechte Energie des Feindes unmittelbar zurücksenden, von Androhung von Gewalt würde ich beim Männer-PEKIP absehen, Grundregel hier: nicht vor den Kindern!

Wer einen guten Juristen braucht, um auf üble Nachrede und/oder Beleidigung zu klagen, kann sich mit mir unter der mehrfach genannten E-Mail-Adresse in Verbindung setzen, ich habe da ein paar hungrige Vertreter aus der Advokaten-Riege am Start.

Trotzdem sollst du ja erfahren, was im ersten Jahr der Entwicklung deines Kindes so passiert: Wie erwähnt, funktioniert dein Kind zunächst über die angeborenen Reflexe, durch die es während des Reifeprozesses viele neue Fähigkeiten lernt. Eine Interimslösung sozusagen, weil sie wieder in der Versenkung verschwinden, wenn aus ihnen vorzeigbare, ausgebaute Talente hervorgewachsen sind.

Nach einigen Wochen kann dein Nachwuchs neue Reize von bereits gewohnten unterscheiden und lächelt bei einer akustischen Wahrnehmung deiner Person selbst Typen wie dich an. Aber in der frühen Lebensphase nur für die zwei Lächel-Sonderwochen, die irgendwo zwischen der sechsten und der achten Woche liegen sollen. Meine Tochter hat diese Phase nie durchlebt, vielleicht hatten wir auch zu starken Mundgeruch, ich zu viel Bartwuchs oder meine Frau einfach eine miese Turmbau-zu-Babel-Frisur – wer weiß das schon. Unsere Tochter ging zum Lachen in den Keller!

Mit drei Monaten hat dein Baby die Haltung seines Schädels unter Kontrolle, es kann sich ab- und zuwenden und es startet zudem mit dem Spiel mit den eigenen Händen. Generell lächelt das kleine Knäuel jetzt aber wirklich und dauerhaft.

Ab Monat Nummer vier kannst du dich über die Inbetriebnahme der einzelnen Gliedmaßen freuen, die zum Erforschen des Kosmos, einhändig wie beidhändig, führen. Es wird gespielt, und das auch mal alleine. Kurz zumindest. Die kleinen Biester wissen, dass sie mit den neuen Fähigkeiten etwas erreichen können, und das finden sie extrem spitze! Außerdem halten sie sich plötzlich für Intelligenzbolzen, da ihr Erinnerungsvermögen stetig zunimmt und sie es als eine Frechheit empfinden, wenn du den Plüscheisbär wo-anders deponiert hast als beim letzten Mal. Das nimmt übrigens rapide zu, und mit Erreichen des ersten Lebensjahres speichern die winzigen Despoten in Strumpfhosen alles, was einen leise und si-cher in den Wahnsinn treibt. Das Adlerauge schaltet nun dummer-weise auch noch ein Maulwurfsgehör dazu, das fortan die Verur-sacher von sämtlichen Geräuschen sucht!

Vom achten Monat an haben die kleinen Monarchen gerne mal schlechte Laune, wenn alles nicht so läuft, wie sie es sich in ih-rer kleinen Birne zurechtgelegt haben, und gehen einem verlegten Plüscheisbären nun konsequent auf die Spur. Sie suchen also von dir versteckte oder verlegte Gegenstände und wecken den Schnüff-ler in sich, der einem mit weiterer Reife des Kindes ausgeräumte Schränke und Schubladen bescheren wird. Erschreckspielchen, wie hinter einer Tür vorschnellen und »Buh!« rufen, avancieren zum Pflichtzeitvertreib und bleiben auch noch monatelang hoch im Kurs. Allmählich lesen die immer noch sprachlosen Bodenturner die Mimik der Eltern und prüfen damit ihr Verhalten. Befindet sich hier eine Grenze des Erlaubten, ja oder nein? Das Nein wird jetzt verstanden. Dein kleiner Knödel ist nun vollends von der Mutter getrennt und hat erkannt, dass er eine eigene Person ist. Er will sich im letzten Viertel des ersten Lebensjahres ans Krabbeln wa-gen, Vorzeigeexemplare planen da bereits die Erstbesteigung des Sofas durch bloßes Hochziehen.

Zum Ende der ersten zwölf Monate zeigen die jetzt universal funktionierenden Neumenschen auf Dinge, die sie haben oder erreichen möchten, suchen und finden die Nase in deinem Gesicht, wenn du sie fragst, und suchen und finden dich in der Wohnung, auch wenn du sie nicht darum bittest. Alles ist schon anders geworden seit der Geburt, jetzt wird das anders wieder anders! Das ist mal ein Trip, ich sag's dir!

Körperliche Entwicklung deines Babys im ersten Jahr

Im Leben wächst der Mensch nicht mehr so viel wie im ersten Jahr seines Daseins. Durchschnittlich werden in diesem Land Kinder geboren, die etwa 50 bis 53 Zentimeter messen und dreieinhalb Kilogramm schwer sind. In den ersten drei Lebensmonaten wächst dein Kind sodann dreieinhalb Zentimeter im Monat, danach nimmt die hohe Schlagzahl ab. Das Geburtsgewicht hat sich bis zum fünften Lebensmonat verdoppelt, bis zum zwölften verdreifacht! Die Kopfform, die dein Kind und später der erwachsene Mensch sein Leben lang in die Kamera halten wird, bildet sich hier ganz klar aus. Auch die Beißerchen in der ersten Version brechen im Alter von fünf bis zehn Monaten durch. Mit einem Jahr haben die Kleinen bereits fünf Zähne. Meine Tochter hatte bereits sieben zu dem Zeitpunkt. Da sieht man mal wieder, das heißt alles überhaupt nichts.

Zum Alltag gehören ab dem sechsten Monat Durchfall, Husten, Schnupfen und Fieber. Alles in Maßen, aber durchaus regelmäßig.

Kommunikation: Das erste Vater-Kind-Gespräch!

Sind sie noch nicht mobil, sind sie dir hilflos ausgesetzt! Der Wille, sofort Selbstkontrolle zu entwickeln, ist zu spüren, aber dennoch haben sie keine Chance. Ideale Voraussetzung für dich, um dein Baby vollzuquatschen. Den ganzen Tag hast du dich nicht verstanden gefühlt? Niemand hat dir wirklich zugehört? Hier ist das perfekte Opfer für dich!

Doch Obacht! Der kleine Kacker wehrt sich recht schnell. Sind es zunächst nur seltsame Laute, aktivieren Babys etwa um den sechsten Monat ihre Sprach- und Imitationsfähigkeit und lernen fortan täglich dazu. Wie reagierst du? Laute, die dein Kind von sich gibt, würde ich wiederholen und es dadurch in seinem Tun motivieren. Spontaner Beifall und ein übertriebenes »Toll« kommen ebenfalls gut. Du kannst auch vorgeben, deinen kleinen Gesprächspartner zu verstehen, und einen Dialog spinnen, der sich wie folgt darstellen könnte:

Baby: Aaahhhhh.

Du: Ach, echt?

Baby: Aaaahhhh.

Du: Gestern?

Baby: Aaaahhhh.

Du: Die Sau! Wusste ich's doch. Aber weißt du, Männer bekommen in dem Alter einfach noch mal…(Pause, träumerischer Blick aus dem Fenster) …einen zweiten Frühling!

Baby: Aaaahhhhh.

Du: Ja, da muss zum Porsche schon eine 25-jährige Studentin, die in der Freizeit modelt, herhalten. Und nicht die Endvierziger-Mutter, die ihm zwei Töchter zur Welt gebracht hat.

Baby: Aaaahhhhhh.
Du: Ja, klar … äh … Nein … Papa ist nicht so.

Solche anregenden Gespräche erhellen deinen Alltag und konfrontieren je nach Inhalt deinen Sprössling mit den blumigen oder schrecklich nüchternen Fakten, die die Welt bestimmen. Dadurch, dass du in normaler Sprache mit ihm kommunizierst, hebst du deinen Gesprächspartner auf Augenhöhe und bringst ihm somit Respekt entgegen. Wenn dir oder deinem Baby denn mal nicht nach den harten Tatsachen ist, dann könnt ihr getrost wieder in Babysprache interagieren. Ich habe das immer nach Laune, Situation und Gefühl gemacht. So, und hier noch eine Info für das generelle Kommunizieren mit deinem Baby: Im Gespräch ist es sinnvoll, mit erhöhter Stimme zu sprechen, da es höhere Töne besser versteht. Und jetzt: Viel Spaß beim Plaudern!

Das Fremdeln

Gestern warst du noch ein Freund – heute bist du der Feind! Na ja, so drastisch will ich es nicht formulieren, aber herrje, bei mir war es so. Nicht immer hat sich meine Tochter über mich gefreut, und es gab tatsächlich Momente, in denen sie einfach nicht auf meinem Arm sein wollte, obwohl ich gerade erst nach Hause kam. Zur Begrüßung hat sie mir imaginär gleich wieder die Tür vor der Nase zugeschlagen. Ein hartes Los für einen Vorzeigepapa, der meint, die Weisheit mit Löffeln gefressen zu haben. Aber das ist alles normal, vor allem dann, wenn du den ganzen Tag arbeitest, morgens nach einem gemeinsamen Kaffee im Bett und einer kleinen Knuddel- und Spieleinheit die Wohnung verlässt und erst abends eine Stunde vorm Schlafengehen wieder nach Hause zurückkehrst. Das rafft dein Sprössling natürlich, aber erst mit der Zeit. Hat er sich darauf eingestellt und schließt du dann die Haustür auf, bist du der Super-King und hörst die Freudenschreie eines ganz kleinen Menschen. Nicht jedoch im achten Monat. Oder im vierten oder mit zwölf Monaten – zu allen drei Zeitpunkten kann das Fremdeln auftreten, das wieder mal von der individuellen Entwicklung des Kindes abhängt. Das Fremdeln lässt sich nicht verhindern. Dein Kind hat einfach Angst vor dem Unbekannten, so dass schieres Misstrauen an die Stelle von bloßem Vertrauen rückt und oftmals panische Heulattacken begründet.

Im Allgemeinen wird der achte Monat als die Hochphase des Fremdelns bezeichnet. Der Grund dafür ist ganz einfach: Waren bislang alle freundlich dreinschauenden Menschen super, sind sie es jetzt nicht mehr. Jetzt startet nämlich ein Abgleich der immer wiederkehrenden Lieblingsmenschen (Mama und Papa) mit den selten erscheinenden Unbekannten (zum Beispiel: Mann mit Bart, der in den Kinderwagen guckt) im Kopf deines Kindes. Es kontrastiert das Gesicht desjenigen, der sich da gerade fast in den Kinderwagen drückt, mit dem Antlitz der Mutter. Ergebnis: »Hey, der hat ja einen Bart! Das ist nicht Mama!« Aaaaaahhhh … brüll!

Die kleinen Schreihälse prüfen also, ob sie den Menschen kennen oder nicht, weil sie es jetzt können. Dieses Talent ruft dich und deine Partnerin prompt auf den Plan, denn nur ihr könnt eurem sich ängstlich gebärdenden Blutsverwandten ebendas geben, was er in dieser Phase braucht: Aufmerksamkeit, Schutz und Geborgenheit! Deswegen nicht unbedingt auf die Person zugehen, vor der dein Kind Angst hat, sondern lieber eine gehörige Portion Distanz wahren. Empfiehlt sich ja auch generell im Leben. Babys und Kinder sind so ungemein neugierig, die nähern sich ohnehin schon wieder von alleine an. Garantiert. Daher ist auch mit etwa 15 Monaten Schluss mit dem Fremdeln, denn dann sind sie waschechte Expeditionsleiter und wollen alles erkunden, was nicht niet- und nagelfest ist, und auch, was einen Bart trägt!

Du solltest trotz der Fremdelphase versuchen, dein Kind behutsam mit fremden Erwachsenen und Kindern zu konfrontieren, zum Beispiel durch die Teilnahme an einer Krabbelgruppe, Besuch einer öffentlichen Babylounge oder über einen Geburtstag eines neu dazugewonnen Vater-Freundes. Bleibt dein Kind in der Fremdelphase nämlich ausschließlich bei dir, dann kann sich das Misstrauen noch bis ins zweite Lebensjahr hinziehen, und das will hier ja keiner. Außerdem solltest du immer mal wieder probieren, deinen Sohn oder deine Tochter an eine fremde Person wie zum Beispiel einen Babysitter zu gewöhnen. Das ist sehr schwierig, auch noch im zweiten Jahr, aber dieser Prozess vom Neukontakt zum Freund ist eine wichtige Erfahrung für dein Kind und ein gutes Training darin, Vertrauen aufzubauen.

Jetzt noch der Meistertrick in Sachen Vertrauen: Fremdeln ist Angst und Misstrauen, aber auch Trennung von den bekannten Lieblingsmenschen. Wie übe ich also das Vertrauen auf eine Rückkehr des Lieblingsmenschen ein? Mit einem Stufenplan! Du, als einer der zwei unangefochtenen Supermenschen, kannst mit deinem Kind Verstecken spielen – also bei der Version für ganz Kleine anfangen. Dafür ziehst du dir ein Tuch über den Kopf oder eine kleine Decke und machst »Buh, buh, buh« und schließlich »Ba«, wenn du die Decke schnell vom Kopf ziehst! Schock und Freude zugleich. Superspaß! Das ist die erste Stufe. Bei der zweiten Stufe gehst du mit dem Tuch über dem Kopf so nah an deinen Wonneproppen heran, dass er selbst danach greift und es dir dadurch vom Kopf zieht. Auch ein Spaß! Stufe drei ist das Verstecken hinter einer Tür und das spontane Hervorlinsen – lustig! Selbiges gilt auch an der Wickelstation: abtauchen, auftauchen, Riesenspaß. Aber bitte das Kind festhalten. Stufe vier stellt final das Rausgehen aus dem Raum und sich zum Beispiel hinter einem Regal verstecken in den Mittelpunkt. Der höchst interessierte Zwerg krabbelt dann hinterher und guckt, wo du bist. Mit einem »Buh« versöhnst du ihn!

Auf diese Weise führst du nämlich dein Kind spielerisch an die Akzeptanz vom Kommen und Gehen vertrauter Personen heran. Genauso will ich dir raten, dich anständig von deinem Kind zu verabschieden, wenn du das Haus verlässt. Sag »Tschüss« und gib ihm einen Kuss. Die kindliche Reaktion mag anfangs die großen Dramen der Menschheitsgeschichte mühelos in den Schatten stellen, am Ende sorgt das Verabschiedungsritual jedoch für ein stetig weiter wachsendes Vertrauen bei deinem süßen Schatz, dass der, der gerade geht, nachher auch wieder nach Hause kommt.

Ernährung, Pflege und Gesundheit

Babyernährung

Muttermilch ist die unangefochtene Nummer eins unter den Babynahrungsmitteln. Sie ist stets hygienisch verpackt, wohl temperiert, bereits zubereitet, ideal zusammengesetzt und im Normalfall immer ausreichend erhältlich. Egal wann, wie und wo – dein Kind überlebt überall, wo sich eine Brust mit Muttermilch aufhält. Die ersten sechs Monate sollte dein Baby in den Genuss dieses perfekten Lebenselixiers kommen, dann wird Beikost zugefüttert, bis schließlich der Laden komplett zugemacht wird und es nur noch Bio-Feinschmeckerleckereien zubereitet nach Rezept von Hipp, Alete, Milupa oder Mama und Papa gibt.

Doch auch die »künstliche« Milch ist kein verachtenswerter Tropfen. Die ständige Weiterentwicklung der Inhaltsstoffe sowie die strengen Lebensmittelkontrollen sorgen für ein recht ordentlich zusammengesetztes Grundnahrungsmittel, das das Kind glücklich und zufrieden wachsen lässt. Also keine Sorge, wenn Mama (und/oder du) das Fläschchen gibt und nicht stillt. Gebt ihr das Fläschchen, müsst ihr hundertfünfzigprozentig genau die Zubereitung der Milch nach Herstellerangaben einhalten. Das Pulver muss komplett verrührt und aufgelöst sein, die Milch sollte bei der Fütterung nicht zu viele Schaumblasen auf der Oberfläche gebildet (überschüssige Luft = Blähungen) haben und nicht zu heiß sein. Die Flasche, mit der du die künstliche Nahrung fütterst, muss nebst Nuckel nach jedem Gebrauch, der Schnuller täglich, sterilisiert werden, speziell in den ersten sechs Monaten, da Keime und Bakterien den kleinen Menschen übel mitspielen können.

Vollmilch ist bis zum ersten Geburtstag verboten. Es sei denn, du fütterst dein Baby mit Getreide-Vollmilch-Brei, der ab dem siebten Monat verabreicht werden darf. Milch ist in ihrer Zusammensetzung nicht geeignet für Kinder in diesem Alter, genauso wenig wie Honig, der ja als Rohkost unbehandelt abgefüllt wird und somit Keime und Bakterien beinhalten kann. Von daher ist bis auf diese Ausnahme von Kuhmilch und anderen Tiermilchsorten abzusehen.

Milch ist also der Bad Guy, Gemüse indes der Good Guy. Nach Vollendung des sechsten Monats freut sich dein Baby auf püriertes Grünzeug: Zucchini, Pastinake (ich kannte das vorher auch nicht), Kürbis oder Karotte. Anfangs brauchst du dich nicht mit der täglichen Frage zu quälen, was du deinem Kind heute kredenzt. In der Einführungsphase von Breis freuen sich die Kleinen über wiederkehrende Geschmacksrichtungen, und so kannst du getrost sieben Tage am Stück den gleichen Mittagsbrei servieren, sofern er denn dem kleinen Gourmet schmeckt. Nach den ersten Löffeln lässt sich an der Portionierung schrauben. Langsam und gemächlich startet ihr mit der Beigabe von nur wenig Brei. Na, schmeckt's? Gut, dann könnt ihr die Portion steigern. Wenn nicht, einfach mal eine andere Sorte ausprobieren.

80 bis 100 Gramm Fleisch pro Woche benötigt ein Baby, um den Bedarf an Eisen zu decken. Im Durchschnitt sind pro Gläschen 15 Gramm Fleisch enthalten, folglich kann fast täglich Fleisch gefüttert werden, oder aber das notwendige Eisen wird über den Getreideanteil im Gläschen transportiert. Angefügt ist ein Schaubild, wie dein Knirps ab Monat Nummer sieben allmählich auf Brei umgestellt wird.

Ernährungsfahrplan für das erste Lebenjahr:

Ernährungs-Fahrplan für das erste Lebensjahr	Morgens	Vormittags	Mittags	Nachmittags	Abends
1. bis 6. Monat					
Ab dem 7. Monat			G		
Ab dem 8. Monat			G		M
Ab dem 9. Monat			G	O	M
10. bis 12. Monat			G	O	M

Milch Gemüsebrei Milch-Getreide-Brei Obst-Getreide-Brei Zwischenmahlzeit (Obst, Getreide)

Quelle: Forschungsinstitut für Kinderernährung, Dortmund (FKO)

Lesetipp: Von der Stiftung Warentest gibt es einen Ratgeber »Gesunde Ernährung von Anfang an«. Ein Muss!

Dein Baby lernt selbst zu essen

Den Übergang zur Beikost wagst du mit einem dreiviertelsatten Baby, das noch für einen kleinen entscheidenden Happs Platz im Magen haben sollte. Einen halb gestrichenen Plastiklöffel leicht süßlichen Breis, zum Beispiel pürierte Karotten oder ein delikates, ungezuckertes Obstmus, führst du deinem Leckermaul zum Mund. Sesam, öffne dich! Okay. Doch dann zeigt sich, ob der kleine Fratz tatsächlich Gefallen daran findet oder alles unverzüglich wieder ausspuckt. Genau das wäre kein Wunder: Ein Gourmet rauscht nicht unbedingt bei Karottenbrei oder Apfelmus vom Himmel. Deshalb lass dich nicht verunsichern, und probiere es wieder und wieder! Du wirst es selbst erfahren: Der Mini-Proband ist schneller auf Beikost als der Kiffer auf Crack.

So hast du den bislang eintönig umspielten, gänzlich unerfahrenen Gaumen deines neuen Mitbewohners also um ein paar kulinarische Wahrnehmungen bereichert und auf Zusatzkost getrimmt. Allmählich neigt sich das Frischgezapfte vom Fass dem Ende und die ernsthafte Ernährung rückt verdächtig nah. Ergänzend gibt es bereits mal ein Obstgläschen oder Brei, doch mit dem Abstillen stehen die Zeichen endgültig auf Essen »wie Gott in Frankreich« oder »wie Baby bei Onkel Hipp aus dem Gläschen«.

Den Vorgang des selbstständigen Essens lernen Babys durch Nachahmung. Du musst dein Kind daher am Anfang dabei unterstützen, den Löffel zu halten, und ihm einfach mal zeigen, wie man sich diesen zum Mund führt. Sei dir gewiss, der Hunger sorgt sehr schnell für die notwendige Auffassungsgabe. Mit den Händen zu essen macht den kleinsten Gästen am Tisch anfangs noch mehr Spaß, und das ist unter uns Superdaddys natürlich auch kein Problem, auch wenn die Bude danach aussieht wie Sau. Dieses Rumgemansche schult die Feinmotorik und befriedigt den Forscherdrang der kleinen Mit-Esser. Wer mitisst, will auch mittrinken. Aus einem Becher zu trinken ist für einen ungeübten Menschen jedoch sehr schwierig. Das hat selbst die Industrie erkannt und dem Markt die Erfindung der Schnabeltasse geschenkt, die den Übergang zum eigenständigen Trinken zweifellos erleichtert. Diese Plastik-Konstrukte verfügen an beiden Seiten über einen Henkel und können dadurch von Babys gut festgehalten werden.

Wenn ihr als geschlossene Mannschaft, also in der Familienrunde, alle gemeinsam am Tisch sitzt und zu Abend esst und dein Kind das Essen schon recht gut beherrscht (heißt: der Neuling steckt nicht mit einer Hand in deiner Quiche Lorraine und mit der anderen im Tofureisgericht deiner Frau, und es fliegen auch keine Breiwurfgeschosse haarscharf an deinen Schläfen vorbei), dann gelten für alle die gleichen Essmanieren. Damit das klar ist. Aber jetzt nicht den Esstisch-Nazi raushängen lassen und mit imperativen Parolen wie »Gerade sitzen«, »Hände auf den Tisch« oder »Gabel zum Mund, nicht Mund zur Gabel führen« kommen. Die Stimmung sollte angeregt sein, wenn nicht sogar eine lachende Lernebene ermöglichen, die dir die Gelegenheit bietet, dein Kind positiv zu prägen, damit du später keinen uneinsichtigen Suppenkasper als Dauergast am Tisch begrüßen darfst.

Kinder finden toll, was Eltern vorleben. Wen wundert's, kennen sie ja schließlich auch erst mal nichts anderes. Und so funktioniert das auch bei den Essgewohnheiten. Was bei euch in der Pfanne, im Topf und somit auf dem Tisch landet, ist für den hungrigen Zwerg zwangsläufig oberste Spitzenklasse, aber wird nicht immer zur persönlichen Lieblingsmahlzeit ernannt. Bestenfalls speichert dein Mini-Gourmet das ein oder andere zubereitete Gericht als »mmmhhh, lecker« im Kopf ab. Dann besteht ohne Garantie eine realistische Chance, dass die Kost für die Zukunft eine von ihm akzeptierte Speise sein wird. Heute also den Grundstein legen für morgen! Andererseits mögen die Mini-Mundräuber heute gedünsteten Fisch, den sie morgen wieder ausspucken, und in zwei Wochen bekommen sie nicht genug davon. Tja.

Zum Thema Ernährung lässt sich unendlich viel ausführen, ich will mich und dich jedoch nicht überstrapazieren, dafür gibt es ja Markus Lanz und seine Köche, und halte mich daher kurz: Schau zu, die Messlatte gleich anständig hoch zu legen! Ausgewogene Ernährung, viel Gemüse und Obst, maximal zweimal die Woche Fleisch, auch Fisch, kein Zucker und ab geht's. Oder auch nicht. Meine Tochter hat fix mit dem Löffel essen können und sich dann durch alle möglichen Geschmacksrichtungen gemümmelt. Positiv vermerkt in ihrem Hirn wurden: Würstchen (Bratwurst und Wiener), Leberkäse, Salami und Geflügelwurst… äh! Das heißt im Klartext: Fleisch. Und dann auch noch dieses komische minderqualitative Presswurstfleisch. Gut, aber so war es nun mal, und das wollten wir ihr auch nicht komplett entziehen. Folglich gab es ab und an ein halbes Würstchen. Verstärkt haben wir ihr dann schleichend Gemüse in allen erdenklichen Farben und Formen untergejubelt. Zwar nicht immer mit durchschlagendem Erfolg, doch dank unserer Beständigkeit hat sie sich davon mit der Zeit begeistern lassen. Wie mein Beispiel mit dem gedünsteten Fisch zeigt, der Geschmack der Kinder ist von wechselnden Richtungen geprägt. Er ändert sich permanent. Was gestern noch ein Albtraum war, ist morgen der Kracher! Also immer wieder ausprobieren!

Wenn dein Kind, nachdem es komplett abgestillt ist und ausschließlich nur noch Beikost erhält, das Essen verweigert, musst du dich nicht gleich sorgen. Wie gesagt, heute hü und morgen hott. Essen sie mittags schlecht, hauen sie abends richtig rein. Kinder holen sich das irgendwie immer zurück.

Babypflege: Waschen, Baden, Eincremen

Das Thema Babypflege ist ein Dauerbrenner in der zeitlosen Welt von Neurodermitis, Schuppenflechte, Fußpilz und Ekzemen, ein dermatologischer Kosmos zwischen wund und verdammt trocken. Auch hier gilt die knackige Faustregel des simplen Lebens: Mach es dir einfach und klar!

Gewaschen wird der kleine Knubbel mit warmem Wasser, nur per Lappen auf der Wickelkommode und nicht mit irgendwelchen Seifen oder Ähnlichem. Das macht ihr einmal am Tag, morgens oder abends, und das bis zum vierten/fünften Monat. Sollte euer Baby im Windelbereich wund sein, gibt es von Weleda die Babycreme Calendula. Diese eigens für diesen Fall und zu dessen Vorbeugung konzipierte Creme macht gerötete und gereizte Babypopos, die einen im Ansatz unweigerlich an eine trächtige Pavianmutter erinnern, wieder glänzend, saftig und fleischfarben. Klingt wie Reklame, ist es auch, und ich bekomme trotzdem nichts dafür.

Neben der täglichen Lappenwaschung solltest du einmal die Woche mit deinem Kind baden gehen, ein erhebender Moment, wenn das kleine Speckpaket vor dir im Wasser planscht, strampelt und versucht zu verstehen, was da gerade passiert.

Nach Ablauf von etwa fünf Monaten haben wir das Baden zum festen Ritual vor dem Zubettgehen auserkoren. Täglich! Nach Rücksprache mit der unsere Tochter behandelnden Kinderärztin ist das kein Problem – die Haut trocknet nicht aus. Also versetzen wir heute täglich das Wasser in der Badewanne mit einem kleinen Spritzer Öl und baden die Kleine.

Eine weitere Creme, die wir benutzen, ist eine Wind-und-Wetter-Salbe, die die Kleine bei starker Kälte zum Schutz auf das frei liegende Gesicht aufgetragen bekommt. Sonnencreme braucht ihr natürlich auch, solltest du dein Kind denn auch mal aus dem zwingend mit einem Sonnensegel geschützten Kinderwagen rausholen. Mehr Cremes haben wir in den ersten sechs bis zwölf Monaten nicht benutzt.

An Tinkturen oder sonstigen Mittelchen haben wir lediglich immer ein bisschen Kochsalzlösung im Haus gehabt. Die gibt es in winzigen Plastikfläschchen zu kaufen, da das Zeug nicht lange haltbar ist. Das Natriumchlorid füllen wir dann in eine kleine Glasflasche mit Pipette um. (Gibt es beides in der Apotheke.) Wenn euer Baby nämlich mal eine verstopfte Nase hat, dann gibt es ein paar Tropfen davon ins Nasenloch, und schon fällt das Atmen leichter.

Zahnpflege: Wie pflege ich die Ersten?

Stehen die Zähne kurz vorm Durchbruch, muss die Zahnbürste her. Besser gesagt, bei einem halben Zahn reicht zunächst ein Wattestäbchen, dann kannst du eine Kinderzahnbürste kaufen. Zahnpasta ist in der Anfangszeit nicht unbedingt nötig – es gibt aber unzählige Kinderzahnpasten, die nicht ausgespuckt werden müssen und mit Wasser runtergespült werden können. Meiner Tochter nach zu urteilen schmecken die sehr lecker!

Geputzt wird vom Zahnfleisch zur Zahnspitze. Diesen Job solltest natürlich du erledigen, da dein kleiner Amateur-Beißer das motorisch noch nicht bewältigen kann und sich das auch nur schwer abgucken lässt, mit nur so ein paar Monaten auf dem Buckel. Doch plötzlich kommt der Moment, in dem dein Spross die Zahnbürste ergreifen will und selbst damit rumhantieren und im Mund stochern möchte. Kein Problem, das macht Spaß, und sich spielend mit Notwendigkeiten des Alltags und des Lebens auseinanderzusetzen ist immer der beste Weg! Hat es sich zu Ende ausprobiert, führe den richtigen Putz im Mund durch, damit euer Meeting vor dem Badezimmerspiegel nicht zu einer reinen Farce verkommt. Wie bei den Erwachsenen erkläre das Zähneputzen zu einem festen Ritual und du wirst sehen, wenn das Drumherum stets einen spielerischen Anstrich hat, dann gewöhnt sich der Einzahner flugs an diese Karies vorbeugende Reinigung.

Solltest du bei dem norwegischen Puppenfilm »Karius und Baktus« im Kindergarten geschlafen haben: Karies entsteht bekanntlich durch Säuren und Zucker in Süßigkeiten oder in Säften und süßen Tees. Von allem würde ich im ersten Lebensjahr ohnehin rigoros abraten, aber rutscht da mal ein Fruchtsaft oder Tee dazwischen, dann achte zumindest darauf, dass du deinem Kind diese Getränke nicht in einer Nuckelflasche gibst. Durch das Nuckeln hängt das Karies verursachende Zeug nämlich länger als normal zwischen den Zähnen rum, und das ist schlecht!

Achtung, Süßer, auch du höchstpersönlich kannst deinem Kind eine Portion Karies verpassen, indem du es mit einem Löffel fütterst, den du zwar gerade gründlich abgeleckt hast, aber mit dem du zuvor ordentlich Schokopudding geschaufelt hast. Einige Bakterien bleiben garantiert daran kleben, daher: lieber abwaschen und dann zur Raubtierfütterung ansetzen.

Untersuchungen und Impfungen

Dein Kind wird regelmäßigen Untersuchungen in den ersten fünf Lebensjahren unterzogen, die solche wohlklingenden Kurzbezeichnungen wie U1, U4 oder U9 haben. Während die U1 direkt nach der Geburt durchgeführt wird und nur kurze Zeit später schon die U2, vergehen dann zwischen den einzelnen U teilweise viele Monate.

Nachdem du einen Kinderarzt für dein Kind gefunden hast, kannst du alle U bei diesem durchführen lassen. Hier wird sich auch die Frage stellen, ob du dein Kind generell impfen lassen willst oder es konsequent ablehnst. Das solltest du mit dem Kinderarzt besprechen. Keine einfache Debatte. Durch Impfungen in den ersten zwei Lebensjahren soll dein Kind ja vor einigen sehr gefährlichen Krankheiten geschützt werden.

Empfohlen werden in fast allen Ländern dieser Erde Impfungen gegen Tetanus, Röteln, Masern, Mumps, HiB (Haemophilus influenzae), Keuchhusten, Hepatitis B, Diphterie und Polio (Kinderlähmung). Dabei wird zwischen Tot- und Lebendimpfungen differenziert: Die Lebendimpfung soll mit einem abgeschwächten Keim eine harmlose Impfkrankheit verursachen. Dieser leichte Erreger ist nach außen hin nicht von dem gefährlichen, bösen Erreger zu unterscheiden, hat aber nicht die krankmachenden Kräfte und führt daher nicht oder nur sehr selten zu etwaigen Organschäden. Mumps, Masern oder Röteln sind derartige Impfungen. Bei Totimpfungen wird nur die Hülle eines Infektionserregers oder nur ein Teil davon geimpft. Das läuft zumeist ohne Nebenwirkungen ab.

Es lässt sich eines garantiert festhalten: Bei allen empfohlenen Impfungen sind die Folgen wesentlich harmloser als die Symptome und somit Konsequenzen der betreffenden ausgebrochenen Krankheit. Beispielsweise ist nach der Impfung gegen Masern bekannt, dass anschließend eine gewisse Empfänglichkeit für bakterielle Erkrankungen entsteht – unwesentlich also im Vergleich zum Ausbruch der realen Krankheit. So, und den Rest kannst du jetzt mit dem Kinderarzt besprechen.

Gängige Babyerkrankungen und -verletzungen im ersten Lebensjahr

- **Baby-Akne**

Die geht von alleine wieder weg. Bloß nicht aktiv daran arbeiten, sondern dein kleines Wesen mit milder Seife waschen.

- **Durchfall**

Wenn der länger als einen Tag andauert, bitte umgehend zum Arzt gehen, da Babys brutal schnell dehydrieren. Du bekommst dann Elektrolyte für dein Baby verschrieben.

- **Sturz**

Mit steigender Mobilität steigt auch die Gefahr der Verletzungen im Haushalt. Das Baby auf dem Elternbett kurz abgelegt, und plötzlich macht sich das kleine Knäuel selbstständig. Im Falle eines Sturzes vom Bett oder vom Stuhl oder aus dem Arm musst du überprüfen, ob es bewusstlos oder weggetreten wirkt und ob Blut aus Nase oder Ohren austritt. Wenn weder das eine noch das andere zu erkennen ist, du dich aber trotzdem unsicher fühlst, suche bitte einen Arzt auf.

- **Fieber**

Kauf dir auf jeden Fall so ein Fieberthermometer, das die Temperatur innerhalb von drei Sekunden im Ohr misst. Sensationelles Teil. Bis zum siebten Monat muss die Temperatur allerdings mit einem normalen Thermometer rektal gemessen werden. Dein Baby darf eine Temperatur um die 37 Grad haben – alles, was weit darüber ist (über 38,5), ist schlecht. Wenn sie steigt, bitte mit Paracetamol ausbremsen und Waden oder Handgelenke mit kalten Lappen umwickeln. Außerdem bitte zum Arzt gehen.

- **Blähungen**

Siehe »Der stinkende Pupsberater«, Seite 207–211.

- **Erbrechen**

Kann natürlich für sich alleine stehen, aber auch eine Begleiterscheinung zu Magen-Darm-Infekten, Kopf-Aua, Reflux oder Meningitis (Hirnhautentzündung) sein. Auch hier bitte nicht zu lange warten, bevor du dich entscheidest, zum Arzt zu gehen.

- **Bindehautentzündung**

Dafür gibt es Tropfen, die du in der Apotheke bekommst. Bitte einen Arzt konsultieren. Die Entzündung ist extrem ansteckend, daher: sehr gründlich die Hände waschen!

- **Schnupfen**

Meersalztropfen oder richtige Nasentropfen – je nach Intensität – verabreichen. Abends zum Schlafen den Oberkörper deines Babys leicht hochlagern, so läuft der Schleim besser ab.

- **Insektenstiche**

Sind an sich nicht tragisch, wenn dein Kind kein Allergiker ist. Mit einem Tuch kühlen und gut. Wenn doch Allergiker – ab ins Krankenhaus!

• Verstopfung

Ein Glycerinzäpfchen verspricht Besserung. Zugleich auf stopfende Lebensmittel wie Reis oder Bananen verzichten, viel Flüssigkeit geben und die Körpertemperatur im Auge behalten. Wenn da was nicht stimmt, bitte zum Arzt gehen.

• Zahnen

Es gibt Globuli, die den Zahnschmerz angeblich reduzieren – keine Ahnung, ob das wirklich so ist. Ein gekühlter Beißring macht das Leiden jedoch erträglicher.

• Mittelohrentzündung

Weinen und ständiges Greifen ans Ohr, dazu eine steigende Körpertemperatur – das klingt nach Mittelohrentzündung und nach nur einem Weg: ab zum Arzt!

• Gneis

Milchschorf auf der Birne? Kein Ding. Den bekommst du abgerubbelt. Olivenöl etwa 30 Sekunden zärtlich in die Kopfhaut einmassieren, 30 Minuten einwirken lassen und danach mit Antischuppen-Babyshampoo den Schädel waschen. Wenn noch Öl dranklebt, noch mal waschen. Das ab und an wiederholen, bis der Schorf den Rückzug antritt.

• Koliken

Siehe »Der stinkenden Pupsberater«, Seite 207–211. Schaukeln und Wiegen, eine Massage oder aber Verabreichung von Mittelchen wie Lefax – es gibt genügend Tricks im Umgang mit Koliken. Jeder findet seinen. Wenn du den Eindruck hast, dass dein Kind mit Koliken zu kämpfen hat, suche zur Sicherheit einen Arzt auf.

Die Bude sichern

Und auch das gehört zum Thema Gesundheit: Schnürt dein Kind erst mal den Wanderschuh, muss die Bude sicher sein. Das heißt mit dem Krabbeln (etwa ab Monat neun) und dem Hochziehen, in Erweiterung Gehen (etwa ab Monat zwölf), räume bitte kleine mundgerechte Gegenstände aus dem Bewegungsradius deines Beinahe-Zweibeiners. Regale, die umkippen könnten, musst du an die Wand nageln oder schrauben, giftige, kantige oder sonst wie gefährliche Teile und Flüssigkeiten solltest du entfernen. Installiere Kindersicherungen für *alle* erreichbaren Steckdosen, bringe verschließbare Fenstergriffe an, räume Jalousien- und Vorhangschnüre aus dem Weg oder befestige sie in der entsprechenden, für den Steppke unerreichbaren Höhe. Auch für die Kloschüssel gibt es Sicherungen, du solltest dir jedenfalls das Schließen des Deckels nach dem Geschäft jetzt schon mal angewöhnen. Türgitter sind eine Wucht, vor allem, wenn sie den Weg zur offenen Treppe blockieren. Achte darauf, dass sie auch wirklich immer verschlossen sind. Hast du einen Kamin im Haus? Prima, mach ihn dicht! Scharfe Tischkanten oder böse Ecken von anderem Mobiliar musst du polstern. Tischdecken ade, offene Getränkeflaschen, Gläser, Geschirr, ein Teller mit Süßigkeiten, die im Hals stecken bleiben könnten, etc.: All so etwas muss jetzt verschwinden. Mach dir bei allem, was du zu Hause tust, also einen Kopf, ob hier jemand, der nicht mal so hoch wie der Tisch ist, Unheil anrichten kann. Ob Badezimmer, Wohnzimmer, Küche oder Gästezimmer, jeder Raum birgt dabei andere Gefahrenquellen. Alles, was greifbar ist, kann gefährlich sein oder ganz banal dir die Bude versauen. Also: AUFPASSEN!

Das Gleiche gilt für den Besuch bei Familie und Freunden oder für den Bezug eines Urlaubsdomizils.

Erziehung

Grundregeln für das erste Lebensjahr

Auf der Erziehung liegt im ersten Lebensjahr nicht unbedingt das Hauptaugenmerk von uns Vorzeigevätern, willst du doch erst mal den Alltag mit deinem brandneuen Kind sortieren und bewältigen. Aber irgendwie ist alles, was wir den Kleinen vorleben, schon eine Art prägendes Vorbildverhalten, das sich schließlich später im Tun des Kindes widerspiegelt. So gesehen erziehen wir also von Anfang an. Die Erziehung ist ein absolutes Streitthema. In diesem Land gibt es einen schier unerschöpflichen Quell an Erziehungsratgebern, Kinderstudien und Erfahrungsberichten, die das Erziehen für die Eltern zu einem Lebenswerk stilisieren. In Talkshows hauen sich Experten verbal die Köpfe ein und streiten über »Grenzen für Kinder« oder eher »Grenzen für Eltern«.

Für den Beginn deiner Vaterschaft lässt sich die Komplexität dieses Themengebiets völlig ignorieren. Erst mal wirst du einfach nur froh sein, den Laden am Laufen zu halten, was interessieren dich da verkopfte Erziehungskonzepte? Mit der allmählich entstehenden Mobilität deines Kindes ändert sich das jedoch. Nun kannst du, wenn es dir denn behagt, bereits Tendenzen deiner bevorzugten Erziehungsmethodik aufblitzen lassen:

Nimmst du Gefahrenquellen wie zum Beispiel einen heißen Becher Kaffee einfach vom Tisch, bevor dein Kind diesen anpeilt, oder aber wartest du seine Entdeckung ab, um dann mit einem klar verständlichen »Nein« den Fund abzuräumen? Es ist deine Entscheidung.

Scharfe Tischkanten würde ich dennoch einfach abkleben oder Steckdosen kindersicher verschließen. Auch wenn Kinder erforschen sollen und Erfahrungen sammeln müssen – auf diese können alle verzichten! Und ob hier nur ein Nein bei einem kreuzneugierigen Kind reichen würde, das vermag ich mal zu bezweifeln. Die Bewegungsfreiheit wird indes mit den Monaten tatkräftig weiter ausgebaut, und so mausert sich der Wickeltisch zu einer wahren Nahkampfarena, wenn der Prinz oder die Prinzessin offenkundig keine Lust auf einen Reifenwechsel hat. Da werden blitzschnell die Feuchttücher rausgerupft, Plüschtiere durch den Raum geschmissen oder Papa die Füße in den Bauch gerammt – herzlich willkommen beim Thema Durchgreifen! Ehrlich gesagt: Ich habe in jenen Situationen immer einfach nur geguckt, meiner Tochter irgendwie diese Windel anzuziehen. Der Rest war nebensächlich. Die Tücher habe ich ihr wieder aus der Hand genommen, das Plüschtier Plüschtier sein lassen und die trommelnden Füße für eine kleine Bauchmuskeltrainingseinheit genutzt. Ganz im Ernst. Mehr nicht. Zeitweise habe ich ihr Gegenstände zur Ablenkung gereicht, wie ihre Zahnbürste oder ein kleines Spielzeug, damit sie einfach Ruhe gibt.

Für das erste Jahr will ich dir also lediglich vier Grundregeln mit auf den Weg geben. Ob du sie dann später weiterverfolgst oder eine andere Richtung einschlägst – das bleibt dir überlassen!

1. Grenzen setzen, in Form von »Stopp« oder »Halt« oder »Nein, hier nicht weiter«, muss sein, da auch dein Kind sicherlich in irgendeine Situation kommen wird, deren Konsequenz du ihm lieber ersparen möchtest.

2. Eltern sind Vorbilder. Was du da zu Hause veranstaltest und verzapfst, ist die Maßgabe. Das gucken sich die Kleinen ab. Wenn ihr am Tisch rülpst oder völlig regelfrei die Tage gestaltet, wird sich das auch auf euer Kind auswirken. Wie auch immer. Bedenke also immer dein Handeln vor deinem Kind.

3. Gib deinem Kind immer die Möglichkeit, Welten zu erforschen. Lass deinen unerfahrenen Spross beim Essen rumschmieren, lass ihn vom wackligen Stand auf den Hosenboden plumpsen, lass dein Kind einfach mal machen – sonst lernt es nicht, seine Fähigkeiten auszuprobieren und zu verbessern. Außerdem muss der Erfahrungsdrang befriedigt werden.

4. Dein Kind sollte nicht deine Grenzen überschreiten. Wenn du als der Vater aus geistigen oder körperlichen Gründen zum Beispiel nicht weiterspielen willst oder kannst, dann ist Schluss. Das muss dein Kind verstehen, und so lernt es Achtung und Respekt vor anderen.

Bei all diesen »kleinen« Erziehungsweisheiten sind jedoch zwei Dinge ganz elementar: Humor und Spiel. Mit Humor kannst du für das Kind zunächst schwer verdaubare Erfahrungen aufbrechen, ebenso im Spiel. Das lockert auf und hält deinen kleinen Nachwuchs bei Laune. So, na dann viel Glück. Und zur Not gibt's ja noch Frau Saalfrank von RTL.

Kinderbetreuung

Irgendwann ist es so weit: Dein Kind kommt in die Kita. Einige Eltern greifen auf diese Form der Betreuungsinstitution bereits nach wenigen Monaten zurück – dann spricht man allerdings von einer Kinderkrippe –, andere warten, bis das Kind laufen kann, und wieder andere meinen, ihr Kind sollte mindestens drei Jahre alt sein, um seinen Alltag in der Tagesstätte (wird dann auch gerne Kindergarten genannt) zu verbringen. Wie dem auch sei, jeder hat seinen persönlichen Lebensplan und hinterfragt für sich, wie er seine geliebten Lebewesen satt, zufrieden und glücklich über die Runden bekommt und ob so eine Anstalt wie die Kindertagesstätte überhaupt förderlich für die Entwicklung des eigenen Sprösslings ist.

Die Kinderbetreuung ist in Deutschland ein gerne und heiß diskutiertes Thema. Erst zu Beginn des Jahres 2008 wurde in einem Titel-Artikel im *Spiegel* das Für und Wider der öffentlichen und privaten Kindertagesstätten diskutiert. Ergebnis: Die Kita fördert die Entwicklung der Kleinen ungemein, doch nur, wenn im Elternhaus eitel Sonnenschein herrscht. Kracht es oft zu Hause, hilft auch der für das Sozialverhalten immens wichtige Umgang mit den gleichaltrigen Kindern in der Tagesstätte nicht. Kreativität und Intelligenz sollen ebenfalls bei Kita-Kindern besser ausgeprägt sein als bei von Mama solo umsorgten Kindern.

Neben Kindertagesstätten betreuen auch sogenannte Tagesmütter dein Kind. Wie die Kitas existieren diese ebenfalls in zwei Versionen, nämlich öffentlich und privat. Diese Form finden viele Eltern noch angenehmer, da sie ihr Kind so in einer kleinen Gruppe wissen, die permanent von der gleichen Bezugsfrau versorgt wird. Die private Tagesmutter berechnet einen Stundensatz pro Kind, die öffentliche wird teilweise auch vom Amt mitgetragen. Um als Tagesmütter zu arbeiten, müssen die Frauen sowohl ein Gesundheitszeugnis als auch das polizeiliche Führungszeugnis vorlegen, das Jugendamt überprüft zudem die Bedingungen, unter denen die Kleinen in Haus oder Wohnung der

Tagesmutter spielen, essen und schlafen können. Außerdem sind Tagesmütter verpflichtet, permanent an Weiterbildungsseminaren teilzunehmen, haben Kurse sowohl in Erste Hilfe als auch im Umgangsverhalten mit Erwachsenen und Kindern absolviert. Tagesmütter gibt es solche und solche. In Hamburg ist mal eine verklagt worden, weil sie den Kindern die Münder mit Gaffa-Tape zugeklebt hat. Heißt das nun, dass du dein Kind auf keinen Fall zu einer Tagesmutter geben kannst? Nein, natürlich nicht. Schwarze Schafe gibt es in jeder Branche, erst recht natürlich da, wo sich alles um Wehrlose dreht. Vor einem nicht einwandfreien Umgang mit deinem Kind bist du auch nicht bei den Kitas gefeit. Auch hier kannst du an eine Erzieherin geraten, die dir nicht gefällt.

Womit wir bei den für dich abzuhakenden wichtigen Punkten wären, die du im Idealfall alle positiv bewerten kannst:

• Teilnehmerzahl

Ob Kita oder Tagesmutter, prüfe, wie viele Kinder die Gruppe zählt, die ein Erzieher betreut. Skandinavien hat im Bereich der Kinderbetreuung Vorbildcharakter. Dort kommt auf vier Kinder ein Betreuer. In Deutschland wird an dieser Quote noch hart gearbeitet. Hier liegt der Schlüssel eher bei sechs zu eins.

• Distanz

Liegt die Kita oder Tagesmutter auf dem Weg zur Arbeit oder in maximaler Entfernung von bis zu zehn Minuten von zu Hause? Es ist ein Kreuz, wenn du dein Kind aus dem 30 Minuten entfernten Nachbarort holen musst, der dann noch nicht einmal auf dem Weg zur Arbeit oder dummerweise vielleicht genau in der entgegengesetzten Richtung liegt.

• Hygiene

Ist der Laden oder die Wohnung sauber?

• Umgang

Wie wirken die Erzieher auf dich und wie gehen sie mit den Kindern um?

• Spielplatz/Grünanlage

Wie weit ist der nächstgelegene Spielplatz entfernt oder verfügt die Kita gar über einen eigenen? Wo befindet sich die Kita oder die Tagesmutter? An einer vierspurigen Straße oder ruhig gelegen in einer Seitengasse?

• Ernährung

Was bekommen die Kleinen aufgetischt? Biokost?

• Rein/Raus

Wie oft sind die Kinder draußen?

• Schlafräume

Wie wird sich gebettet?

• Glaubensfrage

Werden in der Kita oder bei der Tagesmutter die Werte deiner Lieblingsreligion bewusst gelehrt oder ausgespart?

ERGO: Vertrauen! Hast du ein gutes Gefühl, wenn du dein Kind dort abgibst, oder bekommst du Beklemmungen und Bauchschmerzen? Wenn es Letzteres ist, dann frage dich, ob du wirklich jede Kröte schlucken musst oder welche Alternativen es gibt.

Die Kosten

Deine finanzielle Beteiligung am Kita-Platz für dein Kind ist abhängig vom Bundesland und deiner Gehaltsklasse. Im Rahmen der Einkommenssteuererklärung lässt sich der Besuch der Kita auf jeden Fall als Kinderbetreuungskosten absetzen.

In Hamburg wird mit sogenannten Kita-Gutscheinen für fünf bis zwölf Stunden pro Tag inklusive Mittagessen gearbeitet. Dieses System wurde eingeführt, damit die Eltern ihre Kita frei wählen können und nicht mehr eine Tagesstätte zugeteilt bekommen. Im Umkehrschluss bedeutet dies für die Kitas, dass sie ein attraktives Angebot stricken müssen, um das Interesse der Eltern zu wecken. So malte es sich die Stadt Hamburg zumindest aus. Die Realität zeigt: Ganz gleich, in welchem Zustand die Kita ist, der Andrang ist riesig, so dass du erst einmal mit der Warteliste vorliebnehmen darfst! Kita-Gutscheine werden auch von manchen Tagesmüttern akzeptiert, aber nicht von allen. Denn der Verdienst per privater Abrechnung ist wesentlich höher als per Schein, und so können die Teilzeitmütter die Gruppe klein und übersichtlich halten und trotzdem mehr einstreichen als per Kita-Schein. Bezahlt wird zumeist nach Stunden, folglich ist dein individuelles Zeitmanagement gefragt.

Formalitäten

Ein paar Formalitäten gilt es nach der Geburt umgehend zu erledigen.

Geburtsurkunde

Geh zum Standesamt und lass sie vierfach ausstellen. Dafür benötigst du einen Personalausweis, die Geburtsbescheinigung des Krankenhauses und die Heiratsurkunde oder eine beglaubigte Abschrift davon. Meistens kann man das Kind direkt über das Krankenhaus anmelden, so dass du nur noch zum Abholen der Urkunden beim Standesamt erscheinen musst.

Unverheiratete haben natürlich Anspruch auf den gleichen Service, müssen neben dem Personalausweis aber die Geburtsurkunde der Mutter und eine Vaterschaftsanerkennung von dir mit auf den Tisch legen.

Kindergeld

Gibt es bei der Familienkasse deines zuständigen Arbeitsamts. Dafür gibt es einen Antragsvordruck, den du dir da abholen kannst. Einreichen musst du dafür eine Original-Geburtsurkunde.

Vaterschaft

Erklären kannst du die Vaterschaft beim Standes- oder Jugendamt, vorausgesetzt ist eine Zustimmung der Mutter. Mitbringen musst du die Ausweise der Beteiligten, Geburtsurkunde des Kindes und Geburtsurkunden von dir und deiner Partnerin.

Elternzeit

Etwa sieben Wochen vor Beginn reichst du einen selbst formulierten schriftlichen Antrag auf Elternzeit bei deinem Arbeitgeber ein, der die Dauer der Elternzeit festlegt.

Krankenkasse

Hier musst du die Mitgliedschaft des Kindes beantragen. Merke: Das Kind bekommt immer die Versicherung des besser verdienenden Ehepartners! Bist du verheiratet und verdienst eine Menge Geld, dann wirst du aller Voraussicht nach privat versichert sein. Folglich muss dein Kind auch privat versichert werden. Seid ihr nicht verheiratet, ist es euch überlassen, welche Krankenversicherung ihr wählt.

Einwohnermeldeamt

Hier wird dein Kind angemeldet und die Lohnsteuerkarte geändert. Wenn du magst, kannst du auch gleich deinem Kind einen Reisepass bestellen. Mitbringen musst du: Personalausweis, Lohnsteuerkarte und wenn du die Lohnsteuerklasse wechselst gleich die deiner Partnerin mit, Geburtsurkunde des Kindes, eventuell Vaterschaftsanerkennung. Für den Pass brauchst du ein entsprechend nach den neuen Vorschriften geschossenes Passbild deines Kindes.

Vermieter

Da nun ein weiterer Mieter bei euch in der Bude haust, solltest du den Vermieter kontaktieren.

Elterngeld

Die Anschaffung eines Kindes hat ihren Preis. Gut, dass Vater Staat sich deiner ein wenig annimmt und Geld in die private Angelegenheit pumpt: Neben dem Kindergeld nun zusätzlich das Elterngeld. Ein gutes Thema.

Damit die Deutschen sich mehr als 1,4-mal vermehren, nämlich 2,1-mal, um den heißersehnten Erhalt der Deutschen zu sichern, hat der Staat zu Beginn des Jahres 2007 das Elterngeld eingeführt. 67 Prozent des zuletzt durchschnittlich erhaltenen Nettoeinkommens des zu Hause bleibenden Partners gibt es dann für maximal ein Jahr regelmäßig auf das Konto überwiesen. Eltern, die monatlich mehr als 1240 Euro netto in der Kasse haben, erhalten nur 65 Prozent ihrer letzten Gehaltsabrechnungen. Die Schmerzgrenze liegt bei 1800 Euro. Mehr gibt es nicht. Sollte dir indes jemand begegnen, der offen bekennt, kein Elterngeld zu beziehen, dann dürfte derjenige zu den Spitzenverdienern gehören und über 250 000 im Jahr verdienen, als Paar 500 000 Euro.

Die staatlichen, recht üppigen Almosen lassen sich um zwei Monate auf insgesamt 14 Monate verlängern, wenn der andere Elternteil auch noch mal für zwei Monate seinen Job an den Nagel hängt. Hier meistens der Vater!

Alleinerziehende erhalten volle 14 Monate die Unterstützung, ebenso gelten die Regeln auch für getrennt lebende Paare. Diese können die sogenannten Paarmonate mit ausschöpfen, wenn der Elternteil für zwei Monate die Betreuung übernimmt, bei dem die Kinder nicht leben. Also für alle, bei denen ein erbitterter Rosenkrieg ausgefochten wurde, der die Kriegsparteien letztlich immer noch zum eisigen Schweigen veranlasst – hier eine Art staatlicher Eiskratzer.

Nichterwerbstätige kassieren zusätzlich zum Arbeitslosengeld II oder zur Sozialhilfe ein Mindestelterngeld von 300 Euro für zwölf Monate.

Eltern mit ganz geringem Einkommen von bis zu 1000 Euro werden besonders gefördert und erhalten ein Elterngeld von bis zu 100 Prozent des Nettoeinkommens.

Während der Elterngeldzeit ist auch eine Teilzeitbeschäftigung von wöchentlich unter 30 Stunden möglich. Das Einkommen aus dieser Arbeit wird allerdings bei der Berechnung des Elterngeldbetrags mit berücksichtigt. Nimmt einer von euch eine Teilzeitarbeit auf, muss diese daher umgehend der Elterngeldstelle genannt werden, damit die monatliche Pauschale neu berechnet werden kann. Du erhältst dann 67 oder 65 Prozent von der Differenz deines durchschnittlichen Einkommens vor und dem geschätzten Einkommen nach der Geburt.

Dann gibt es noch weitere Neuregelungen und so etwas wie den Geschwisterbonus, wenn ihr innerhalb einer vorgegebenen Zeitspanne noch ein Kind in die Welt setzt. Das spielt aber hier keine Rolle, da dieses Buch sich ja ausnahmslos an werdende Väter richtet.

Informationen über das Elterngeld – auch für Selbstständige – findet ihr zuhauf im Netz. Gebt den Begriff nur mal bei einer

Suchmaschine ein und ihr werdet überhäuft mit Informationen. Näheres erfahrt ihr auch bei eurem Bezirksamt, das für die Verteilung der saftig randvollen Fleischtöpfe zuständig ist.

Für den Elterngeldantrag, dessen Ausfüllung nicht sonderlich schwierig ist, benötigt ihr einige Dokumente, so zum Beispiel von der Krankenkasse und vom Arbeitgeber, doch das lässt sich schon während der Schwangerschaft in den letzten, bereits von der Arbeit befreiten Wochen regeln. Ich empfehle, es in dieser Zeit schon anzugehen, da nach der Geburt erst mal Ausnahmezustand herrscht und irgendwelchen Institutionen nachzutelefonieren extrem nervt. Wenn ihr den ganzen Kram zusammenhabt, dann wandert ihr zum Bezirksamt – so heißt die zuständige Einrichtung in Hamburg dafür – und reicht den Antrag persönlich ein. Nicht schicken! Es kommt viel besser an, dort direkt zu sitzen, ein bisschen charmant vor der Sachbearbeiterin vom Glück und der Zerbrechlichkeit des jungen Menschenlebens zu schwärmen und ihr zu verstehen zu geben, dass du ihr eigentlich auch so eins hättest machen können, hätte nicht das Schicksal für dich ein anderes Los vorgesehen. Dann geht das alles fix. Kein Quatsch! Von Antragstellung bis Eingang sind bei uns vielleicht gerade mal drei Wochen vergangen. Für eine Behörde sehr sportlich, finde ich.

Ach so: Das Elterngeld gibt es nicht wirklich zwölf Monate, wenn deine Partnerin nach der Geburt Mutterschaftsgeld und Arbeitgeberzuschuss erhält. Diese Prämien gibt es zwei Monate lang und entspringen im Grundsatz derselben Idee wie das Elterngeld. Es kann aber nur eins geben, weshalb dann das Elterngeld erst nach Ablauf von zwei Monaten gezahlt wird. Es gibt die Kohle insgesamt zehn Monate in exakt der berechneten Höhe. Die anderen beiden Monate, eben zu Beginn, wird noch das Geld vom Arbeitgeber anteilig berechnet – das ist in der Regel weniger.

Ausklang mit rosigen Aussichten für die Zukunft

Mein lieber Sportskamerad, danke bis hierhin. Schön, dass du dir die Zeit genommen hast, *Papa To Go* durchzulesen. Ich denke, du bist jetzt mental für die gesamte Saison der Schwangerschaft über die Geburt hinweg bis zu den ersten zaghaften Versuchen deines Sprösslings, Land zu gewinnen, sprich laufen zu können, anständig ausgestattet. Die Theorie sitzt, nun folgt deine ganz individuelle Praxis, die dich jeden Tag unendlich bereichern wird und innerlich reifen und wachsen lässt.

Der neue, kleine Mensch, der in eure wohlbehütete Zweisamkeit donnert, wird dir automatisch zeigen, wo die Reise hinführt, keine Sorge. Also cool bleiben und gelassen dem Spielverlauf folgen.

Wie du hier gelernt hast, bestimmt der »Frischling« neben der Richtung auch das Tempo, waltet über die Regenerationsphasen für alle Beteiligten, herrscht verantwortungsvoll über die Erweiterungen seiner eigenen Funktionsweisen und gibt selbst in den banalsten Belangen, wie …

»Lässt du Papa mal eben kurz austreten?«

»Buuäääääähhhhhhhhhh!«

… den Ton an. Summa summarum: Dein Kind ist das Gesetz!

Da ist es durchaus praktisch, dass du diesem Buch folgend notwendige geistige als auch organisatorische Vorbereitungen treffen kannst, bevor es ernst wird und die direkte Anwendung auf dich wartet.

Dein Kind wird dich persönlich auf seine ganz eigene und spezielle Art und Weise fordern.

Und wenn du bereit bist, dich darauf einzulassen, dann verspreche ich dir hiermit hoch und heilig eine sensationelle Optimierung deiner privaten Lebensqualität! Übersetzt: Es ist supergeil!

Und die Aussichten sind noch rosiger: Es wird immer besser!

Ja, schönen Gruß aus der Phrasenschweinabteilung, aber dieses permanent von bereits gestandenen Vätern mit jovialem Augenzwinkern zum Schulterklopfen verbreitete Gerücht stimmt!

Gut, die Anfangseuphorie, das Finden eines neuen Alltags, das Multitasking, der Wunsch, allen und allem gerecht zu werden, dazu die Positionierung als Versorger, sofern es bei euch »Old School« gehandhabt wird, und dann auch noch mal Zeit für sich und seine Freunde haben – es ist ein zunächst ungewohnter Eiertanz, den es zu meistern gilt und der nicht jedem auf Anhieb leichtfällt.

Mein Tipp: Sei immer ehrlich zu dir selbst und zu den anderen! Du musst nicht vorgaukeln, vor Freude zu platzen, weil du Vater bist, wenn es Tage gibt, an denen du vor lauter Verantwortungsgefühl und Papadasein nur schreiend durch die Wildnis rennen könntest.

Wie jeder einmal seinen Partner verflucht oder doof findet, kannst du auch als Vater sagen: »Es ist Scheiße, Vater zu sein!«

Ja, so ist es manchmal eben, und jetzt? Bist du deswegen ein mieser Papa? Nein. Überhaupt nicht! Du bist einfach nur ehrlich, was nicht bedeutet, dass du dein Kind nicht liebst. Es ist nur allzu natürlich, mal mit der Belastung und der plötzlichen Verschiebung des Lebens nicht klarzukommen. Also, lass deine Gefühle zu, erlaube dir das und markiere nicht den dicken Macker, denn das geht gewaltig in die Hose. In deine Hose! Nur wenn du die Gefühle zulässt, wird es auch besser.

Zurück zum Eiertanz. Das Gewohnheitstier Mensch, in seiner Steigerung Mann, tanzt diesen je nach individueller Verarbeitung, und unverzüglich findest du dich in einem leicht modifizierten, dennoch reparierten Alltag wieder. Die Freude über dein eigenes Kind wächst zudem von Augenblick zu Augenblick, und es entsteht das zarte Pflänzchen namens Liebe, das du bislang nur aus Beziehungen zu deinen Partnerinnen, Eltern oder Haustieren kanntest, aber nicht als Vater deiner Tochter oder deinem Sohn gegenüber. Da flattern regelrecht Schwärme von Schmetterlingen im Bauch umher, wenn du das kleine Geschöpf vor dir liegen oder die Nase rümpfen siehst. Erreicht etwas den Bereich des Unbeschreiblichen, dann denke ich, ist es ebenjene Liebe, die Eltern ihrem Kind entgegenbringen.

Es vergeht kein Tag, an dem deine Thronfolgerin oder dein Thronfolger nicht etwas dazulernt. Sie erkunden die Welt, und du bist der Expeditionsführer, der ihnen zeigt, an welcher Schönheit und Fülle wir uns hier auf Erden erfreuen dürfen.

Dabei lernst du nicht nur dein Kind kennen, seinen Charakter und seine Eigenschaften, nein, du triffst dich auch mit dir selbst, erfährst bislang unentdeckte Seiten an dir und an deiner Frau: eine Win-win-win-Situation. Herzlichen Glückwunsch dazu!

Das war mein »Wort zum Sonntag«. Schreib dir das also hinter die Löffel!

Jetzt bleibt mir nichts anderes mehr übrig, als dir viel Glück für die kommende Zeit als Vater zu wünschen!

Das Abenteuer deines Lebens kann beginnen.

Genieße es, stehe zu deinen Gefühlen und nimm die größte Verantwortung an, die es auf diesem Planeten für dich gibt!